KB065142

2024 한국 유망주식
분석보고서 II
저자 비티타임즈 편집부

- 인공지능 관련 주식

- 수소연료전지 관련 주식

- 게임산업 관련 주식

- 빅데이터 관련 주식

㈜ 비티타임즈

<제목 차례>

제1장 인공지능 관련 주식

제 2장 수소연료전지 관련 주식

제3장 게임산업 관련 주식

제4장 빅데이터 산업 관련 주식

1. 인공지능 관련 주식

1. 인공지능과 관련된 기본 개념들

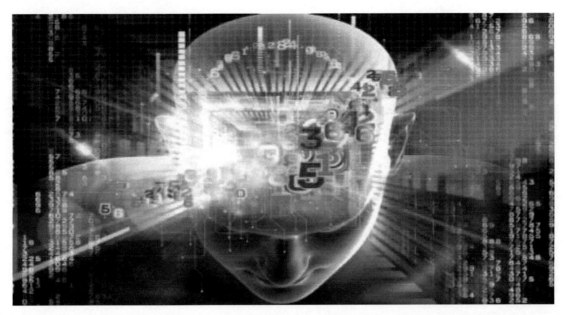

[그림 1] 인공지능

인공 지능(AI : Artificial Intelligence)이란, 인공적으로 지적능력을 구현한 것으로 여기에서 지적능력(지능)이란 주로 '문제를 인식하는 능력', '새로운 문제를 해결함에 사전에 지니고 있던 지식과 경험을 적용하는 능력' 등으로 정의된다. 즉, 인공 지능이란 기계가 인공적으로 문제를 인식하고 그를 해결함에 있어 사전에 학습된 지식과 경험을 적용할 수 있도록 하는 기술로 볼 수 있다.

인공 지능은 1955년, 컴퓨터 과학자 존 매카시가 발표한 <지능이 있는 기계를 만들기 위한 과학과 공학>이라는 논문에 처음 등장하였다. 이후 인공지능은 전산학, 심리학, 언어학, 공학과 같은 다양한 학문 분야에서 사용되어 왔으나 최근 여러 매체에 자주 등장하는 인공지능은 주로 컴퓨터 공학의 한 분야로 인지문제를 해결하는 기법을 말한다.

인공지능은 크게 '약한(Week) 인공지능'과 '강한(Strong) 인공지능'으로 나눌 수 있다. 약한 인공지능은 미리 정의된 규칙이나 알고리즘을 이용하여 인간의 지능을 구현한 것으로 체스, 바둑, 컴퓨터 게임과 같은 특정 영역의 문제를 푸는 기술인 반면 강한 인공지능은 문제의 영역을 좁혀주지 않아도 어떤 문제든 해결할 수 있는 기술 수준을 말한다. 현재 약한 인공지능은 널리 쓰이고 있으며 최근 컴퓨터 성능의 향상과 딥러닝의 등장으로 특정 영역에서는 인간에 버금가거나 인간을 능가하는 수준의 단계로 발전하였다.

인공 지능은 주로 머신러닝(기계 학습) 기법을 이용하여 구현된다. 머신러닝은 크게 알고리즘, 데이터, 하드웨어 인프라로 구성되어있으며 경험적 데이터를 기반으로 학습을 하고 예측을 수행하며 그 결과를 토대로 기계가 스스로 자신의 성능을 향상시키는 시스템과 알고리즘을 말한다. 따라서 데이터의 양이 많을수록 정확한 예측이 가능하기 때문에 최근 '빅데이터'가 함께 대두되고 있다.

과거 기계의 성능과 용량의 부족으로 인공지능 분야는 긴 침체기를 맞이하기도 했지만 이후 기계의 성능이 향상되며 음성 인식, 영상 처리, 게임 등 다양한 분야에서 큰 성공을 거두었다. 더 나아가 2006년 인지심리학자이자 컴퓨터 과학자인 제프리 힌튼(Geoffrey Hinton) 교수에 의하여 딥러닝이 등장한 이후로 '알파고'와 같이 인간을 뛰어넘는 수준의 인공지능이 등장하기도 하였다. 이처럼 특정 분야에서 인간을 뛰어넘는 인공지능이 등장함에 따라 향후 인공지능이 인간의 능력을 추월할 수 있다는 의식이 확산되고 있다.

많은 사람들은 인공지능, 머신러닝, 딥러닝의 관계에 대해 모호해한다. 딥러닝은 머신러닝과 인공지능의 가장 기초가 되는 기술이며, 인공지능을 구현하기 위해서는 머신러닝을 이용해야한다.

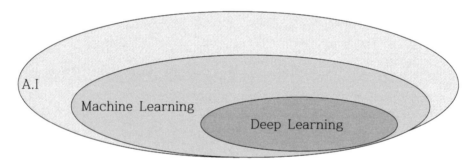

[그림 2] 인공지능과 머신러닝, 딥러닝의 관계

가. 인공지능의 목표

	이론적	합리적
인간의 사고작용 (thinking)	인간과 같은 사고 시스템 (systems that think like humans)	합리적 사고시스템 (systems that think like rationally)
행동 (behavior)	인간과 같은 행동 시스템 (systems that act like humans)	합리적 행동 시스템 (systems that act like rationally)

1.
2. 인공지능은 여러 학자들에 의해 개념이 정의되고 있으며, 인공지능의 목표는 위의 표와 같이 thinking, behavior, ideal, rational의 조합으로 인간과 같은 사고 시스템, 인간과 같은 행동 시스템, 합리적 사고 시스템, 합리적 행동 시스템으로 분류된다.[1]

3. ① 인간과 같은 사고 시스템
4. 이론적으로 인간과 같은 사고를 하는 기계를 만들기 위해 인간의 사고 작용을 연구한 후, 이로부터 성립된 가설을 시스템을 통해 실현하는 것이다. 이러한 연구를 진행하는 분야를 우리는 인지과학(Cognitive science)라 한다. 인지과학은 인공지능에 기초한 컴퓨터 모델을 만들어 실제 실험을 통해 인간의 사고 작용을 모방하려고 시도하는 분야이지만 인간의 사고 작용은 오묘하고 복잡해서 이를 컴퓨터로 모델링하기가 쉽지 않다. 따라서 인지과학이 성공을 거두기 위해서는 여러 번의 사고 실험을 통한 조사와 연구가 필요하다.

5.
6. ② 인간과 같은 행동 시스템
7. 그리스의 철학자 아리스토텔레스는 '소크라테스는 사람이다. 사람은 죽는다. 그러므로 소크라테스도 죽는다.'라는 합리적 사고의 논리적인 과정을 제안하였다. 이와같은 소크라테스적인 논리적 흐름에 기초하여 인간의 사고 과정을 컴퓨터로 프로그래밍화 하고자 하는 것이 인간과 같은 행동 시스템의 목표이다. 이를 위해서 인간의 비 형식적인 언어를 논리 시스템에 적용하기 위해 형식적인 언어로 변환하는 과정과 이미 저장된 지식들을 기반으로 새로운 입력에 대한 적당한 결론을 추론하는 과정이 필요하다.

8.

---

1) 조영임, 홍릉과학 출판사, 2012

9. ③ 합리적 사고 시스템

10. 과거 튜링(Turing)은 지능적인 행동을 '모든 인지적인 작업들에서 인간과 같은 수준의 성능을 이루어 내는 능력'이라고 표현했다. 튜링은 1950년 '튜링 테스트'를 제안했는데, 이는 기계와 인간이 얼마나 비슷하게 대화할 수 있는지를 기준으로 기계의 지능을 판별하는 테스트이다. 즉, 합리적인 사고를 하는 시스템은 튜링 테스트를 통해 인간과 구분이 되지 않는 시스템이라 할 수 있고, 인공지능의 궁극적인 목표로 볼 수 있다.

11.

12. ④ 합리적 행동 시스템

13. 인간의 사고와 행동은 외부 환경에 의존적이고 상황에 따라 다른 결과를 보이기 때문에 명백하게 정의하기가 힘들다. 반면, 합리적 행동 시스템은 주어진 확률 정도에 따라 행동하기 때문에 좀 더 정의하기 쉽고 명백하다고 볼 수 있다.

나. 인공지능의 역사

- 1943년 맥컬럭등은 인간 두뇌를 논리적 이진 원소들로 추측
- 1950년 앨런 튜닝은 기계의 지능을 판별하는 튜링테스트를 제안
- 1955년 메카시가 인공지능 이라는 이름을 처음 시용하면서 인공지능 탄생
- 1961년 최초의 산업용 로봇인 유니메이트 가 만들어짐
- 1964년 MIT대학의 조셉와이젠바움이 개발 사람과의 대화를 흉내 낼 수 있는 초기 형태의 챗봇인 엘리자가 만들어짐
- 1966년 자신의 행동을 스스로 추론하고, 결정하는 최초의 범용 이동 로봇인 쉐이키가 만들어짐
- 1997년 IBM이 개발한 체스 게임 컴퓨터인 딥블루 탄생
  딥블루가 만들어진 이후 체스경기에서 세계챔피언인 카스파로브를 이겼음
- 1998년 MIT 대학의 신디아 브라질이 소개 하면서 사람의 기분을 감지고 반응할 수 있는 정서지능 로봇인 키스멧이 만들어짐
- 1999년 일본의 소니에서 훈련을 통해 기술과 성격을 개발할 수 있는 최초의 상용 로봇 애완견을 선보였음
- 2002년 iRobot사가 개발한 최초로 대량생산된 진공 청소용 로봇인 룸바가 탄생
  룸바는 길을 찾고 청소하는 방법을 학습
- 2011년 애플에서 음성기반 지능형 가상도구인 시리를 만들면서 아이폰 4s에 통합
- 2014년 챗봇인 유진 구스트만은 약 1/3의 검사자가 유진을 인간으로 판별하면서 튜링테스트 통과
  또 같은 해에 아마존에서 고객의 쇼핑업무를 도와줄 수 있는 음성 기반형 가상도구인 알렉사를 선보였음
- 2016년 마이트로소프트의 챗봇인 테이가 탄생하면서 SNS상에서 폭력적이고 인종차별적인 메시지를 쏟아내면서 문제를 일으켰음
- 2016년 구글의 인공지능인 알파고 탄생
  무한한 경우의 수를 가진 게임인 바둑에서 세계 챔피언인 이세돌을 이김
- 2017년 미국 비영리 단체 Future of life institute에서 '아실로마 AI원칙' 수립
- 2017년 구글이 개발한 자연어 처리 모델 '트랜스포머'는 기존 RNN구조의 단점을 극복하며 여러 모델 파생(ELMo, BERT, GPT의 기반)
- 2018년 딥마인드는 인공지능, 생물학 등 도메인 전문가와 협업하여 딥러닝 기반의 단백질 구조예측 모델 '알파폴드' 개발
- 2020년 오픈 AI에서 그간 GPT, GPT-2의 연구성과를 바탕으로 매개변수 사이즈를 확대한 초거대 언어모델 GPT-3 공개

1930년대와 1940년대는 수리 논리학과 계산(computation)에 대한 새로운 아이디어와 인공두뇌학(Cypernetics), 정보 이론 등 인간의 사고 과정에 대한 수많은 이론들이 등장했고, 프레게(Frege), 화이트헤드(Whitehead), 러셀(Russell)등은 추론과정의 몇 가지의 정형화된 틀을 보여 주었다. 수리논리학 분야는 아직도 인공지능 분야에서 주요한 연구 대상이 되고 있는데 수학자인 처치(Church)나 튜링(Turing) 등은 계산의 본질에 대한 연구를 통해 계산 모델을 제시함으로써 수리논리학 분야에서 얻은 정형화된 논리추리 과정이라는 성과를 기계에 적용할 수 있다는 것을 보여주었다.

1950년 튜링은 생각하는 기계의 구현 가능성에 대한 분석이 담긴 논문을 발표했고 많은 사람들은 튜링이 인공지능의 서막을 열었다고 말한다. 이때, 튜링은 기계와 사람의 대화에서 기계가 사람인지 기계인지 구별할 수 없을 정도로 대화를 이끌어 간다면, 이것은 기계가 '생각'을 하고 있다고 말할 충분한 근거가 된다는 튜링 테스트(Turing test)라는 만능기계의 모델을 제시했는데 이는 '생각'이라는 측면에서 최초로 인공지능을 정의한 것이었다.

1956년 인공지능 연구의 본격적인 시작을 알리는 중요한 컨퍼런스가 다트머스대학에서 열렸다. 유명한 학자들이 모인만큼 기대가 컸으나 뚜렷한 성과 없이 막을 내리고 말았다. 하지만 이 모임은 나중에 인공지능 연구의 활성화를 야기했다는 점에서 그 의의를 찾을 수 있다. 이때 모임을 제안하는 글에서 최초로 '인공지능(Artificial Intelligence :AI)'이라는 용어가 사용되어 현재에 이르고 있다.

다트머스 컨퍼런스 이후, 인공지능을 이용한 여러 프로그램들은 많은 사람들을 놀라게 만들었다. 인공지능을 이용한 프로그램은 대수학을 풀거나 기하학의 정리를 증명하는 등의 지능적인 업무를 수행했다. 인공지능 연구자들은 20년 안에 완전한 지능을 갖춘 기계가 탄생할거라는 낙관론을 펼쳤고 정부는 아낌없이 투자를 진행했다. 이 시기에 탐색 추리, 자연어 처리 분양의 연구가 진행되었으나 모든 지능적인 행동을 해낼 수 있는 일반적인 모델은 찾기 힘들었다.

60년대 말 인공지능 과학자들은 특정 영역에서만 지능적인 동작을 할 수 있는 프로그램을 개발하였으나 이는 실용화되기에는 어려웠다. 또한 연구자들의 낙관론으로 인해 연구에 대한 기대가 매우 높아져 있어 복잡한 문제를 해결하지 못하는 인공지능은 비판의 대상이 되었고 자금 투자까지 사라져 암흑기를 맞이했다. 이와 함께 컴퓨터의 성능이 인공지능을 개발하기에 충분한 메모리나 처리속도를 보장하지 못하는 기계적인 한계점과 인공지능 연구에 필요한 정보의 양이 현저히 적다는 문제점과 같은 인공지능 연구의 한계점과 문제점들이 하나씩 세상에 나오기 시작했다.

침체되어 있던 인공지능 연구는 1970년대 말에 이르러서 르네상스를 맞게 되었다. 1980년대에는 전 세계적으로 사용된 '전문가 시스템(expert system)'이라는 프로그램이 등장하면서 특정 지식의 범위에 대한 문제를 해결하거나 질문에 대답해 주는 등 뛰어난 능력을 보여주었다. 전문가 시스템은 전문가의 지식에서 파생된 논리적 법칙을 사용하였는데 이 점에서 지능적인 프로그램을 만들기 위해서 '지식(knowledge)'이 필수적이라는 것을 증명되었다고 볼 수 있다. 즉, 프로그램의 문제풀이 능력은 프로그램이 소유하고 있는 지식으로부터 결정되며 단순히 프로그램이 채택하고 있는 문제표현 방법이나 추론방식에 의해 결정되는 것은 아니라고 볼 수 있다.

이처럼 다시 황금기를 맞이한 인공지능은 80년대초 일본의 신세대 컴퓨터 개발계획이라는 자극과 더불어 더욱 활성화되었다. 또한 생각하는 기계에 대한 논의가 시작된 연구 초부터 존재해 왔지만 지지부진한 결과로 비난받는 일이 많아 외면받았던 신경망 이론이 몇몇의 끈질긴 연구로 다시 화려하게 부활하여 인공지능 분야에 새로운 바람을 불러일으켰다. (신경망 이론은 '인간의 사고가 두뇌작용의 산물이라면 이 두뇌구조의 처리 메카니즘을 규명하여 이를 이용하면 생각하는 기계를 만들 수 있지 않을까?'라는 아이디어에서 출발한 이론이다.)

신경망 이론은 기존의 인공지능에 비해 문제해결을 위한 접근 방식에 있어 많은 차이점을 가지고 있다. 즉, 기존의 방식이 절차적인 순서에 의한 알고리즘을 통해 기호를 처리하여 문제를 푸는 방법인 반면에 신경망 이론은 인간의 두뇌 신경조직을 모델로 하여 단순한 기능을 하는 처리기(신경세포)들을 대규모로 상호연결한 다음 연결 강도를 조절하여 문제를 해결하는 방식이다.

그래서, 신경망 이론을 지지하는 자들을 연결주의자(connectionist)라 부르기도 한다. 이런 신경망 이론의 탄생으로 인공지능 기술은 기호처리 인공지능(symblic AI)과 연결주의(connectionism)로 양분되는 결과를 맞게 되었다.

1980년대 후반 IBM과 애플을 비롯한 데스크탑 컴퓨터들의 성능이 비약적으로 향상되었다. 이에 따라 더 이상 값비싼 인공지능 시스템을 유지할 필요가 없어졌고, 또한 업데이트와 학습이 어렵고 특정 분야가 아닌 일반적인 경우 오류가 발생하는등 다양한 문제점이 발견되었다. 이러한 문제점들은 인공지능 분야의 투자를 감소시켰고, 인공지능은 'AI winter'라고 불리는 2차 암흑기를 맞게 되었다.

이러한 암흑기에도 여전히 인공지능 과학자들은 연구를 멈추지 않았고 2006년 인지심리학자이자 컴퓨터 과학자인 제프리 힌튼(Geoffrey Hinton) 교수에 의하여 '딥러닝(Deep learning)이 등장하면서 인공지능은 다시 한 번 황금기를 맞이했다. 2011년 역사, 문학, 예술 등 다양한 주제를 다루는 미국의 텔레비전 퀴즈쇼의 시범경기에서

IBM사의 왓슨(Watson)은 여유롭게 두 명의 챔피언을 이겼고, 2016년 구글 딥마인드가 개발한 인공지능 바둑 프로그램 알파고는 2016년 이세돌 9단을 4승 1패로 이기는 등 딥러닝을 이용한 인공지능 시스템은 큰 발전을 이룩하고 있다.

한편, 2010년대 초반에는 학계위주의 연구 성과였으나 후반으로 갈수록 산업계에서 주로 새로운 혁실을 주도하고 빅테크 기업 중심으로 괄목할 수준의 기술 등장 주기가 점점짧아지고 있다. 그리고 GPT-3이후 초거대 AI에 대한 영향력이 지속적으로 증대되고 있고, 주요국들도 AI 주권 차원에서 자국의 언어 모델을 개발하고 있지만, 점차 초거대 AI의 성능을 향상시키기 위한 연구 중심에서 벗어나 점차 초거대 AI 기반 응용 개발 중심으로 전환을 꾀하고 있다.

앞으로의 인공지능은 AI윤리 원칙을 발표하는 것을 넘어 기술적, 실무적인 수준의 AI윤리 연구 확대 및 논의가 활발해지고 있다. 그리고 AI 서비스 관련 산업뿐만 아니라 AI 고위험 리스크 전문기업들이 등장하고 있어 AI윤리를 기술로 측정할 수 있는 방법, 리스크에 대응하는 기술체계 확보에 중점을 두고 있다. 앞으로의 인공지능 기술 우위는 국제패권을 좌우하는 시대가 도래 하므로, 주요 각국에서 AI 분야 리더십 확보를 위해 소리 없는 전쟁이 계속 될 전망이다.[2][3]

---

2) ECOsight, ETRI, 2015
3) NIA한국지능정보사회진흥원(2022) 「현대 인공지능의 역사적 사건 및 산업·사회 변화분석」

다. 인공지능의 분류[4]

인공지능을 발전 단계와, 산업 단계별로 구분해보면 다음과 같이 구분할 수 있다.

① 발전 단계

맥킨지(Mckinsey)에 따르면 인공지능 발전 단계는 약한 인공지능, 강한 인공지능, 슈퍼 인공지능 3단계로 나누어서 볼 수 있으며, 현재 인공지능 기술의 수준은 약한 인공지능 단계에 해당한다.

구분	내용
약한 인공지능	인간과 같은 지능이나 지성을 갖추고 있지는 않으나 특정 목적에 최적화된 알고리즘과 적당한 규칙 등을 설정해 운영되는 시스템적인 인공지능 단계로, 로봇 청소기, 번역 시스템, 알파고와 같이 특정 임무를 수행
강한 인공지능	어떤 문제를 실제로 사고하고 해결할 수 있는 인공지능 단계로 컴퓨터 프로그램이 인간과 같이 생각하고 행동하는 인간형 인공지능을 지칭
슈퍼 인공지능	자아 의식이 있는 단계로, 독립자주적인 가치관, 세계관 등을 소유하고 있으며 해당 단계는 기술 발전 이외에도 생명과학에 대한 전반적이고 깊은 이해가 필요할 것으로 보이는 단계로 현재는 문화작품에만 존재

[표 2] 인공지능의 발전단계를 통한 분류

② 산업 단계

인공지능산업은 인공지능의 '기본 시스템'을 바탕으로 컴퓨터가 시스템을 활용해 '핵심 기술'을 갖추고, 다양한 산업에 제품으로 '응용'되는 3단계로 나누어 볼 수 있다.

구분	내용
1단계 기본시스템	데이터, 반도체 칩, 감응신호장치, 사물인식 기술, 클라우드 컴퓨팅*
2단계 핵심기술	음성인식, 컴퓨터 비전**, 자연언어처리***, 머신 러닝 등이 있음. 핵심기술을 활용해 듣고, 보고, 이해해 분석과 판단을 통해 스스로 행동할 수 있도록 함.
3단계 응용	인공지능의 하나 또는 다양한 핵심기술들이 의료, 금융, 보안 등 다양한 분야에 응용

[표 3] 인공지능의 산업단계를 통한 분류

---

4) 중국 인공지능산업 G2로 부상, Kotra, 2017.12.01

2. 인공지능 기술 개발
가. 국외 기술 개발 현황

해외기업들은 현재 글로벌 기업을 중심으로 인공지능 개발에 적극적으로 투자하며 연구를 진행하고 있다. 최근 인공지능 분야의 기계학습과 이를 위한 딥러닝 기술 개발의 가속화와 그래픽처리장치(Graphic Processing Unit; GPU)를 이용한 병렬연산 기법의 활용으로 인공지능은 큰 성장을 이룩하고 있다.

① 미국

미국은 2000년 들어 특허출원량이 급격하게 증가하여 매해 300건~400건의 특허가 출원돼 세계 인공지능 관련 특허의 46%(4,860건)를 차지하고 있다. 득히 IBM과 Microsoft가 각각 537건, 514건의 특허를 출원하였는데, 특허 출원을 토대로 분석한 결과, IBM은 주로 학습 및 추론 기술에 대한 연구에, Microsoft는 시각이해 연구에 많은 관심을 가지고 있는 것으로 분석되었다. 미국의 경우 주로 자동통번역, 질의응답 기술을 제외한 모든 기술분야에서 월등히 많은 특허출원을 수행하고 있어, 인공지능 분야에서 주도적인 연구개발을 하고 있는 것으로 나타났다.

꾸준하게 우상향을 이어온 미국의 AI특허 출원 증가세는, 지난 2009년 이후 연평균 25%의 전년 대비 성장율을 기록 중인 중국 앞에서는 맥을 못췄다. 결국 미국은 2014년도부터 매년 AI특허의 연간 출원량에서 중국에 역전을 허용해야 했다.

하지만, AI기술의 속내를 들여다보면 미국의 숨겨진 저력이 보인다. 컴퓨팅 비젼과 자연어 처리, 스피치 프로세싱 등 주요 핵심 분야에서 여전히 미국은 중국과 일본에 앞서는 양상을 보이고 있다.

특히 미국은 상용화 등 AI활용도 분야에서 중국을 압도했다. 결국 AI로 돈버는 나라는 미국이라는 점을 확실히 보여준 셈이다. 실제로 미국은 운송과 통신, 생명의학 등 총 10개 산업 분야 중 네트워크와 산업 생산 등 2개 분야를 제외한 8개 분야에서 1위 자리를 놓치지 않았다. 그만큼 미국의 AI특허가 비즈니스 적으로 가치가 있고, 기술적으로도 상용화에 보다 적합한 모델이라는 것을 단적으로 보여준다.

"특허는 소송을 먹고 산다"는 말이 있다. 기술에 기반한 특허의 특성상, 해당 특허에 대한 정확한 가치가 측정 또는 평가되는 곳이 바로 재판정이기 때문이다. 또 소송에 연루될 정도의 특허여야만이 제값을 하는 특허로 인정해주는 경향도 있다. 따라서 어느 국가에서 특허소송이 이뤄지는가를 따져보면, 해당 국가의 특허가치에 대한 정합도를 어림할 수 있다.

그래프19 국가별 AI 관련 특허소송 건수[25]	그래프20 AI특허 소송 상위 10개 원고 기업[26]

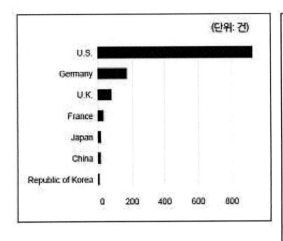

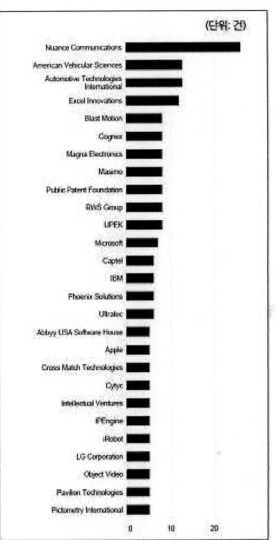

 최근 WIPO 분석에 따르면, 전 세계 AI 관련 특허 소송의 70% 이상이 미국에서 이뤄지고 있다. 다음으로는 독일, 영국, 프랑스, 일본, 중국, 한국 등의 순이다. 전 세계에 AI특허가 많이 출원돼 있지만, 최고급 양질의 AI특허는 미국 시장에 몰려있음을 입증하는 데이터다. AI특허 소송 상위 10개 원고 기업만 봐도, 대다수가 미국계 특허전문관리업체(NPE) 또는 관련 제조 기업이다. 그만큼 미국은 AI기술에 따른 제품과 서비스의 생산 및 판매 뿐 아니라, 여기서 파생되는 법적 소송 등을 통해서도 막대한 고부가 이윤을 챙기고 있다는 것을 알 수 있다.[5]

---

5) NIA한국정보화진흥원(2019)「글로벌 인공지능AI 특허동향과 시사점」

■ 구글

구글의 딥마인드(Deepmind)팀은 인공지능 바둑프로그램 알파고(AlphaGo)와 오픈소스 기반의 인공신경망 알고리즘인 텐서플로우(Tensorflow)를 공개했다. 또한 구글은 컴퓨터 비전 기술을 기반으로 한 인공지능인 인셉션으로 2014년 글로벌 이미지 인식 경진대회에서 우승을 거머쥐었다.

현재는 인도와 방글라데시에서 시행 중인 AI 기반 홍수 경보 서비스를 전 세계 20개국으로 확대한다고 밝혔다. 브라질, 콜롬비아, 스리랑카와 아프리카 15개국이 새로 추가됐다. 머신러닝을 활용해 홍수의 진행 흐름을 예측하는 이 시스템 구축 사업은 지난 2017년 시작돼 2021년에만 인도와 방글라데시에서 2천300만 명의 이용자들에게 총 1억1천500만 건의 홍수 경보를 전달했다.

그리고 전 세계 7천개 언어 중 사용 인구가 많은 1천 개 언어를 지원하는 AI 모델 구축을 위한 '1천개 언어 이니셔티브'라는 연구 프로젝트에 착수하여 첫 번째 단계로 구글은 현존 시스템 중 가장 많은 400개 언어로 학습한 '유니버설 스피치 모델'(USM)을 개발했고, 해당 언어들을 사용하는 세계 각지의 공동체들과 협력해 언어 데이터를 수집하기로 했다.

사용 인구가 많지 않은 희귀 언어는 온라인상 텍스트에 의존하는 기존 AI 기술로는 학습이 어렵기 때문에 직접 수집한 영상, 이미지, 음성 등 다양한 정보에 기반 해 언어를 학습하는 업그레이드 모델을 개발한 것이라고 구글은 설명했다.

생성형 AI 연구를 통한 다양한 형태의 표현 기술도 시선을 집중시켰다. 2022년 여름 텍스트에서 이미지를 생성하는 기술을 내놨던 구글은 이날 텍스트 명령으로 고해상도 영상까지 만들어내는 '이매젠 비디오'와 '퍼나키' 모델을 추가로 공개했다. 짧은 문장을 던지면 후속 스토리를 만들어내는 '워드크래프트'와 짧은 오디오 샘플을 기반으로 진짜 같은 음성과 음악을 생성해내는 '오디오LM'도 선보였다. 워드크래프트는 대화형 엔진 '람다'를 기반으로 글쓰기 텍스트를 생성하는 프로젝트로 전문 작가들이 참여하고 있다.

구글은 창조적 표현의 방식이 완전히 달라지는 전환점에 와 있으면서도 이러한 기술이 진짜와 진짜가 아닌 것의 경계를 흐리는 것을 원하지 않음으로 건전한 이용을 위한 AI 원칙을 소개했다.[6]

---

6) 연합뉴스 'AI 영역 넓히는 구글…20개국 홍수경보에 1천개 언어 지원까지'

■ IBM

IBM의 왓슨은 이미 2011년 미국의 인기 퀴즈쇼 '제퍼디'에서 승리하면서 그 성능을 증명한 바 있다. 최근의 IBM 인공지능의 플랫폼 왓슨의 주요 현황은 45개 국가, 통신, 유통, 제조 등에 적용되고 있고, 20개 산업, 500여 개 글로벌 기업이 도입하고 있다. 적용이 되는 언어로는 영어, 스페인어, 일본어 등 8개 자연어이고 한국어는 2016년 6월 30일에 출시했다. 주력사업으로는 AI 상업화, 왓슨 헬스, 왓슨 IOT 등을 하고 있다.[7]

■ Microsoft

Microsoft는 음성인식기반의 인공지능 개인비서 코타나와 실시간 언어 번역, 이미지 내의 물체를 인식하는 화상인식 기술인 아담 프로젝트를 진행하고 있다. 또한 시각장애를 지닌 사람들에게 주변 상황이나 텍스트, 물체 등을 음성으로 설명해주는 인공지능 어플리케이션을 발표하였으며 지구환경문제와 관련된 중요한 문제를 인공지능을 이용하여 해결하고자 하는 지구환경 인공지능 프로젝트 또한 진행 중이다.

최근 마이크로소프트는 오픈AI와의 파트너십을 기반으로 애저 오픈AI 서비스(Azure OpenAI Service)를 발표, 앞으로 고객이 GPT-3를 API(응용 프로그램 인터페이스)를 통해 접근할 수 있도록 했다. 다시 말해, 애저를 사용하는 조직은 고객 서비스 로그 상의 공통된 불만사항을 요약하는 것부터 개발자 코드 작성, 게시글에 필요한 콘텐츠 생성에까지 GPT-3 활용이 가능하다.

특히 이 서비스는 오픈AI의 강력한 자연어 처리 모델에 접근하는 동시에 별도의 레이어 생성 없이도 애저의 보안, 안정성, 컴플라이언스, 기타 엔터프라이즈급 기능을 제공받을 수 있다는 점에서 더욱 의미가 있다. 애저 오픈AI 서비스는 자연어 모델의 출력이 고객사 비즈니스에 적합한지 등을 확인하는 신규 도구를 제공할 예정이며, 해당 모델이 의도한 목적에 맞게 올바로 사용되고 있는지 등도 모니터링한다.

마이크로소프트는 앞으로 이를 통해 자연어를 활용한 혁신을 광범위하게 공유할 예정이다.[8]

■ Facebook

Facebook은 2015년 토치(Torch)를 위한 오픈소스 딥러닝 모듈을 공개하였으며 사진 속 사람 얼굴을 인식하거나 사람의 수준으로 내용을 이해하는 인공지능을 발표하였다.

---

7) https://gillapp.tistory.com/11
8) Microsoft홈페이지 '마이크로소프트, 현실이 된 메타버스·AI·초연결 기술 대거 공개'

최근의 메타는 페이스북에 초거대 인공지능(AI) 언어 모델 '라마(LLaMA)'를 언급했다. 저커버그는 "라마는 문장을 생성하고 대화를 나누고 작성된 자료를 요약하는 것은 물론, 수학 문제를 풀거나 단백질 구조를 예측하는 등 보다 복잡한 작업에서도 많은 가능성을 보여줬다"면서 "메타는 이 연구용 오픈 모델에 전념하고 있으며 새로운 모델을 AI 연구 커뮤니티에서 이용할 수 있게 할 것"이라고 밝혔다.[9]

■ Amazon

아마존은 음성인식기반의 지능형 비서인 알렉사(Alexa)를 필두로 텍스트를 음성으로 변환하는 아마존 폴리(Amazon Polly), 물체나 장면 및 얼굴을 탐지하고 인식하는 아마존 레코그니션(Amazon Rekognition), 자동 음성인식과 자연어 처리기능을 제공하는 아마존 렉스(Amazon Lex)를 발표하였다. 또한 아마존은 현재 배송, 포장서비스에 다양한 인공지능 로봇을 이용하고 있다.

로이터통신에 따르면 "마이크로소프트(MS)와 구글에서 잇따라 AI 검색 엔진과 같은 새로운 생성형 AI 서비스를 선보이며 대중들의 상상력을 자극했다"며 "아마존은 개발자들이 이와 비슷한 (AI) 기술을 자사 서비스에 접목시킬 수 있도록 돕는 도구와 서비스를 개발하며 물밑에서 경쟁하고 있다"고 전했다.[10]

■ Apple

애플은 2011년 음성인식 기반의 지능형 비서인 시리(Siri)를 발표 하였고, 최근 시리를 기반으로 하는 인공지능 스피커 '홈팟'을 공개했다.

한편, 대만의 매체 디지타임스에 따르면 애플이 인공지능 개발을 재검토한다고 전했다. 보고서에 따르면 ChatGPT로 촉발된 생성형 AI에 대한 관심이 높아지면서 애플, 메타, 아마존과 같은 주요 빅테크 기업들이 생성형 AI 기술을 개발하는 방식에 대한 재평가가 이루어지고 있다고 전했다.

또한 해당 기업들은 마이크로소프트에 AI 분야의 선두 자리를 내주지 않기 위해 노력하고 있는 것으로 알려졌으며 특히 애플은 AI에 대한 접근 방식을 재고하고 있다고 밝혔다.

공급망 관계자들은 이러한 추세가 AI 운영에 최적화된 차세대 CPU 개발을 촉진하게 될 것이라고 주장했다. 애플은 이미 애플 실리콘의 뉴럴 엔진 덕분에 로컬 프로세싱 분야에서 상당한 우위를 점하고 있지만, 콘텐츠 생성 및 새로운 AI 도구를 제공할 수

---

9) 주간동아 '메타, 라마(LLaMA)로 AI 개발 경쟁 가세'
10) 이데일리 '아마존도 AI 기술개발에 속도…허깅페이스와 협업'

있는 심층적인 인사이트와 이를 완전히 활용할 수 있는 AI 소프트웨어를 아직 개발하지 못했다. 때문에 지금까지 애플은 제너레이티브 AI 도구 개발 경쟁에서 거의 손을 떼고 있는 것처럼 보이기도 하다.

최근에는 직원들을 대상으로 연례 AI 서밋을 개최하여 자체 생성 AI 기술보다는 헬스케어, 개인정보 보호, 컴퓨터 비전과 같은 측면에 초점을 맞춘 것으로 보인다.[11]

② 일본

일본은 1980년부터 인공지능 관련 특허를 출원하여 1990년대 활발히 특허출원이 진행되었으나 2000년대 들어 점차 감소하였다. 하지만 최근 다시 특허 출원량이 증가하여 세계 인공지능 관련 특허 6,754건으로 3위에 올랐다. AI 주제별 발명 수의 분포 비율을 살펴보면 컴퓨터 비전 연구 비율이 약 40%로 가장 높았다.

일본 AI 특허 성장의 중심에는 기업들이 있다. 한국지식재산연구원이 발표한 세계지식재산기구 AI 특허 출원 보고서에 따르면, AI 분야 특허 패밀리(출원 후 등록 전이거나 등록된 특허) 순위에서 일본 도시바와 NEC가 'TOP5'에 들었다. 각각 5223건과 4406건으로, 2위를 기록한 마이크로소프트와 큰 차이가 없었다.[12]

순위	출원인	특허 패밀리수	국가
1	IBM	8,290	미국
2	Microsoft	5,930	미국
3	Toshiba	5,223	일본
4	**Samsung**	**5,102**	**한국**
5	NEC	4,406	일본
6	Fujitsu	4,303	일본
7	Hitachi	4,233	일본
8	Panasonic	4,228	일본
9	Canon	3,959	일본
10	Alphabet	3,814	미국
11	Siemens	3,539	독일
12	Sony	3,487	일본
13	Toyota	2,890	일본

'글로벌 TOP 30' AI 특허 보유 기업 현황의 일부. 한국지식재산연구원 제공.

---

11) Tech42 '애플, 인공지능 개발 재검토 한다'
12) 한경IT·과학 '실리가 우선…AI 특허 챙기는 일본 기업들'

■ Toshiba

2016년 도시바는 메모리 반도체 공장에 인공지능 분석시스템을 도입했다. 또한 일본의 자동차 부품업체인 덴소와 손잡고 자율 주행차에 탑재될 화상인식 인공지능 개발을 진행하고 있다. 이외에도 도시바는 음성인식 스피커, 인간형 로봇 등 다양한 인공지능 기반의 제품을 발표하였다.

최근 2022년에 여러 장의 정상 이미지를 분석해 이상 부위를 특정하는 인공지능(AI) 기술을 개발했다고 발표하였고, 인프라 점검용을 상정한 것으로 현장학습이 필요 없다. 균열이나, 녹, 누수, 이물질 부착, 부품 탈락 등 발생 빈도가 낮고 학습하지 않은 이상부위라도 고정밀도로 검출할 수 있다고 한다. 이는 2023년부터 실용화할 계획이다.[13]

■ 소니

애완형 로봇 '아이보'를 출시하며 세계 로봇산업을 주도해 온 소니는 2016년 '플로우머신즈(FlowMachines)라는 작곡 인공지능을 개발하여 인공지능이 작곡한 음악을 공개했다. 1년 후, 2017년 소니는 딥러닝 프레임워크 '뉴럴네트워크라이브러리(NNabla)'를 오픈소스로 공개하며 인공지능 소프트웨어 개발자 전쟁에 뛰어들었다.

현재는 소니가 독자 개발한 인공지능(AI)이 복잡한 조작과 유연한 상황 판단력이 요구되는 자동차 경주 비디오게임에서 인간을 이겼다. 체스, 바둑에 이어 게임에서 인간을 넘어선 것은 물론 이른바 '운전 매너'까지 습득한 것으로 알려져 관심을 끈다.

니혼게이자이신문(닛케이)은 2022년 소니의 AI 드라이버 '소피'가 비디오 레이싱게임 '그란투리스모(GT) 스포트' 경기에서 실제 드라이버를 이겼다고 보도했다. 소피는 소니그룹이 소니 인터랙티브 엔터테인먼트(SIE) 등과 공동 개발했다. 이번 성과는 영국 과학 저널 '네이처'에 게재된다.[14]

■ 혼다

혼다는 두 발로 걷는 로봇 '아시모'를 출시하며 소니와 함께 세계 로봇산업을 주도해 왔다. 이어서 소프트뱅크와의 공동연구를 통해 인공지능이 탑재된 콘셉트카 '뉴브'를 공개했다. 뉴브에는 운전자의 감정을 이해하고 대화를 주고받을 수 있는 인공지능이 탑재되어 있다.

더 나아가 최근에는 운전자의 인지능력 저하 등을 인공지능(AI)으로 감지해 사고를 예방할 수 있는 기술 개발에 나설 예정이다. 일본에서 사회적 문제로 부상한 고령 운

---

13) 서울대학공과대학 해동일본기술정보센터 '도시바, 인프라 점검 AI 기술 개발-여러 장의 정상 이미지에서 이상 검출'
14) 전자신문 '[ET 뉴스픽!]소니 개발 AI, 레이싱 게임서도 인간에 완승'

전자들의 사고를 줄이는데 역할을 하기 위해서다. 현재 자기공명영상(MRI)과 센서를 통해 운전자의 뇌와 눈의 움직임을 분석하는 작업을 하고 있다. 사고로 이어지는 실수의 원인을 찾아 사전에 예방할 수 있는 시스템을 만들기 위해서다. 예컨대 운전자의 시선을 카메라로 감지해 자동차 앞을 지나가는 보행자를 미처 발견하지 못했을 경우 이를 경고해주는 기술을 개발 중이다. 이는 2030년 실용화를 목표로 하고 있다.[15]

■ 소프트뱅크

소프트뱅크는 2015년 인공지능 로봇인 '페퍼'를 발표했다. 최근 소프트뱅크는 신입사원 채용 면접에 IBM의 왓슨을 활용했다. 자연언어 처리, 해석능력을 가진 인공지능에게 과거 입사 데이터를 학습시키고, 신입사원 채용 때 심사, 판단하게 한다. AI에게 채용 면접을 맡기는 것에 대해서 의아해 하는 사람도 있을 것이다. 그러나 심사결과를 보면 AI가 합격자로 결정한 1,500명, 반대로 불합격자로 판정한 1,500명의 데이터를 인사 담당자에게도 면접 심사를 실시한 결과 최종결과가 거의 비슷한 것으로 나타났다.

오히려 AI 면접관에 의한 평가는 인간의 주관적 평가를 배제해 공정한 선발이 가능하다고 보고 있다. AI에게 딥 러닝을 학습시키면 공정한 기준에 따라 유능한 인재를 선발할 수 있다는 것이다.[16]

한편, 소프트뱅크 그룹은 지난 2017년부터 기업 투자 활동을 시작하고 전 세계 모든 분야에 걸쳐 AI(인공지능)를 활용해 혁신적인 사업을 전개하고 있는 벤처 기업에 투자해 주목을 받고 있다.

이에 2021년 소프트뱅크 주주총회에서 손정의 회장은 직접 "소프트뱅크그룹은 정보혁명의 자본가"라고 설명했다. 정보 혁명의 최첨단인 AI(인공지능)를 활용한 방식에 투자를 주력하고 있다는 의미다. 소프트뱅크 비전 펀드는 이를 실행하는 플랫폼이다. 투자 및 실행 전략으로 손정의 회장만의 방식 '군(群)전략'을 내걸고 있다.

그룹 형태의 군 전략은 특정 분야에서 뛰어난 기술과 비즈니스 모델을 가진 다양한 기업 그룹이 다 같이 진화하고 함께 성장하는 것을 지향하는 방식이다. 유연하게 기업의 사업 영역을 변화, 확대하면서 300년에 걸쳐 성장을 계속하는 것을 목표로 한다. 손정의 회장이 꿈꾸는 '300년 왕국'의 핵심이다.

이 전략을 바탕으로 소프트뱅크 비전 펀드는 AI를 활용한 신기술과 서비스, 비즈니스 모델을 실현할 수 있는 기업에 대한 투자, 완만한 공동체를 결성하고 있다. 이미

---

15) 한겨레 '일본 혼다 운전자 몸 상태 AI로 감지해 사고 예방'
16) AI라이프경제 '[인간과 인공지능] AI 채용 글로벌 확산... 소프트뱅크 신입사원 AI 채용, 인간면접과 비슷한 결과'

잘 알려진 소프트뱅크 비전 펀드는 펀드 1(SVF1)과 펀드 2(SVF2), 두 가지다. SVF1은 986억 달러(약 118조 원)의 대형 투자 펀드다. 소프트뱅크그룹 외 제3자 투자자도 포함되어 있다. 펀드 투자처는 증권시장에 기업을 공개하지 않은 시가 총액 10억 달러(약 1조2천억 원)가 넘는 유니콘 기업부터 100억 달러(약 12조 원)에 달하는 데카콘이라고 불리는 초대형 스타트업에 초점을 맞추고 있다. 각 사업 분야의 선두를 달리고 있는 기업에 투자해 점유율이 높고 강한 기업을 한층 더 강하게 육성하는 것을 목표로 하고 있다.[17]

이 외에도 일본에는 Preferred Infrastructure, Metaps, XCompass, Nextremer, Shannon과 같은 인공지능 벤처기업들이 있다.

③ 중국

Patsnap(智慧芽创新研究中心)이 발표한 '2021년 AI 특허종합지수보고(2021年人工智能专利综合指数报告)'에 따르면, 2018년부터 2021년 10월까지 약 4년간 전 세계에서 신청한 AI 관련 특허는 총 65만 건이며, 그 중 중국 44만5000건, 미국 7만3000건, 일본 3만9000건에 달했다. 연도별로도 중국은 꾸준히 미국과 일본을 합한 것 이상의 특허를 출원한 것으로 나타났다. 아울러 해당기간 동안 특허를 출원한 10대 기업을 살펴보면 중국이 핑안그룹, 텐센트, 바이두, OPPO 등 4개사로 가장 많았으며, 핑안그룹은 최근 AI분야에 많은 투자로 전 세계에서 AI 관련 특허 출원이 가장 많은 기업에 등극했다.

일부 AI 기술, 특히 컴퓨터 비전, 음성인식, 자연어처리 등 기술은 중국에서 이미 상용화돼 다양한 분야에서 적극 활용되고 있다. 컴퓨터 비전은 얼굴인식 및 안전감독관리 시스템 분야에서 많이 활용되고 있으며, iFlyTek, 바이두, 텐센트 등 기업들은 막대한 사용자를 위해 언어식별 기술을 활용하고 있다. 이어서 위챗과 같은 플랫폼을 통한 빅데이터 수집으로 기술 개선 및 경쟁력을 확보하고 있다.

그러나 기술력 발전이 특정 분야에 집중돼 있고, 아직 다수 분야의 기술력은 기초단계에 머무르고 있다. 대표적으로 L4 등급 자율주행의 경우 스마트칩 및 스마트 센서 등은 적극적인 연구개발을 통해야 성숙기에 다다를 것으로 업계는 평가하고 있다. 또한 기술 인력의 부족 및 전통 제조업과 신흥산업을 모두 아우를 수 있는 전문 인력의 부족으로 산업의 성장이 상대적으로 정체되고 있다. 이에 따라 다수의 논문과 특허에도 불구, 중국의 전반적인 기술력은 선진국과 아직 격차가 있는 것으로 평가되고 있다.[18]

---

17) FASHIONPOST '300년 존속 기술 없다 소프트뱅크 AI 군(群)전략'
18) Kotra해외시장뉴스 '중국 인공지능산업의 현주소는'

■ 바이두

바이두는 세계적으로 앞선 인공지능 플랫폼형 회사로, 중국 AI 분야에서 시작이 가장 빠르고, 기술이 가장 강력하며, 구성이 가장 완벽한 기업으로 평가된다. 아직 우리나라에서 낯선 이름이지만, 중국 최대 검색 엔진 기업이다. '중국판 구글'로 불릴 만큼 정확하고 폭넓은 서비스를 제공하며, 중국 내 검색 점유율은 70%대에 달한다.

바이두는 중국 최대 대화형 인공지능 운영 체계인 'DuerOS'를 만들었으며, 샤오두 시리즈 인공지능 스피커 출하량은 세계 2위, 중국 1위를 차지한다. 이 밖에도 중국에서 가장 강력한 자율주행 실력을 갖춘 아폴로를 보유하고 있으며 차량 인터넷, 스마트 교통 등 영역에서 뛰어난 솔루션을 보유하고 있다.

현재 바이두 AI는 특허 수, 패들패들 딥러닝 오픈소스 플랫폼, AI 일간 사용량, 개발자 생태 규모, AI 클라우드(Cloud) 등 분야에서 중국 1위를 기록하고 있다. 10년 전 인공지능이 지닌 가능성을 파악한 바이두는 기업 전략 중심을 인공지능 기술과 응용으로 전환했다. 기술 연구, 산업 응용 플랫폼부터 인간과 기계의 상호 작용까지 모든 부분에서 상당한 기술을 축적했다.

바이두는 스마트 검색과 스마트 커넥티드카를 넘어 미래의 스마트 사회와 스마트 경제까지 준비하고 있다. 인공지능이 주도하는 스마트 경제는 사람과 기계의 상호 작용에서 변혁을 가져올 것이고 새로운 인공지능 칩, 클라우드 서비스, 각종 응용 개방 플랫폼, 개방된 딥러닝 구조, 통용 인공지능 알고리즘 등의 인프라에도 엄청난 변화를 가져올 것으로 예상된다.[19]

■ 핑안그룹

중국 전역에 개인 고객 2억1400만명, 인터넷 가입자 5억7900만명, 연간 매출은 약 2000억 달러에 이르는 중국 최대의 민간 기업이다. 1988년 직원 13명으로 보험 사업에서 출발해 30여 년 만에 자동차, 금융, 헬스케어, 스마트시티 등으로 생태계를 끊임없이 확장했다. 성공 요인은 인공지능(AI), 블록체인, 클라우드 인프라스트럭처와 같은 디지털 기술에 대한 혁신적이고 선제적인 투자였다.

핑안은 안면인식, AI, 블록체인 등 많은 기술을 자체적으로 개발했다. 처음에는 필요에서 시작했다. 5년 전만 해도 안면 기술은 아시아인 얼굴을 정확히 인식하지 못했다. 당시 머신러닝 기술도 핑안의 독특한 요구와 사업을 정확히 이해하지 못했다. 이에 내부 팀을 조직해 맞춤식 솔루션을 개발했다. 핑안은 연간 매출의 1% 수준인 17억 달러 규모를 기술 투자에 쏟고 있다. 단 자체 기술 개발은 핑안의 규모에는 효과적이었지만 모든 기업에 효과적이지 않을 수 있다는 점을 감안해야 한다.[20]

---

19) 매일일보 '[신간] '스마트 경제: 바이두, 인공지능이 이끄는 미래를 말하다''

■ 텐센트·알리바바

중국의 기술 대기업인 텐센트와 알리바바가 개발한 AI언어모델이 이해력 평가에서 인간을 앞섰다. 평가에 사용된 프로그램은 클루(CLUE)라는 AI의 자연어 처리 능력을 측정하는 벤치마크 테스트로 3년 전 중국 연구자들이 만든 도구다.

클루 웹사이트의 순위에 따르면 텐센트가 만든 '훈위안 AI 모델'이 86.918점으로 1위를 차지했고, 알리바바의 '알리스마인드'가 86.685점으로 뒤를 이었다. 두 언어모델은 모두 인간의 86.678점 보다 높은 성적을 얻었지만, 일부 연구자들은 대부분의 AI 언어 모델들은 언어의 복잡성을 제대로 이해하기엔 아직 갈 길이 멀다고 평가했다.[21]

---

20) 매일경제 '中펑안, 디지털 플랫폼 11개 개발…6억 고객 거느린 공룡 됐다'
21) Ai타임스 '중국 AI 언어모델, 인간보다 중국어 더 잘해'

나. 국내 기술 개발 현황

　한국은 1990년대부터 특허출원이 시작되어 2000년대 들어 출원량이 점차 증가하였다. 특허청에 따르면, 국내 초거대 인공지능 관련 특허출원은 2011년 6건에서 2020년 1912건으로 증가했다. 이 기간 총 출원수는 4785건. 한국을 포함한 미국·일본·중국·유럽 등 지식재산권 5대 주요국의 관련 특허출원도 같은 기간 28배 늘었다.

　특허청은 최근 5년간 출원 증가 속도가 더욱 빨라졌고, 이는 2016년의 '알파고 충격' 이후 인공지능에 관한 연구가 활발해진 결과로 분석했다.

　다출원 기업 순위는 삼성이 1213건으로 IBM(928건)과 구글(824건)을 제치고 1위, LG는 384건으로 10위에 이름을 올렸다. 이밖에 국내에서는 스트라드비젼(209건), 한국전자통신연구원(157건), KAIST(80건), 크라우드웍스(80건), NAVER(70건), SK(64건) 등이 각각 출원했다.

　국내 빅테크와 굵직한 연구기관이 '인공지능 특허전쟁'에 열을 올리고 있고, 대화형 인공지능 '챗GPT 열풍'과 함께 인공지능 산업에 대한 관심이 뜨거워진 상황이다.

　한편 전북 미래산업 분야는 전국의 3% 수준으로, 전북도와 전북테크노파크 등이 육성·지원하는 소프트웨어 강소기업들이 있지만 '인공지능' 관련 내로라할 지역 업체를 찾기는 쉽지 않다.

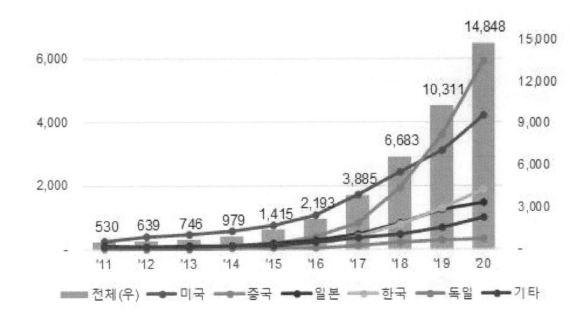

전북테크노파크 관계자는 "보안이나 자동화 솔루션 개발, IOT 기반 역주행 방지 시스템 개발 등에 인공지능을 적용하는 업체들이 있다. 20여 개사를 지원했다"며 "기술개발 과제를 진행하면서 특허출원이 많이 이뤄졌지만, 알파고나 챗GPT 정도의 대기업들이 주도하는 초거대 인공지능 관련 출원은 없었다."고 밝혔다.[22]

■ 삼성

 최근 인공지능(AI) 분야에서 화두가 되고 있는 중요한 트렌드 중 하나는 '초거대 AI(Hyperscale Artificial Intelligence, 이하 초거대 AI)'이다. 초거대 AI는 기존 AI에서 한 단계 진화한 AI로, 인간의 뇌처럼 여러 상황에 대해 스스로 학습하여 사고하고 판단할 수 있다. 예컨대, 인공지능의 활용 사례로 많이 알려진 이미지 분석과 같은 작업에서 한발 더 나아가 사람의 언어를 이해하고 이를 바탕으로 이미지를 만들어낼 수도 있다. 이러한 수준의 AI를 구현하기 위해서는 훨씬 더 대용량의 데이터에 대한 학습과 연산이 필요하며, 이를 수행할 수 있는 컴퓨팅 인프라가 갖춰져야만 한다.

 이러한 초거대 AI 모델을 지원하기 위해, 삼성전자가 제시하는 솔루션은 PIM(Processing-in-Memory)과 PNM(Processing-near-Memory) 기술이다. 삼성전자는 이미 해당 기술을 활용한 메모리 솔루션을 확보하였으며, 이를 구현하는데 필요한 소프트웨어에 대한 표준화도 완료했다.

 PIM(Processing-in-Memory)은 프로세서가 수행하는 데이터 연산 기능을 메모리 내부에 구현한 기술이다. PNM(Processing-near-Memory)도 PIM처럼 메모리를 데이터 연산 기능에 활용해 CPU와 메모리 간 데이터 이동을 줄여주는 기술이다. 연산 기능을 메모리 옆에 위치시켜 CPU-메모리 간 발생하는 병목현상을 줄이고 시스템 성능을 개선할 수 있다.

 삼성전자는 향후 HBM-PIM과 CXL 기반 PNM 기술의 확산을 위해 IT 업계 및 학계와 적극적으로 소통할 계획이다. HBM-PIM과 CXL 기반의 PNM 솔루션을 지원하는 통합 소프트웨어를 공개할 예정이며, 업계 최대 슈퍼 컴퓨팅 학회인 SC22에도 참가하여 해당 솔루션을 전시하고 시연할 예정이다.[23]

■ ETRI

 최근 ETRI(한국전자통신연구원·원장 김명준)는 세계 주요 24개 언어를 음성으로 인식하고 문자로 변환할 수 있는 '대화형 인공지능(Conversational AI) 기술'을 개발했다.

---

22) 전북일보 '초거대 인공지능 특허출원 10년새 319배…전북은 0건'
23) 삼성홈페이지 '삼성전자 반도체, 차세대 AI를 위한 첨단 메모리 기술 공개'

기존 음성인식 기술을 개발하기 위해서는 대규모 학습데이터가 필요해 다국어 확장과 음성인식 성능 확보가 어려웠다. 연구진은 자기 지도 학습, 의사 레이블 적용, 대용량 다국어 사전 학습 모델, 음성 데이터의 오디오 데이터 생성(TTS) 증강 기술 등을 통해 언어 확장의 어려움을 극복했다.

또 '대화형 인공지능 기술'은 기존에 흔히 활용된 '종단형 음성인식 기술'의 단점을 개선해 활용성을 높였다. 느린 응답속도의 문제는 스트리밍 추론 기술을 개발해 실시간 처리가 가능케 개선했다. 이에 더해 의료와 법률, 과학기술 등 특정 도메인에 대한 음성인식 특화가 쉽도록 하이브리드 종단형 인식 기술도 개발해 적용했다.

연구진은 이번 다국어 확대와 응답 속도 지연 해결 등 신기술 적용을 통해 음성인식 기술 활용 범위를 확대하고 사업화를 진행할 전망이다. 특히 올해 안으로 지원 언어를 30여 개로 확대하고, 국내·외 전시 참여와 기업체 설명회를 통해 동남아와 남미, 아랍권 등을 대상으로 사업화를 적극 추진할 예정이다.[24]

---

24) HelloDD. 'ETRI, 대화형 AI 기술 개발…24개 언어 이해한다.'

다. 응용분야별 기술 개발 현황
1) 지능형 비서

[그림 9] 스마트폰 가상 비서 서비스

지능형 비서 서비스란, 사용자의 신호나 주변 환경을 인지하여 사용자가 요구하거나 실생활에서 필요한 업무(스케줄 관리 등)를 파악해 그에 맞는 대응책을 지원하는 기술이다. 최근 가상 비서 서비스는 스마트폰에 탑재된 인공지능 프로그램이 사용자가 음성으로 명령하는 주문, 예약, 검색 등을 대신 처리할 뿐만 아니라, 각종 스마트 가전기기나 차량에 탑재되어 여러 가지 일을 수행하는 등 그 응용 범위가 더욱 넓어지고 있다. 지능형 가상비서는 크게 4가지의 세부 기술(서비스, 언어처리, 클라우드, 음성인식)로 나눌 수 있다.

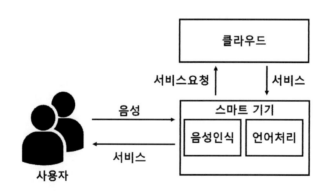

[그림 10] 가상비서 서비스의 세부 기술분야

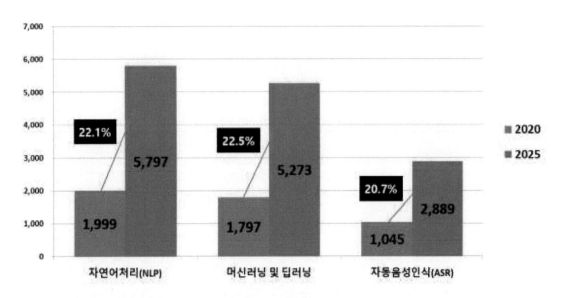

※ 출처 : MarketsandMarkets, Conversational AI Market, 2020

전 세계 대화형 인공지능 시장은 기술에 따라 자연어처리(NLP), 머신러닝 및 딥러닝, 자동음성인식(ASR)으로 분류되는데 자연어처리(NLP)는 2020년 19억 9,900만 달러에서 연평균 성장률 22.1%로 증가하여, 2025년에는 57억 9,700만 달러에 이를 것으로 전망된다. 머신러닝 및 딥러닝은 2020년 17억 9,700만 달러에서 연평균 성장률 22.5%로 증가하여, 2025년에는 52억 7,300만 달러에 이를 것으로 전망되고, 자동음성인식(ASR)은 2020년 10억 4,500만 달러에서 연평균 성장률 20.7%로 증가하여, 2025년에는 28억 8,900만 달러에 이를 것으로 전망된다.

먼저, 국내에서 제공되고 있는 지능형 비서 서비스 동향에 대해 살펴보면, SK텔레콤의 스피커형 AI 개인비서기기 'NUGU' 이후에 KT의 '기가지니', 네이버의 '프렌즈', 카카오의 '카카오미니'가 출시되었고, 금융권과 공공기관에서는 텍스트 형태의 AI 챗봇 서비스가 도입되었다. 음악 선곡 및 감상, 날씨 및 교통 정보 검색 등 새롭고 재미있는 기능을 탑재한 AI 스피커는 초창기 대중에게 많은 주목을 끌었다. 이후 출시된 AI 스피커에는 정보를 시각화할 수 있는 디스플레이, 무드등, 셋톱박스와 연동 등 기존제품과 차별화된 기능을 탑재하였다.

하지만, 사람들은 음성 AI의 기술적인 문제와 실생활에서의 활용도 측면에서 AI 스피커의 한계를 느꼈으며, 그나마도 서비스를 이용하는 연령대가 디지털에 익숙한 젊은 고객층으로 편중되어 있는 문제점이 존재했다. 이러한 한계를 극복하고자 국내 기업들은 개인비서 서비스를 오픈 API 형태로 플랫폼화하여 스마트홈, 자동차 등 다양한 영역에서 개인비서 생태계를 확장하는 방향으로 나아가고 있다.

또한, 코로나-19 사태로 언택트 문화가 확산되고 사람들이 집에서 머무는 시간이 늘어나면서 지능형 개인비서 서비스에 새로운 패러다임이 불고 있다.

이러한 비대면 시대에 자녀를 둔 부모는 AI 스피커의 키즈 콘텐츠를 적극 활용할 수 있으며, 금융권에서는 챗봇 시스템이나 AI 콜센터 등을 이용하여 금융기관에 직접 방문하기를 꺼리는 고객에게 언택트 서비스를 제공할 수 있을 것이다.

국내의 지능형 개인비서 제품에 대해 알아보자면, 먼저 삼성전자는 음성 인식 플랫폼 'Bixby'를 자체 개발하여 2016년 갤럭시 스마트폰에 처음 탑재하였다. 이후 세탁기, 공기청정기와 같은 자사 가전기기에도 Bixby를 탑재하며 지능형 인터페이스로의 역할을 확대하였다. Bixby는 텍스트, 카메라, 터치, 음성 등의 다양한 입력 방식으로 지식 검색, 일정 관리, 은행 및 결제 서비스 등을 제공하고 있다.

2016년 SK텔레콤은 국내 최초이자 세계 2번째 로 AI 스피커 'NUGU'를 공개하였다. 최근에는 스피커에 누구콜(NUGU call) 서비스를 연동하여, 음성으로 외부 번호를 검색하고 자동으로 전화를 걸 수 있는 기능을 선보였다.

또한, SK텔레콤은 NUGU 플랫폼을 Btv, T맵, T전화에 적용하는 등 홈, 자동차, 모바일 영역에서 지속적으로 접점을 늘리며 NUGU 플랫폼의 생태계를 다각화하고 있다. KT의 AI 스피커 '기가 지니' 시리즈는 셋톱박스와 연동 가능하며, 음성 입력만으로 TV를 조작할 수 있다. 출시 당시 KT는 AI 스피커에 셋톱박스를 접목하는 새로운 전략을 보여 많은 관심을 받았다. 또한, 기가 지니는 AI 영어 학습, 핑크퐁 노래방 등 다양한 키즈 특화 학습서비스로 자녀를 둔 고객층의 눈길을 끌고 있다.

네이버는 2017년 AI 플랫폼 '클로바'를 탑재한 AI스피커 '프렌즈', '웨이브' 출시에 이어 2020년 10월 책 읽어주기 기능이 탑재된 AI 스마트 조명 '클로바 램프'를 출시했다. 조명 아래에서 영어 또는 한글로 된 책을 펼치면 광학문자인식(OCR)으로 책의 글자를 인식한 다음, 음성 합성 기술로 아이나 성인의 목소리로 책을 읽어준다. 클로바 앱과 연동을 통해 아이의 독서 기록을 관리할 수 있으며, 외국어 교정 및 발음 지원, 번역 기능까지 제공한다. 아울러, 네이버는 홈 IoT와 IPTV 고객 경험이 많은 LGU+와 협력하여 AI 개인비서 서비스 시장에서 경쟁력을 확보하고 있다.

카카오는 카카오i 플랫폼을 탑재한 '카카오미니'에 이어 네 번째 AI 스피커 '미니 헥사'를 출시하였다. 카카오 AI 스피커에는 경쟁기업과 차별적인 요소인 '카카오톡' 서비스를 연동하여, 음성으로 손쉽게 카카오톡 메시지를 전송하고 정보를 공유할 수 있도록 하고 있다.

이 외에도 카카오 T택시, 카카오 내비, 카카오 홈IoT 기능을 탑재하고 있으며, 최근에는 건설사와 협력을 통해 스마트홈 분야의 서비스를 본격화하였다. 금융권에서는 2017년 금융권 최초의 챗봇 '현대카드 버디' 이후, 은행과 카드사에서 챗봇 형태의 지능형 개인비서 서비스를 도입하기 시작하였다. 공공기관·지자체에서도 지능형 개인비서 서비스를 적극적으로 도입하고 있다. 대표적인 공공서비스 챗봇으로 인공지능 기반 법률 비서 '버비', 민원상담사 '뚜봇', 지방세 관련 민원 상담사 '지방세 상담봇'이 있다.[25)]

국세청에서도 'AI 세금비서' 서비스가 있다. 2022년 연말의 국세행정포럼 주제에도 인공지능을 활용한 세무서비스가 주제로 꼽혔다. 당시 전문가들은 국세청의 'AI 세금비서'에 대한 부정적인 의견을 내놓았다. IT 세정은 좋지만, AI 세금비서가 계산하는 값이 정확할 것인지에 대한 근본적인 의문이 많았다.

실질적으로 복잡한 세금 계산을 똑똑하게 해줄 수 있을 것인지, 잘못 계산했을 때 가산세는 납세자가 부담해야하는 것인지에 대한 이야기도 흘러나왔다. 당시 전문가들은 AI 세금비서 개발 작업에 국가 예산을 사용하는 만큼 신중한 접근이 필요하다고도 지적했다.

결국 AI 세금비서가 계산해주는 값이 정확하지 않다면 굳이 인공지능을 이용할 필요가 있겠냐는 반응도 있었지만, 인공지능 서비스가 납세자의 납세협력비용을 크게 절감할 것으로 전망하고 있다. 또한 국세행정의 선진국이라 불리는 대한민국에서 인터넷과 컴퓨터를 활용한 세금 신고는 시대적으로도 앞서나가고 있기 때문에 현재에 안주하지 않고 더욱 발전하기 위해서는 AI 세금비서의 활용이 더욱 커져야한다는 인식도 있다.

2022년 말까지만 하더라도 전문가들은 AI를 이용한 세금관련 업무에 부정적인 입장이었지만, 한층 진화된 챗GPT의 등장으로 국세청의 인공지능을 활용한 국세행정에는 어떠한 큰 변화로 다가올지 업계는 주목하고 있다.[26)]

---

25) ETRI(2021) 「디지털 개인비서 동향과 미래」
26) 세정일보 '[세미콜론] 챗GPT와 국세청의 AI 세금비서'

다음은 전 세계 대화형 인공지능 시장의 주요기업 점유율 현황이다.[27]

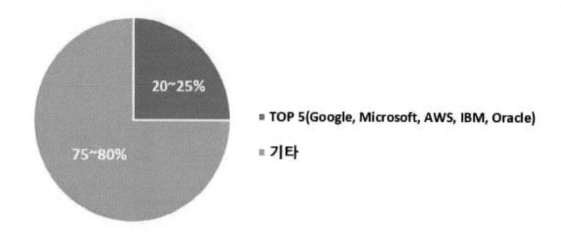

20~25%

75~80%

■ TOP 5(Google, Microsoft, AWS, IBM, Oracle)

■ 기타

※ 출처 : MarketsandMarkets, Conversational AI Market, 2020

① Google

대화형 인공지능(AI) 시장에서 인공지능(AI)을 구동하는 음성 앱 및 챗봇과 같은 음성·문자 기반의 대화 인터페이스를 구축해 사용자가 새로운 방식으로 제품과 소통할 수 있도록 하는 데 목적을 둔 'Dialogflow'를 제공하고 있다.

제 품	내 용
Dialogflow	• 사용자가 웹 사이트, 모바일 애플리케이션, 인기 있는 메시징 플랫폼 및 IoT 장치를 위한 대화 인터페이스를 구축, 교육 및 배포할 수 있도록 지원하는 대화형 플랫폼임 - 표준 버전과 엔터프라이즈 버전 등 두 가지 버전으로 제공됨 • 개발자는 Facebook Messenger, Google Assistant, Amazon Alexa, Cortana, Slack, Twilio 등과 같은 14개의 주요 플랫폼에 챗봇을 구축하고 배포할 수 있음 • Google의 머신러닝 및 자연어처리(NLP) 기능의 이점을 활용하고, 20개 이상의 언어에 대한 지원과 함께 30개 이상의 사전 빌드된 에이전트를 제공함 • Chatbase의 분석 기능의 이점을 활용하고, 사용자가 대화형 앱과 통합할 수 있는 서버리스 기능에 Firebase를 사용함

※ 출처 : MarketsandMarkets, Conversational AI Market, 2020

---

27) 연구개발특구진흥재단(2021) 「대화형 인공지능AI 시장」

② Microsoft

사용자에게 새로운 기회를 제공하는 라이센스, 소프트웨어 솔루션 및 장치를 제공하는 글로벌 기업이며, 운영 체제, 장치 간 생산성 애플리케이션, 서버 애플리케이션, 비즈니스 솔루션 애플리케이션, 데스크톱 및 서버 관리 도구, 소프트웨어 개발 도구 등의 제품을 제공하고 있다.

서 비 스	내 용
Azure Bot Services Microsoft Bot Framework Azure Cognitive Services LUIS QnA Maker	• Azure Bot Services, Microsoft Bot Framework, Azure Cognic Services, LUIS QnA Maker를 결합하여 대화형 인터페이스를 만들 수 있는 강력한 개발 환경을 제공하고 있음 • 사용자는 Microsoft 서비스를 사용하여 대화 인터페이스를 개발할 수 있으며, 이를 웹 사이트, 앱, Cortana, Microsoft Teams, Skype, Slack 및 Facebook Messenger에 배포할 수 있음 • 다른 Microsoft 서비스와 결합할 수 있는 오픈 소스 제품인 Microsoft BotBuilder 소프트웨어 개발 키트를 제공하고 있음

※ 출처 : MarketsandMarkets, Conversational AI Market, 2020

③ AWS

온디맨드 컴퓨팅 플랫폼으로 최고점에 있는 클라우드 컴퓨팅 서비스의 선도업체인 Amazon.com(미국)의 자회사로, 다양한 클라우드 컴퓨팅 서비스를 제공하여 사용자가 비즈니스 요구 사항에 따라 쉽게 조정할 수 있도록 지원하고 있다. 스토리지 및 콘텐츠, 컴퓨팅, 네트워킹, 데이터베이스, 배포, 관리, 미디어서비스 및 분석 등과 관련된 제품과 서비스를 제공하고 있다.

제품	내용
Amazon Lex Alexa for Business	- Amazon Lex는 음성 및 텍스트 매체를 사용하는 모든 애플리케이션에서 대화형 인터페이스를 구축하기 위한 서비스임 - Alexa와 동일한 기술을 활용함 - 또한, Amazon Polly를 사용하고 AWS Lambda와의 통합을 지원하여 개발자가 사람이 들을 수 있는 텍스트의 음성 변환을 통해 대화형 인터페이스를 구축할 수 있도록 지원함 - Alexa for business는 Alexa 장치를 관리하고 기업에 대화형 솔루션을 제공함 - 대화형 인공지능(AI) 시장에서 AWS의 인프라에서 실행되며 다른 AWS 서비스와의 기본 통합을 제공하는 클라우드 기반 제품을 제공하고 있음

④ IBM

메인프레임 컴퓨터에서 나노 기술에 이르기까지 다양한 분야에서 하드웨어, 소프트웨어 및 광범위한 인프라, 호스팅, 클라우드 및 컨설팅 서비스를 제공하는 선도 기업이다. 소프트웨어, 금융, 스토리지 및 통합 시스템을 포함하는 다양한 제품과 서비스를 제공하고 있다.

솔루션	내용
IBM Watson Assistant	- 산업 관련 콘텐츠로 사전 교육을 받은 완벽한 플랫폼임 - Watson Assistant 플랫폼의 자연어 모델은 IBM의 인공지능(AI) 기능을 기반으로 하며, 개발자가 웹 사이트, 모바일 앱, 전화, 메시징 채널 및 고객 서비스 도구에서 가상 비서를 구축 및 실행할 수 있도록 지원함 - 13개 언어에 대한 지원을 제공함

⑤ Oracle

엔터프라이즈 등급의 제품 및 솔루션을 제공하는 선도적인 업체로, 하드웨어 시스템, 데이터베이스, 미들웨어 소프트웨어 및 애플리케이션 소프트웨어의 개발, 제조 및 마케팅을 전문으로 하고 있다.

솔루션	내용
Oracle Digital Assistant	• Oracle Mobile Cloud Enterprise의 일부 제품임 • Digital Assistant 플랫폼은 텍스트 또는 음성의 도움으로 자연스러운 대화형 사용자 인터페이스를 만들 수 있도록 인공지능(AI) 기반 비서를 쉽게 구축할 수 있는 도구를 제공함 • 이러한 인공지능(AI) 기반 비서는 웹 사이트, 모바일 앱 및 메시징 앱에 배포할 수 있음

※ 출처 : MarketsandMarkets, Conversational AI Market, 2020

제품	인지 기능	서비스/기능
Siri	사용자의 검색/언어/ 선호도에 적용	전화걸기, 메시지 보내기, 구두점 추가, 리마인더 및 알람 등
구글 Assistant	방대한 데이터 및 고도의 NLP 기술 적용	질의응답, 스케줄 관리, 예약, 리마인더, 번역, 음악 재생, 길찾기, 홈기기 제어
Alexa	사용자 음성 학습 기능	음악 검색, 전화걸기, 메시지 보내기, 쇼핑, 홈기기 제어
Cortana	자동 언어 인식 디바이스 데이터에 의한 학습	시간/장소/사람에 따른 리마인더, 파일찾기, 배송조회, 태스크 관리
Bixby	사용자 루틴 및 휴대폰/앱 작동방식 학습, 개인화된 응답	콘텐츠 및 앱 조작 용이하도록 함, 번역, 리마인더
Hound	문맥 및 복잡한 발화 이해	자연스럽고 상세한 검색, 호텔찾기, 길찾기, 주식시장 조회, 음악재생 등
Robin	제스처에 반응, 새로운 개념/phrase 학습	오디오 콘텐츠 플레이, 관심 정보 제공, 주차/교통 정보 제공
Youper	개인화, 기분추적	정서건강 관리, 대화, 명상 가이드

[그림 16] 글로벌 디지털 개인비서 기능비교

제품	인지 기능	서비스/기능
Siri	사용자의 검색/언어/선호도에 적용	전화걸기, 메시지 보내기, 구두점 추가, 리마인더 및 알람 등
구글 Assistant	방대한 데이터 및 고도의 NLP 기술 적용	질의응답, 스케줄 관리, 예약, 리마인더, 번역, 음악 재생, 길찾기, 홈기기 제어
Alexa	사용자 음성 학습 기능	음악 검색, 전화걸기, 메시지 보내기, 쇼핑, 홈기기 제어
Cortana	자동 언어 인식, 디바이스 데이터에 의한 학습	시간/장소/사람에 따른 리마인더, 파일찾기, 배송조회, 태스크 관리
Bixby	사용자 루틴 및 휴대폰/맵 작동방식 학습, 개인화된 응답	콘텐츠 및 앱 조작 용이하도록 함, 번역, 리마인더
Hound	문맥 및 복잡한 발화 이해	자연스럽고 상세한 검색, 호텔 찾기, 길찾기, 주식시장 조회, 음악재생 등
Robin	제스쳐에 반응, 새로운 개념/phrase 학습	오디오 콘텐츠 플레이, 관심 정보 제공, 주차/교통 정보 제공
Youper	개인화, 기분추적	정서건강 관리, 대화, 명상 가이드

[그림 17] 글로벌 디지털 개인비서 기능비교

2) 의료진단

인공지능 기술을 의료진단에 적용하기 위한 노력은 전세계 곳곳에서 이루어지고 있다. 현재 의료진단 분야에서 인공지능은 대량의 생체 데이터를 기반으로 의료 정보를 학습하고, 활용하여 환자의 상태를 추정하거나 치료를 보완한다. 또한 더 나아가 향후 현재 우리에게 큰 피해를 주고 있는 계절 인플루엔자(독감)와 같은 감염병 이나 AI(조류독감) 예측에도 활용되었다.

미국, 일본, EU에서 보건의료 분야 인공지능 기술 특허출원 건수를 살펴보면 다음과 같다. 미국은 자국 국적 출원과 타국 국적 출원의 점유율에서 1위를 차지하는 등 관련 시장을 주도할 수 있는 기술 기반을 보유하고 있으며, 특히 딥러닝, 데이터마이닝, 머신러닝 분야에서 압도적으로 특허를 출원하고 있다.

국가	내국인	소계	외국인			
			한국	일본	독일	기타
미국	390(73%)	141(27%)	2(0.4%)	9(2%)	75(14%)	55(10%)
일본	56(42%)	76(58%)	0(0%)	39(30%)	24(18%)	13(10%)
EU	40(58%)	29(42%)	0(0%)	16(23%)	5(7%)	8(12%)

[표 6] 미국, 일본, EU 인공지능 보건의료 특허출원 출원 현황

우리나라에서의 보건의료 분야 인공지능 특허출원 건수 및 출원인을 분석한 결과, 출원 건수는 해마다 증가하고 있으며 우리나라 국적 출원인의 점유율은 상대적으로 높은 편이었다.

국가	내국인	소계	외국인			
			미국	일본	독일	기타
한국	75 (81%)	18 (19%)	11 (11.8%)	3 (3.2%)	2 (2.2%)	2(2.2%)

[표 7] 우리나라 인공지능 보건의료 특허출원 현황

우리나라 보건의료 분야 인공지능의 주요 국내 출원인은 대학 및 정부출연 연구기관으로 한국생명공학연구원(9건), 경희대학교 산학협력단(7건), 한국과학기술원(5건) 등으로 아직 상용화 단계는 진입하지 못한 것으로 분석되었다.

대학 및 정부출연 연구기관에 비해 기업체의 연구는 미진한 것으로 나타났지만, 국내에서의 보건의료와 인공지능 기술의 융합이 초기 단계임을 고려하면 향후 특허출원 건수는 계속 늘어날 것으로 예상된다.

출원인	특허내용	주활용기술
한국생명공학연구원	암 치료 표적 발굴을 위한 유전자 선별 기술	데이터
경희대학교 산학협력단	외부리소스 활용 임상의사결정지원시스템 및 방법	마이닝
한국과학기술원	질병관련 단기염기다형성 조합추출 통한 질병예측기술	머신러닝

[표 8] 국내 출원인별 특허 현황

인공지능기반의 의료진단 프로그램은 IBM이 만든 닥터 왓슨과 구글의 베릴리가 대표적이다.

① IBM의 닥터왓슨

IBM이 만든 닥터 왓슨은 임상시험 보조, 암을 포함한 여러 질병의 진단, 유전 정보 분석 등에 활용되고 있다. (암 진단의 경우 인공지능과 이미지 분석 기술을 활용해 병리학자의 역할을 하는 디지털 병리학 기술도 발전, 암 조직 검사를 수행하기도 한다.) 머신러닝 기술을 적용한 닥터 왓슨은 엄청난 양의 의학저널과 기존 의사들의 처방기록을 저장한 빅데이터를 이용해 의학 정보를 학습, 암 진단의 정확성을 높였다.

실제로 미국 종양학회에서 발표된 자료에 따르면 닥터 왓슨의 진단과 메모리얼 슬로언케터링 암센터의 연구결과 전문의들과의 진단 일치율이 대장암 98%, 직장암 96%, 자궁경부암 100%로 높은 일치율을 보였다.

또한, IBM은 왓슨 헬스 그룹을 독립시킨 후 환자 데이터 분석, 데이터 관리, 영상의료데이터와 분석기술을 보유한 회사 등을 인수하는 등 기술력 확대를 위해 활발하게 움직이고 있다.

② 구글의 베릴리

알파고를 만들어 인공지능이 세계적 화두가 되게 만든 구글도 의료진단 분야에 집중하고 있다. 구글의 지주회사인 알파벳의 계열사 베릴리는 수술로봇에 기계학습 기술을 더해 이전 수술의 영상 라이브러리 분석하고 이를 통해 수술을 담당하는 의사에게 절개 부위를 보여주는 등 다양한 기술을 더할 계획이다.

또 눈 사진만 보고 당뇨를 예측하는 프로그램, 암세포를 탐지하는 나노입자가 든 알약, 혈액 속의 암세포를 파괴할 수 있는 손목 부착형 기기 등 구글의 의료진단 분야 기술은 인간의 질병을 정복하고 의사의 영역을 흔들정도로 발전하고 있다.

위와 같은 프로그램 외에도 최근 전 세계적으로 인공지능을 의료진단에 활용하는 연구가 활발히 진행되고 있다.

① 건양의대 시신경 질환 예측 프로그램

건양의대 김안과병원 김응수 신경안과 교수팀은 시신경 질환 예측에 인공지능을 활용하는 연구를 진행하였다. 연구팀은 정상 시신경 사진 501건과 녹내장 진단 시신경 사진 474건 데이터를 입력해 인공지능을 학습·분석했다. 실험에는 회귀분석방법과 합성곱신경망방법 2가지를 이용했으며 각각 98.5%, 100%에 달하는 정확도를 보였다.

② 심정지 예측 프로그램

전세계 환자 1천명 중 5명은 심정지를 겪는다. 심정지는 생명과 긴밀히 연결되어 있고, 미리 예방이 힘들어 많은 사람들에게 공포의 대상으로 여겨져왔다. 최근 국내에서 심정지 예측에 인공지능을 사용하는 움직임을 보이고 있다. 호흡수, 심장박동수, 산소포화도, 혈압을 포함함 약 7가지 데이터를 이용하여 인공지능을 학습시킨 후, 이를 이용하여 입력받은 데이터를 분석, 심정지 가능성을 예측한다.

사람의 경우 심정지가 일어나기 약 30분 전에 예측할 수 있지만, 인공지능으로 예측할 경우 약 24시간 전에 알아낼 수 있고 예측 정확도는 70% 이상으로 나타나 향후 심정지를 예측, 치료하는데 큰 기여를 할 것으로 기대받고 있다.

③ 치매 예측 프로그램

캐나다 맥길대학 정신건강연구소 산하 '중개신경영상랩' 연구팀은 치매 예측에 인공지능 기술을 사용했다. 연구팀은 '알츠하이머병 신경영상 이니셔티브(ADNI)'가 가지고 있는 '경도인지장애(MCI)' 환자의 PET(양전자방출단층촬영) 자료를 인공지능에 학습시켰다. 이를 바탕으로 치매가 발생하기 약 2년 전에 치매를 예측할 수 있는 알고리즘을 만들었는데 그 정확도는 84%에 이른다. 나아가 이 연구 결과는 치매 환자를 조기 관리하고 치료 연구를 가속할 수 있는 바탕을 마련할 것으로 기대받고 있다.

3) 법률서비스 지원

과거 전문 교육기관을 거친 사람만이 할 수 있다고 생각했던 법률 서비스 분야에도 지능 정보기술이 적용되기 시작했다. 2010년 전후로 영미권을 중심으로 시작된 리걸테크는 지금은 미국에만 1900여 개 관련 기업들이 존재할 정도로 시장이 커지고 있다.

리걸테크는 ICT를 활용해 의뢰인의 변호사 검색, 상담 신청이나 법조인의 법령 검색, 업무 처리 등을 도와주는 서비스로 최근에는 ICT 뿐만 아니라 인공지능 기술이 적용되기 시작했다. 인공지능이 적용되면 머신러닝의 특성상 더 많은 법령 정보가 누적될수록 더 고도화된 법률 서비스를 제공할 수 있을 것으로 예상되고 있다.

인공지능을 활용한 법률서비스는 고객 경험 개선과 같은 기대효과, 법률서비스의 질 재고, 법률서비스의 자동화를 가지고 있다.

내용	설명
법률 서비스 자동화	o 법률 서비스 업무의 효율화 또는 자동화 예상 - 법률 서비스의 자동화는 법률 검색 등 비교적 단순한 업무를 감소시켜 법조인의 시간과 노력을 줄여줄 것으로 기대
법률 서비스의 질 제고	o 고부가가치 활동에 집중할 수 있게 되어 법률 서비스 질 제고 - 법조인이 의뢰인을 위한 변론 작성이나 사건 재구성 등 창조적 업무에 더욱 집중할 수 있을 것으로 기대
고객 경험 개선	o 정보 비대칭성 해소와 법률 서비스에 고객 접근성·선택권을 제고 - 법률 서비스 가격 비교, 전문 변호사에 대한 정보 제공 등 법률 산업 내 정보 비대칭성 개선

[그림 18] 인공지능 활용 법률서비스의 기대효과 (출저=현대경제연구소)

인공지능 활용 법률 서비스는 온라인 종합 법률 서비스, 인공지능 법률검색, 변호사 검색 및 매칭 서비스, 법률 자문과 전략 수립, 전자증거개시 관리 서비스로 나눌 수 있다.

분야	내용	대표기업
온라인 종합 법률 서비스	온라인 기업·자영업자·개인 대상 법률 서식 작성 및 자문 서비스	리걸줌(Legalzoom/미국) 로켓로이어(RocketLawyer/미국) 악시옴(Axiom/미국) 아보 (Avvo/미국)
인공지능 법률검색	인공지능을 활용해 사건 해결에 필요한 법률과 판례를 효율적으로 검색	웨스트로(Westlaw/미국) 주디카타(Judicata/미국)
변호사 검색 및 매칭 서비스	온라인 플랫폼을 활용해 상담내용과 비용을 검토하여 적합한 변호사를 추천하는 중개 서비스	렉소(Lexoo/영국) 로부스(LawBooth/미국) 헬프미(한국) 로앤컴퍼니(한국)
법률 자문과 전략 수립	과거 법률·판례 추이를 분석해 입법 가능성과 판결을 예측	피스컬노트(FiscalNote/미국) 렉스 마키나(Lex Macchina/미국)
전자증거개시 (e-Discovery) 관리 서비스	영미권에서 소송관련 증거를 수집·공개하는 제도인 전자 증거개시업무 전담	CS디스코(CS Disco/미국) 로직컬(Logikell/미국) 큐라(kCura/미국)

[표 9] 인공지능 법률분야별 서비스 내용

① 온라인 종합 법률 서비스- 법무부 생활법률지식서비스

[그림 19] 생활법률지식 서비스 플랫폼

국민이 일상생활에서 직면하는 생활법률 (부동산임대차, 임금, 해고, 상속)분야에 대한 단순지식 제공을 넘는 맞춤형 질의 및 답변 서비스를 제공하는 서비스이다. 현재 챗봇(Chatbot)을 이용해 이용자의 질문의도와 생활법률분야의 쟁점을 파악하여 신속 제공하고 있다.

리걸테크 기업 로앤컴퍼니는 2022년 초 국내 판례 데이터에 AI 기술을 도입한 법률 검색 서비스 '빅케이스'도 내놨다. 약 320만 건 판례 데이터로 이뤄졌다. 전문판례 110만 건, 판례 일부만 볼 수 있는 미리보기 판례 210만 건으로 구성됐다.

빅케이스 주요 기능은 서면으로 검색, AI 요점보기, 쟁점별 판례보기다. 국내에서 처음으로 AI 기술을 적용해 고도화된 검색 서비스를 제공한다.

사용자는 서면으로 검색 기능을 통해 많은 시간이 소요되는 서면 검토 시간을 크게 줄일 수 있다. 장문의 법률 문서를 빅케이스 검색창에 입력만 하면 AI가 알아서 찾아 준다. 관련 쟁점이나 키워드를 추가로 입력할 필요 없이 바로 인용 판례, 사실관계 관련 판례, 법령을 한 번에 볼 수 있다.

AI 요점보기는 '추출 요약 AI 모델'을 적용해 판례 내에서 주요 문장을 자동으로 찾아 보여준다. 판례에서 중요하다 판단한 문장이나 단어를 자동으로 뽑아내는 식이다. 검색한 문서와 관련 높은 판례나 법령도 AI가 쟁점별로 찾아준다.[28]

---

28) Ai타임스 '법률 서비스 진입장벽, AI로 낮춘다'

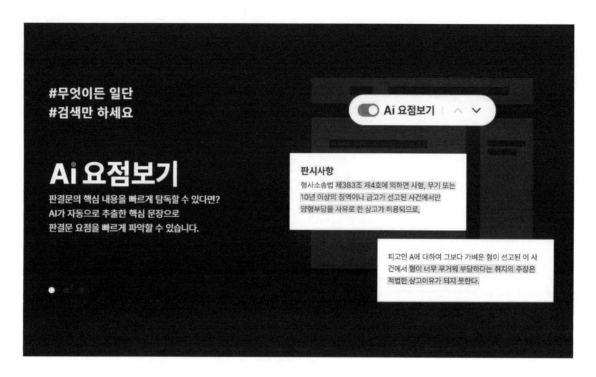

② 인공지능 법률검색- 인텔리콘(Intellicon)

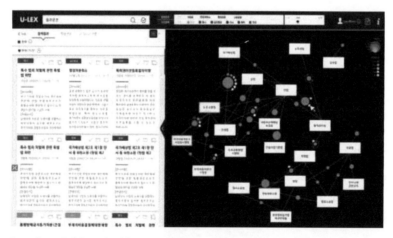

[그림 21] '음주운전'으로 법률정보 서비스를 검색한 화면

국내 인텔리콘은 인공지능 및 빅데이터 분석으로 단순한 키워드 매칭이 아닌 복잡한 연관 관계망까지 파악해 결과를 제공한다. 자체적인 지능형 법률정보검색 알고리즘을 이용해 변호사 등 법률전문가들의 법률정보검색을 지원하는 서비스를 제공하고 간단한 단어로도 관련 판례와 법령정보를 찾아낼 수 있도록 구성하였다.

③ 헬프미

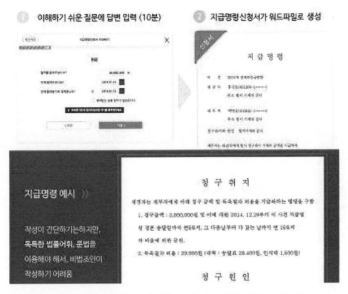

[그림 22] 법률 스타트업 헬프미의 지급명령 서비스

 법률 스타트업 헬프미는 인공지능을 활용하여 '지급명령 헬프미' 서비스를 실시했다. 지급명령 헬프미는 지급명령신청서를 작성하는 변호사의 업무를 상당 부분 자동화한 서비스이다.

 헬프미는 익숙하지 않은 어휘, 문법 때문에 일반인이 지급명령신청서를 직접 작성하기는 쉽지 않다는 점에 착안해 돈을 빌려준 시기와 금액, 상대방의 인적사항 등 비교적 간단한 질문에 답변만 입력하면 자동으로 지급명령 신청서를 작성해 주는 알고리즘을 고안했다. 각 상황에 따른 대응방법 중 최선을 찾는 '알파고'처럼 의뢰인별 상황에 따라 알고리즘 분기가 이루어져 맞춤형 질문과 신청서 작성이 적은 수수료로 가능하다.

④ 법률 자문 및 전략 수립 분야-렉스 마키나(Lex Machina)

 렉스 마키나는 법률 자료를 분석하고 예측하여 변호사의 업무를 보조하는 시스템으로 데이터 마이닝을 통해 수백만 페이지의 소송정보에서 추려진 재판관, 변호사, 당사자 및 해당 사건의 주체에 대한 소송자료를 수집한다.

 분석 결과를 통해 시간 별 사건, 사건 간의 관계, 재판되기까지의 기간, 예산 등을 시각적으로 표현한다. 또한 특정 판사와 법원에서의 상대방 변호인의 경험, 반대하는 변호사의 고객 목록 등을 한 번에 제공한다.

⑤ 전자증거 개시 관리 시스템 - 디스코

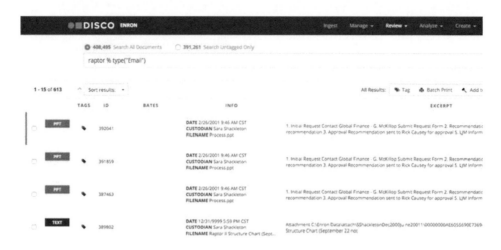

[그림 23] DISCO의 전자증거개시 화면

디스코는 데이터베이스, 검색 및 신경망 기반 기계학습 기술을 적용해 증거를 더 빨리 찾고 많은 사례(문서, 영상, 이미지)를 찾을 수 있도록 지원하는 회사이다. AmLaw 200의 상위 50개 법률 회사를 포함하여 총 400개 이상의 법률회사가 법률 사례 확보를 위해 디스코를 채택하고 있다. 디스코는 언제 어디서든 온라인 증거 검토, 법률 사례 검색 및 생산기능을 제공하여 느리고 유지비용이 많이 드는 기존시스템을 개선했다.

4) 지능형 감시시스템

[그림 24] 정부서울청사 통합관제상황실 전경.

지능형 감시 시스템(Intelligent Surveillance System)은 감시카메라의 영상정보를 디지털화 하여 시스템이 스스로 사물의 위치 및 패턴을 분석하고 위험 상황이 발생할 경우 경보 및 출입 차단 시스템을 작동하거나 보안담당자에게 즉각 현황을 알려 사람의 관리로 인해 발생하는 취약점을 대체 및 보완 할 수 있게 해주는 시스템이다.

기존 CCTV 감시 시스템은 아날로그 신호 방식의 영상정보를 사용하여 영상을 왜곡 없이 사실에 가장 가깝게 표현할 수 있었다. 하지만 카메라 제어를 위한 제어케이블, 전원을 공급하는 전원케이블, 영상전송을 위한 동축케이블로 각각 구성되어 있어 설치 및 시공이 어렵고, 전송된 영상이 CCTV를 통한 운영자의 감시 및 대응에 전적으로 의존하기 때문에 보안의 취약점에 노출되어 있다. 또한 영상저장 및 검색에 있어 아날로그비디오 테이프에 기록하는 방식으로 구현됨에 따라 기록물의 장기 보관이 요구되는 시설에는 기록매체를 보관하기 위한 보관소가 필수적이며, 검색에 있어 기록물의 전 영상을 검색하는 불편함을 가지고 있다. 그리고 아날로그 신호가 가지고 있는 기술적 특징으로 인해 케이블의 품질과 전송거리에 따라 영상의 노이즈 및 간섭이 발생할 수 있다.

이에 비해 지능형 감시 시스템은 압축영상의 품질 저하와 디지털 변환에 따른 화면 지연이 발생하고, 아직 도입 가격이 높다는 단점이 있지만 영상전송케이블과 전원 및 제어케이블의 단일화가 가능하며, 압축기술에 의한 데이터 전송으로 영상의 원거리 전송이 가능하다.

또한 전송된 영상정보는 PDP나 LCD와 같은 디지털 디스플레이 장치에 변환 없이 적용할 수 있어 모니터실의 공간 활용을 높일 수 있고 영상저장 시 디지털 디스크 장치에 기록되어 별도의 매체 보관소가 필요 없으며, 검색 시 이벤트를 기반으로 한 조건 검색이 가능하다.

	CCTV 감시 시스템	지능형 감시 시스템
장점	영상을 왜곡 없이 표현 가능	케이블의 단일화 영상 원거리 전송 가능 공간활용을 높일 수 있음 보관소가 필요없음 검색에 편리
단점	설치 및 시공이 어려움 보안에 취약 보관소가 필요 검색에 불편 영상의 품질이 고르지 못함	영상의 품질 저하 화면 지연발생 가격이 높음

[표 10] CCTV 감시 시스템과 지능형 감시 시스템의 비교

지능형 감시 시스템은 사고 예방을 위한 안전관리나 규정준수, 범칙금 부과, 시설물 훼손 감시와 같은 관리 목적으로도 활용될 수 있다.

적용영역	내용
거리보안 감시 카메라	시민을 범죄로부터 안전하게 보호하기 위한 거리보안 감시 카메라에 인공지능 기능을 추가하여 범죄가 예상되는 행동에 대해서 실시간 경고를 취할 수 있도록 함
불법 주정차 단속	도심지역의 상습 불법 주정차 지역에 지능형 감시 카메라를 설치하여 일정 시간 이상 비인가 지역에 차량을 주정차 시켰을 경우 자동으로 경고를 방송하고 벌금 고지
수감자 위험관리	교정시설에 수감된 수감자의 위험 행동을 즉각 인지하여 관리자에게 알림
교통량 측정	교통 분석을 위한 기초 데이터 수집을 위해 지능형 감시 카메라가 차량의 종류 및 통행량을 실시간으로 분석하여 정보제공
해안/DMZ 경계	경계범위가 넓고 인력으로 경계하는 것이 어려운 철책 및 보안구역에 주/야간 실시간 감시가 가능한 지능형 감시 시스템을 구축
유적지/산불 방화 감시	24시간 방범이 어려운 주요 사적지 및 산림에 지능형 감시 시스템을 구축하여 비 인가자의 출입 및 위험행동을 즉각 탐지하여 경고함
다리 자살 방지	교각 및 위험시설에 지능형 감시 시스템을 구축하여 자살 및 사고의 위험이 있는 행동에 즉각 대처함
항만 밀수 감시	공항 및 항만의 수출입 지역에 비 인가된 물품의 선적 및 하역을 실시간 감시함

[그림 25] 지능형 감시 시스템 적용영역별 내용

지능형 감시 시스템의 구축에는 프라이버시 침해에 따른 법적인 문제와 고해상도 카메라, 광대역 전송매체와 같은 기술적인 이슈, 발생 가능한 위반 사항을 미리 고려해서 구축해야 하는 관리 시나리오의 구성과 같은 운영상의 이슈가 존재하고 있지만, U-City 구축과 같은 차세대 도시 관리 시스템에 대한 요구, 보안 인건비 상승에 따른 기업의 운영비용 증가, 감시카메라 영상의 법적 증거 채택이 가능하도록 하는 법령개정의 추진, 보안업계와 고객의 인식 제고라는 호재로 인해 향후 지능형 감시 시스템 구축에 대한 요구는 꾸준하게 향상 될 것으로 판단된다.

5) 추천시스템

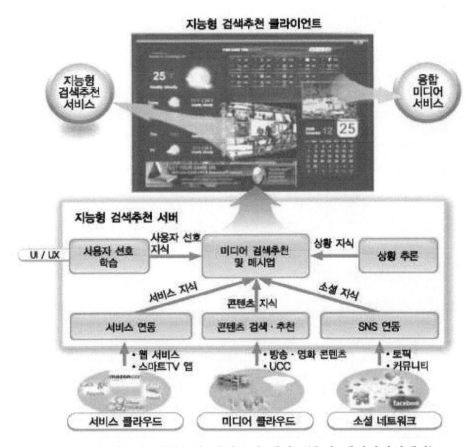

[그림 26] 지능형 검색추천 서비스의 개념도(출저=네이버지식백과)

29)지능형 검색추천 서비스는 메타데이터 및 상황 지식을 기반으로 사용자 입력 검색어로부터 검색 의도를 분석하여 의도하는 콘텐츠를 정확하게 검색추천하고, 검색된 콘텐츠와 관련 서비스를 의미 기반으로 연동해 제공하는 서비스를 말한다.

지능형 검색 추천 서비스는 웹 · 앱 서비스 클라우드와 방송 · 영화 · UCC 미디어 클라우드, 그리고 소셜 네트워크의 지식을 기반으로 사용자 선호 학습 및 상황 추론을 통한 사용자 맞춤형 미디어 검색추천 서비스를 제공한다. 또한 사용자가 검색한 다양한 콘텐츠를 의미적으로 관련된 정보 서비스와 연동시켜 새로운 융합형 미디어 서비스를 제공한다.

지능형 검색추천 서비스 기술은 의미 기반 검색추천, 소셜 커뮤니티 기반 검색 추천으로 나눌 수 있다.

---

29) 훤히 보이는 스마트TV, 2012. 12. 31., 한국전자통신연구원(ETRI), 전자신문사

① 의미 기반 검색 추천

 의미 기반 검색 추천은 콘텐츠에 대한 검색으로, 사용자가 입력한 일련의 키워드에서 사용자의 의도를 파악하여 원하는 콘텐츠를 검색하는 기술로, 먼저 사용자의 검색문을 음성 또는 키보드를 통해 입력받고 검색문의 의미를 파악한 후, 다수 사용자가남긴 분류정보 분석을 기반으로 관련 콘텐츠를 검색하고, 이를 앞서 분석한 사용자의도와 선호에 맞춰 원하는 콘텐츠를 추천해주는 과정을 통해 실행된다.

 예를 들어, 사용자 검색문으로 "야구선수 예능프로"가 입력되었다면, 검색문의 의미를 파악하는 과정을 거쳐 "야구선수가 출연한 방송 예능 프로그램"이라는 의미를 알아낸다. 기존 멀티미디어 콘텐츠 검색 엔진인 유튜브나 구글 등을 이용하여 관련 콘텐츠를 검색하고 이를 통해 최종적으로 '1박2일'에 출연한 박찬호와 양준혁의, '남자의 자격'에 출연한 양준혁의, '무릎팍도사'에 출연한 추신수와 양준혁과 같은 콘텐츠를 찾아내고 추천한다.

② 소셜 커뮤니티 기반 검색 추천

 소셜 커뮤니티 기반 검색 추천은 소셜 커뮤니티를 기반으로 한 검색으로, 소셜 네트워크상에서 동일한 콘텐츠에 관심이 있는 시청 커뮤니티를 검색하여 시청 콘텐츠에대한 의견 및 정보를 공유하거나, 친구가 시청하고 있는 미디어 콘텐츠를 검색하는기능을 제공하는 소셜 네트워크 기반 검색 기술이다.

 현재 구글은 유트브 사용자들의 비디오 시청 패턴을 딥러닝으로 학습해 다음에 볼비디오를 추천하는 서비스를 실행 중이고 아마존, 넷플릭스 등은 사용자의 취향에 맞는 제품이나 영화를 추천하는 서비스를 제공하고 있다. 또한 스포티파이, 판도라 등은기계학습을 이용해 사용자가 청취한 음악을 바탕으로 플레이리스트를 자동으로 생성해주거나 가수를 추천해 준다. 이처럼 최근 인공지능을 바탕으로 한 다양한 추천 서비스가 현재 상용화되어 있다.

[그림 27] Youtube의 영상추천 기능

[그림 28] 추천서비스 회사

6) 지능형 로봇

지능형 로봇은 외부환경을 인식하고, 스스로 상황을 판단하여, 자율적으로 동작하는 로봇이다. 인공지능과 로봇을 혼동하기 쉽지만 인공지능은 소프트웨어, 로봇은 하드웨어로 전자는 전자과학, 후자는 기계공학과 전자공학의 산물이라고 할 수 있다. 하지만 지능형로봇(Inteilligent robot)이 신 성장 동력으로 대두함에 따라 두 분야는 점차 분리할 수 없는 관계가 되고 있다.

한국정보과학기술연구원(KISTI)에서는 지능형 로봇을 '시각·청각 등 감각센서를 통해 외부 정보를 입력받아 스스로 판단하여 적절한 행동을 하는 로봇'으로 정의 하고, 한국로봇산업연구조합에서는 '주어진 환경에서 별도의 조작 없이도 스스로 환경을 인지· 판단하고 작업을 수행하거나, 인간과의 상호작용을 통하여 서비스를 제공하는 로봇'으로 정의하고 있다.

지능형 로봇은 물체 인식, 위치 인식, 조작제어, 자율이동, Actuator를 활용하여 작동한다. 인공지능은 로봇이 물체나 위치를 인식하거나 자율이동을 하는 과정에 모두 사용될 수 있다.

〈지능형 로봇에 사용되는 주요 기술〉

	기술내용
물체인식	로봇내부 또는 클라우드에 저장된 학습정보를 바탕으로 물체의 영상, 물체의 종류, 크기, 방향, 위치 등 3D 공간정보를 실시간으로 파악하는 기술
위치인식	로봇이 스스로 공간 지각능력을 갖도록 하는 기술
조작제어	물건을 잡고 자유롭게 원하는 형태로 움직이는 기술
자율이동	외부 장애물에 관계없이 자유롭게 이동하는 기술(바퀴, 2족/4족)
Actuator	초소형 모터, 인공피부/근육 등 다양한 소재와 기계공학을 통해 움직임을 제어하는 기술

[그림 29] 지능형 로봇 주요 기술(출저= 위키피디아 '지능형 로봇' 설명자료)

인간의 사생활에 침투한 지능형 로봇들은 인간을 이롭게 하는 각각의 역할을 부여받으며 애완로봇, 실버로봇, 비서로봇, 안내로봇, 서빙로봇, 배우로봇, 지휘자로봇, 요리사로봇, 가정부로봇 과 같은 다양한 직업을 갖게 되었다.

① 소니의 '아이보(AIBO)'

세계 최초의 애완용 로봇인 소니의 아이보(AIBO)는 충성스런 경호견이 아닌 감정을 교류할 수 있는 따뜻한 친구로 개발되었다. 애완로봇 아이보는 3D 직종에 종사하고 있는 산업용 로봇들에 비해 생산성은 거의 제로에 가깝지만 정서적인 만족을 안겨준다는 이유로 대중들의 사랑을 한 몸에 받았다. 아이보가 느낄 수 있는 감정은 기쁨·슬픔·성남·놀람·두려움·싫음 등 여섯 가지가 있다. 또한 본능적으로 애정을 받으려는 욕구, 움직이려는 욕구, 주변 물체 탐색 욕구를 가지고 있어서 사람이 머리를 쓰다듬거나 촉각센서를 자극할 경우, 같은 자극이라도 감정과 본능에 따라 '자기 멋대로' 다양한 반응을 보일 수 있다. 30)

② 프런티어의 실버로봇 '실벗(silbot)'

실버로봇은 고령화 시대 외로운 노인들을 위한 맞춤형 친구로봇이다. 대표적인 실버로봇으로는 21세기 프런티어 지능로봇기술개발사업단이 최근 개발한 지능형 로봇 '실벗(silbot)'이다. '실버 시대의 벗'이란 뜻으로 이름을 붙인 '실벗'은 다정한 신사 이미지가 강한 펭귄 형태로 얼굴 표정과 음성으로 감정도 표현할 수 있다. 실벗은 노인과 모니터를 보며 치매 방지용 게임을 함께 할 수 있는데, 예를 들어 노인은 화면에 바나나가 나오면 손을 허공에 올려 잡는 시늉을 하고 바위가 내려오면 몸을 움직여 피해야 한다. 실벗은 노인의 머리 움직임을 파악, 게임을 잘했다고 판단하면 환호성을 질러 격려를 한다.2) 게다가 "할아버지 우리 고스톱 한번 쳐요!" 하고, 노인정 놀이문화의 선두주자인 고스톱도 함께 즐기면서 노인들의 기억력 감퇴를 방지해 줄 수 있는 기능도 갖췄다고 한다.

③ 한국생산기술연구원의 가수로봇 '에버'

2009년 국립극장 해오름극장에서 〈에버가 기가막혀!〉라는 판소리 한 마당을 펼친 가수로봇 '에버'는, 한국생산기술연구원의 이호길 박사팀이 선보인 신장 157센티미터, 몸무게 50킬로그램의 우리나라 최초 안드로이드이다. 에버는 탄성을 자아낼 만큼 춘향전의 한 대목인 '사랑가'를 구성지게 부르는가 하면, 우주 로봇이 지구로 찾아와 명창 왕기석 선생에게 판소리를 배운다는 공연의 스토리에 따라 "선생님, 죄송해요. 한번만 더 음을 가르쳐 주세요"라든지 "왕 선생님이 대사 간격, 몸동작까지 계산해서 공연해야 한다고 힘들다며 구박했죠. 그런데 연습한지 3일 만에 제가 제일 예쁘대요. 로봇에게 소리를 가르친 세계 최초의 스승이 됐다고 좋아 하세요"라고 말하기도 한다.

---

30) 도지마와코, 조성구 옮김, 『로봇시대』, 사이언스북스, 2001, 34쪽.

④ 일본 CAI사의 'S돌'

　일본 CAI 사가 개발한 대화형 로봇 'S돌'은 턱시도를 입고 나비넥타이를 메고 손님을 맞이하는 호텔리어로봇이다. 호텔의 얼굴이라고 할 수 있는 프런트에서 손님의 일정이나 예산에 맞는 최적의 방과 맛있는 레스토랑 등을 안내할 수 있고 상대방의 반응에 따라 인사나 답도 할 수 있다. 사람 간의 대화에 있어서 상대방의 이야기를 잘못 들었거나 완전히 이해하지 못한 상황에서도 서로 이야기가 통할 때가 있는데, 이것은 현재 이야기하고 있는 화제를 유추해서 부족한 정보나 암묵적 정보를 보충해 가기 때문이다.[31] S돌은 이러한 인간 커뮤니케이션 특성을 모델로 하여 음성으로 입력된 단어를 통해 화제를 유추하고, 상대방에게 질문을 하거나 자신이 보유한 데이터베이스에서 화제에 맞는 정보를 검색하면서 대화를 이끌어간다. 게다가 손님과 야구나 날씨 같은 일상적인 화제에 대해 이야기를 나눌 때, 자신이 알고 있는 말이 나올 때까지 기다리면서 자신이 가지고 있는 화제로 대화를 이끌이 갈 수 있다.

⑤ 소프트뱅크의 '페퍼(Pepper)'

　소프트뱅크의 페퍼는 감정인식 로봇으로 수줍어하기도 하고, 대화가 만족스럽게 진행되면 흐뭇해하기도 하고, 앞에서 억지웃음을 지으면 "눈은 웃고 있지 않네요."라고 대꾸할 정도로 인간의 감정을 수준 높게 인식하는 센서와 프로그램을 탑재한 로봇이다. 페퍼는 2014년 출시된 이후 다양한 산업분야에서 널리 사용되고 있다.

	도입 전	페퍼 도입 후
코지마 프레스 공업㈜	자동차 부품 생산라인 정지 시, 원인규명 및 생산계획 수정에 많은 시간이 걸리고, 야간근무 감독자가 없어 야간 작업자의 건강 상태를 파악하고 대처하기 힘듦	페퍼가 이상설비 영상을 관리자에게 전달하여 생산계획 Rolling 시간을 1시간 이상 단축했으며, 야간 작업자의 신체 정보를 분석하여 이상 징후 발생 시 신속히 대응
닛산 자동차㈜	매출 확대를 위해 일선 자동차 대리점 입장을 망설이는 내방객(특히 여성)에게 편안하고 기분 좋은 시간을 보낼 수 있도록 지원하여 매출을 확대	'15.11월 'Pepper for Biz' 100대를 대리점의 'Kis & PapaMom 라운지'에 배치하고, 요시모토 로봇연구소와 "자동차 일문일답" 등 4종의 엔터테인먼트 프로그램을 개발하여, 내방객에게 제공
워터 다이렉트 ㈜	일본 전국의 가전 판매점 및 쇼핑몰에서 생수 관련 제품을 판매하고 있으나, 고객을 자사 부스로 유도하거나, 내방객과의 대화를 시작하기가 힘듦	페퍼 모니터를 통해 제품을 조회하고 있는 고객에게 관련 제품을 설명하고, 동행한 어린이가 페퍼와 보내는 시간을 활용하여, 부모와 제품 상담을 효과적으로 진행
네슬레	사람이 제품 설명, 안내, 판촉 수행	페퍼를 매장에 배치하여 고객 응대
OECD 포럼	전시회 운영요원이 영어로 참가객 안내	'16.5.31~6.1. 프랑스 파리 OECD 회의 행사장에서 참석자들에게 영·중·일 3개국어로 행사일정, 행사장 등 안내

[그림 30] 산업 현장에서 페퍼 활용 (출저=소프트뱅크 홈페이지 및 언론기사 종합)

---

31) 도지마와코, 조성구 옮김, 『로봇시대』, 사이언스북스, 2001, 204쪽.

⑥ 제조공장 로봇

북미 최대 규모를 자랑하고 있는 아마존 창고에는 아마존 로봇 1,000여 대가 창고를 누비며 복잡한 재고 더미에서 주문받은 상품을 정확하게 집어내 컨베이어 벨트에 올린다. 인공지능 명령에 따라 움직이는 아마존 로봇은 초당 30건씩 출고되는 상품의 배송준비를 빠른 시간 내 처리하는데 이는 사람 4명의 일의 양과 같다. 이처럼 최근 제조공장이나 창고에서 로봇을 사용하여 생산성과 효율성을 증대시키는 경우가 많아지고 있다.

	내용
가와사키 로보틱스의 'duAro'	- '15년 동경국제로봇박람회(IREX)에 공개된 양팔형 협업로봇으로 양손 움직임, 팔의 독립적 움직임이 가능 - 바퀴가 있어 원하는 위치로 자유롭게 이동할 수 있고, 저출력 모터를 탑재했으며 동작이 부드러워 인간과 함께 현장에서 작업이 가능 - 충돌감지 기능이 있어 작업자 부근에서는 로봇이 저속으로 동작 - 로봇이 멈춘 상태에서 사용자가 원하는 대로 로봇을 교육할 수 있음
리싱크 로보틱스의 'Sawyer'와 'Baxter	- 누구든지 쉽게 학습시킬 수 있으며, 주변 환경 변화에 자율적으로 적응해 동작을 바꿀 수 있음 - 사람의 얼굴을 닮은 LCD 화면을 통해 다양한 상태 및 동작, 방향 표시가 가능 - '12년 출시된 박스터(Baxter)는 컴퓨터에 연결된 두 개의 팔을 지닌 인간형 로봇으로 생산 현장에서 사람을 대신해 노동을 수행 - '16.3월 발표한 소이어(Sawyer)는 7축 로봇 팔을 1개 가지고 있음
ABB의 'YuMi'	- '88년 스웨덴 ASEA와 스위스 Brown Boveri의 합병으로 탄생했으며, 전세계 로봇 기업 중 가장 많은 로봇 제품 보유 - ABB의 운동 제어 시스템은 정확도, 속도, 시간 등에서 탁월한 기술력을 보유하고 있음 - 양팔 협업 로봇 YuMi를 선보이고 보급화에 주력하고 있음
KUKA의 'LBR iiwa'	- 1898년 설립되었으며, '73년 Famulus라는 제조업용 로봇, '13년 IIWA(Intelligent Industrial Work Assistant)를 출시 - KUKA는 자동차 제조용 용접 로봇 분야에 강점을 가지고 있어서 GM, Ford, Audi, Mercedes 등 글로벌 자동차 기업의 제조 라인에 적용
화낙의 'CR-35iA'	- '56년 설립되었으며, '76년 데이터 제어 시스템을 개발 - '15.11월 발표한 CR-35iA는 무게 35kg까지 운반할 수 있으며, 안전 가드 없이 사람과 함께 일할 수 있도록 설계 - Siemens와 공동 연구 통해 세계 최고의 시스템 제어 역량을 확보한 후 제조업용 로봇의 설계, 제조에서도 글로벌 수준 역량 확보

[그림 31] 제조공장 로봇활용 (출저=소프트뱅크 홈페이지 및 언론기사 종합)

7) 지능형 금융서비스

'로보어드바이저'는 로봇 투자전문가라는 뜻으로, 봇(Robot)'과 전문 자산운용가를 의미하는 '어드바이저(Advisor)'의 합성어다. 로보어드바이저(Roboadviser)'는 고도화된 알고리즘과 빅데이터를 통해 인간 프라이빗 뱅커(PB: PrivateBanking) 대신 모바일 기기나 PC를 통해 포트폴리오 관리를 수행하는 온라인 자산관리 서비스를 일컫는다. 직접 사람을 마주하고 상담하지 않고도 온라인 환경에서 자산 배분 전략을 짜주기 때문에 개인 맞춤형 서비스를 제공할 수 있다. 수수료가 저렴하고 낮은 투자금 하한선을 설정할 수 있는 것이 특징이다.

사람이 아니라 기계가 투자 관리를 한다는 점에서 '시스템 트레이딩'과 로보어드바이저는 닮은 점이 있지만, 시스템 트레이딩은 컴퓨터 프로그램을 이용해 주식을 매매하는 것으로 온라인 자산관리 서비스의 한 종류인 로보어드바이저와는 다르다고 할 수 있다. 로보어드바이저는 고객이 직접 입력한 정보를 바탕으로 포트폴리오를 자동으로 만들어 주고 관리하며, 개인별 위험 감수 성향을 고려한 자산 배분 전략에 따라 포트폴리오를 구성해준다. 로보어드바이저는 기존 온라인 자산관리 서비스와 달리 포트폴리오관리를 알고리즘 기반으로 자동화해 운영하기 때문에 인간의 판단과 개입을 최소화했다. 비용 절감을 추구하기 위해 포트폴리오 상품을 설계한다.

최근 인슈어테크도 화제가 되고 있는데 인슈어테크는 보험(Insurance)과 기술(Technology)을 합친 신조어이다. 보험은 몇 살 때 암 발생확률이 높은지, 위험율과 손해율 등 빅데이터를 바탕으로 미래를 대비하는 산업으로 불린다. 인슈어테크는 '자동 언더라이팅 시스템'을 바탕으로 언더라이팅(보험인수심사)과 판매단계에 혁신을 가져올 것으로 전망된다. '자동 언더라이팅 시스템'은 보험소비자의 기본정보와 보험 관련 정보를 컴퓨터에 입력시켜 컴퓨터 프로그램이 그 정보를 바탕으로 자동 보험계약심사를 하는 시스템으로, 신속하고 효율적인 보험계약심사를 가능하게 한다.

이처럼 4차 산업 혁명이 도래함에 따라 금융업계에도 로보어드바이저가 화제가 되고 있다. 전문가들은 인공지능을 활용해 서비스를 실시하는 로보어드바이저가 금융시장에 위기이자 기회라고 보고 있다. 또한 금융과 IT융합을 통한 금융서비스인 핀테크로 인해 고용시장에 큰 변화가 있을 것이라고 전망한다고 이야기는 나왔지만, 미국은 세법 등이 복잡하고 땅이 넓어 금융권 지점 등이 충분히 보급되어 있지 않아 오히려 RIA (Registered Investment Advisor), 즉 독립투자자문업 형태가 가족 자산을 관리해주는 등 자산관리 시장이 전체적으로 발달해있으나, 자산관리 비용이 따로 부과되는 것이 보통이라 거액자산가들 위주로 PB 서비스가 제공되고 있었다.

하지만 PB 서비스의 비용 대비 효과에 의문을 품은 소위 Millennial 이라 불리는 신세대를 중심으로 저렴한 가격에 간소화된 PB 서비스를 받을 수 있는 로보어드바이저들의 인기가 늘어났다. 특히 미국세법의 특징상 연말에 이익 실현한 주식과 손실 실현한 주식을 상계해서 세금을 계산해야 하는데 이를 때에 따라 절세 효과를 내도록 매수 매도하여 상계시키는 소위 Tax Loss Harvesting 을 로보어드바이저 업체들이 제공하면서 관심을 끌게 되었다.

Tax Loss Harvesting 의 효과는 업체에 따라 2% 가량 된다고 주장하기도 하지만 전혀 효과가 없다고 주장하는 측도 있다. 저렴하고 효율적인 IT 솔루션이 어렵고 복잡하고 의심스러운 금융회사들을 대체할 것이라는 모종의 기대감도 로보어드바이저라는 키워드를 확산시키면서 운용자산은 계속 늘고 있으나 이는 스타트업 투자붐을 활용하여 확보한 자금으로 막대한 마케팅 예산을 집행하여 얻은 반쪽짜리 결과라는 평가가 지배적이며, 현재는 그 성장세마저 둔화된 상태이고 로보어드바이저의 적은 수수료 구조와 높은 마케팅 비용으로 인해 선두업체들은 아직까지는 상당한 적자를 기록하고 있다.

로보어드바이저 업체들의 총 운용자산 약 20조원은, 전체 미국 투자자문업 시장의 약 1%가 안 되는 규모이기에 혹자는 현재까지의 로보어드바이저를 성공적으로 보기는 어렵다고 평하고 있다.[32]

8) 기타

① 건설업

건설 부분은 1980년대 후반부터 인공지능 관련 연구를 시작했지만 실용화 단계로 가기에는 기술수준이 미약하여, 단지 연구 차원에서 관련 논의가 이루어지고 있는 실정이다. 현재 해외에서 무인건설장비 개발이 시도되었지만 아직 장난감 수준이며, 시물의 무인 건설장비는 개념수준에 머무르고 있다.

하지만 자동화 설계, 실적데이터에 기반한 최적 공정계획 작성 및 업데이트, 정확한 물량과 최신 단가를 반영한 견적, 구조 등 엔지니어링 계산, 설계오류의 종합적 영향분석, 계측장비와 연동된 시설 안전진단, 실시간 건설리스크 관리 가 가능 하면서 또한 현재 최근에는 현대엔지니어링 에서도 다양한 사업영역에서 인공지능을 적용 중이라고 나왔다. 그래서 현재 인공지능의 건설업의 변화가 더욱더 발전될 전망이다.

---

32) 네이버 나무위키 - 로보어드바이저

② 기사작성

2014년부터 미국LA에서 지진이 발생했을 때부터 기사작성에 인공지능을 활용하는 움직임이 시작하였다. 인공지능을 활용한 기사작성을 위한 기술은 서로 다른 것들을 표현하기 위해 미리 병합된 단어와 문장을 사용하는 것으로부터 시작된다. 예를 들어 어떤 영화가 관람객들에게 5개의 별을 받았다면, 인공지능은 이 영화에 "대단해요"나 "놓치지 마세요."와 같은 말을 조합하는 반면, 1개의 별만 받았다면, 인공지능은 "시간낭비예요"나 "피해야 할 영화"라는 문장을 사용할 것이다. 향후 많은 전문가들은 인공지능을 이용한 '자연어 생성'은 오타와 수정에 들어가는 시간을 줄여줄 수 있으며 간단한 정보를 전달하는 기사를 작성하는데 들어가는 인력을 줄일 수 있겠지만 인공지능이 쓴다는 기사는 단순 팩트를 기사형식에 대입해 재배열하는 수준인 것이다. 즉 정확히 말하면 인공지능은 기자를 대체하는 것이 아니라, 기자업무 중 스트레이트 기사작성 부분만 맡게 되는 것이다.

③ 돌고래 언어 해독

스웨덴 스타트업 가비가이AB는 KTH 왕립공과대학과 함께 돌고래 언어를 해독하는 4년 프로젝트에 돌입했다. 이론상 돌고래 언어를 해석하는 것은 외국어를 해석하는 것과 다르지 않아서, 가비가이AB는 돌고래 언어 데이터를 최대한 많이 모아 인공지능을 활용하여 외국어 해석과 같은 방법으로 돌고래 언어를 해석하려 하고 있다.

④ 게임

'마이크로소프트 인공지능 시스템 '말루바'는 999,999점으로 팩맨 게임에서 만점을 찍으면서 사람이 득점한 266,330점의 기록을 깼다. 말루바는 '분할정복기법'을 사용해 게임을 150개의 작은 단위(에이전트)로 쪼깨어 단위별로 먹이를 찾거나 유령의 행동을 학습했고, 게임 동작 패턴을 학습했다. 그리고 다시 이를 합쳐 게임을 정복하는 데 활용했다. 이를 연구한 연구진은 이런 방식으로 아케이드 게임을 깨는 걸 넘어, 협상 확률을 강화하는 알고리즘 등에 활용할 수 있을 것으로 예상한다.

[그림 32] 마이크로소프트인공지능 시스템인
'말루바'

⑤ 그림그리기

구글의 '오토드로우' 서비스는 펜으로 서툴게 그림을 그려도 멋진 그림으로 탈바꿈해 주는 서비스이다. 그림을 그리면 웹사이트 상단에 인공지능이 사용자 의도를 짐작해 다양한 추천 그림을 제시한다. 특별히 추천하는 그림에는 노란색 별 표시가 뜬다. 추천 그림의 데이터베이스는 구글의 디자이너 에린 버트너, 일러스트레이터 줄리아 멜로그라나 등 아티스트 7명이 협업해 만들었다. 그림체도 아티스트별로 여러 개로 나오는데, 마음에 드는 것을 선택해 사용할 수 있다.

[그림 33] 오토드로우와 협업한 아티스트들이 각자의 스타일로 그린 그림 (사진=구글 블로그)

⑥ 위기상담

미국의 문자메시지 기반 24시간 위기 상담 서비스 '크라이시스 텍스트 라인(CTL)'은 몰려드는 상담 문의를 한정된 인력으로 모두 대응하기 어려운 점을 극복하기 위해 인공지능의 힘을 빌렸다. 대화 내용, 시간, 발신자 위치, 나이, 성별, 생년월일, 이용자 후기 등이 포함된 3300만 건에 이르는 상담 문자를 인공지능으로 분석했다. 이 분석으로 고 위험군을 먼저 가려내고 더 위급한 순간을 판단해 상담에 효율적으로 응대할 수 있는 시스템을 만들었다.

[그림 34] 위기 상담 서비스
'크라이스트 텍스트 라인'

⑦ 미인대회

'뷰티닷에이아이'는 최초로 로봇 판정단으로만 이뤄진 미인대회다. 로봇들은 마이크로소프트가 후원하는 딥러닝 그룹 청년실험실이 만든 인공지능 모델을 기반으로 돌아간다. 인공지능은 많은 사람의 사진 데이터를 바탕으로 얼굴 균형, 피부, 주름 등 미를 구분할 수 있는 모든 기준을 객관화한다. 그 자료를 바탕으로 나이, 인종, 성별 등으로 나눠진 그룹 안에서 외모 순위를 매긴다.

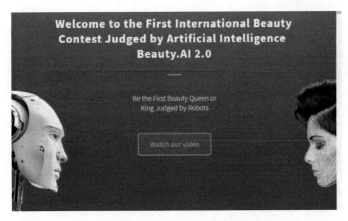

[그림 35] Beauty.ai 홈페이지 화면

⑧ 목소리 재현

 캐나다 몬트리올 스타트업 라이어버드는 사람 목소리를 재현하는 데 인공지능 기술을 사용했다. 필요한 것은 단 60초 정도의 음성 녹음 데이터다. 어도비의 '프로젝트 보코', 구글 딥마인드의 '웨이브넷'도 음성 모방 기술을 선보인 바 있다.

 그러나 프로젝트 보코의 경우 최소 20분 정도의 샘플이 있어야 알고리즘을 만들 수 있다. 라이어버드의 알고리즘은 수십 초짜리 음성 데이터만 있다면 0.5초 안에 문장 1천개를 생성할 수 있다. 이 알고리즘은 몬트리올대학 몬트리올학습알고리즘연구소(MILA)에서 개발한 딥러닝 모델을 기반으로 한다. 재현 수준이 완벽한 것은 아니나 감정을 담은 목소리까지 재현할 수 있어 몇 년 안에 진짜 목소리와 구별할 수 없는 수준에 이를 수 있다고 한다. 말을 못하는 장애인들의 음성 보조도구나 개인 비서용, 유명인의 목소리로 듣는 오디오북, 애니메이션이나 비디오 게임의 내레이션 등 다양한 용도로 쓰였다.

 예를 들면, MBC 다큐멘터리 <너를 만났다>에서도 VR콘텐츠로 가상현실로 만들어내면서 많은 주목을 받았다. 희귀 난치병으로 세상을 떠나야 했던 딸을 먼저 보내야 했던 아이의 엄마는 가상이지만 딸의 생전 모습을 구현해 엄마와 만나는 장면을 만들어 큰 화제를 모았다. 아이의 모습은 생전사진과 동영상 데이터를 기반으로 얼굴 표정과 몸짓, 목소리 등을 분석해 복원했다. 아이는 VR 세상에서 만난 엄마에게 "엄마 어디 있어?", "내 생각 했어?" 라고 말하면 시청자들의 눈시울이 붉혀지면서 세상을 떠난 아이의 목소리를 복원한곳이 '네오사비엔스'이다.

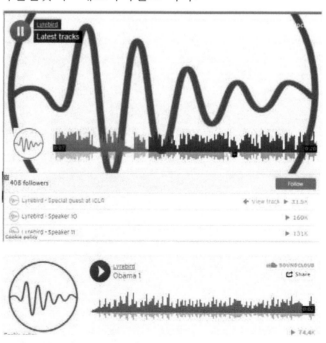

[그림 36] 라이어버드

⑨ 디자인

 하이패션 디자이너 브랜드 '마르케사'는 IBM과 협업해 최초로 인공지능 드레스를 제
작했다. 마르케사 디자이너들은 우선 드레스에 표현하고자 하는 감정을 결정한다. 이
후 IBM 인공지능 왓슨이 디자이너들이 결정한 감정에 따라 색깔, 옷감, 재단 방식 등
을 추천했다. 왓슨은 마르케사 디자인에 대한 이미지 수백 장을 미리 학습해 마르케
사 브랜드 스타일 범위 내에 디자인을 제안했다.

[그림 37] IBM 왓슨과 마르체사가 협업으로 만든 드레스

⑩ 불법 복제 영상 유통 차단

 디지털 기술이 발전함에 따라 불법 복제품ㆍ위조품과 저작권 침해 이미지, 불량품
등을 인공지능으로 빠르게 찾아낼 수 있는 시대가 도래 했다. 지적재산권 침해 문제
가 많아지고 있는 현대사회에 발맞추어 신기술이 등장했다.

 사례로 진품 이미지 불법 도용 탐지 AI 솔루션을 제공하는 에이아이스튜디오는 불법
도용을 막기 위해 사용자들이 올린 수천 개의 이미지 검토 후 부적합한 이미지를 찾
아 삭제하는 작업을 진행하고 있다. 해당 AI솔루션을 통해 저작권 침해 이미지 검색
삭제 시간과 비용을 크게 절감할 수 있을 것으로 기대하고 있다.

한국저작권보호원이 불법복제 영상 유통 차단에 인공지능을 활용할 계획이라고 2017년 9월 밝혔다. 한국저작권보호원은 전체 영상, 부분 영상, 반전 영상, 회전 영상, 왜곡 영상 등 식별할 수 있는 딥러닝 기반 연구 모델을 설계할 예정이다. 기존에는 영상물에 변형이 가해지는 경우 추적에 한계가 있었지만, 다양한 변형을 알아차릴 수 있는 학습을 통해 사람의 눈으로는 발견하지 못하는 수준의 불법복제물까지 찾아낼 수 있을 것으로 전망된다.

[그림 38] 한국 저작권 보호원 홈페이지

또한, 마크비전은 지식재산권 침해 여부 판단과 위조 상품 게시물 관리·신고·삭제까지의 과정을 한 번에 자동화해주는 AI플랫폼을 개발하였다. 최근 전자상거래 웹 플랫폼 쿠팡이 이 서비스를 연동하였으며, 국내 대표 온라인 쇼핑몰을 대상으로 해당 서비스를 확대할 계획이라고 한다. 해당 기술들을 활용한다면 점점 늘어나고 있는 이커머스 상품 이미지 도용 및 불법 복제와 같은 저작권 침해 방지에 도움이 될 것으로 예상된다.

최근 과학기술정보통신부와 관세청은 데이터 댐·AI융합프로젝트의 일환으로 'AI 불법 복제품 판독 실증랩'을 개소하였다. 'AI 불법 복제품 판독 사업'은 정부 디지털 뉴딜 대표 과제인 데이터댐을 기반으로 한 AI융합 프로젝트 중 하나이다. 이번 AI 불법 복제품 판독 실증랩 개소로 국내 AI기업들은 그동안 영업비밀이라는 이유로 확보가 어려웠던 데이터를 학습해 기술력 향상 및 초기 시장 확보에 도움 될 것으로 예상된다. 인공지능 불법 복제품 판독시스템의 활용으로 연간 5.2만 건에 이르는 지식재산권 침해를 줄일 수 있기 때문에 국내 산업이 보호되고, 위조 상품으로 인한 안전사고도 예방할 수 있다.[33]

---

33) 디지털콘텐츠기업 성장지원센터 '불법복제품, 이제 인공지능(AI)으로 잡아낸다!'

⑪ 예술

창작하는 AI 개발에 앞장서고 있는 기업은 구글이다. 구글은 끊임없는 연구를 통해 예술 창작 분야에 적용할 수 있는 AI를 '레벨 업'하고 있다. 구글의 AI 화가 '딥 드림'(Deep Dream)이 유명 화가의 작품을 재연한 29점의 그림은 2016년 2월 미국 샌프란시스코에서 열린 경매에서 총 9만 7,600달러의 판매가를 기록했다. 이후 모방의 단계를 넘어 인간 고유의 창작 영역에도 AI가 근접할 수 있는지를 실험 중이다. 이는 엄청난 양의 데이터를 스스로 학습하는 머신 러닝(Machine Learning) 기술을 통해 가능하다. 구글은 2016년 6월 예술작품을 창작하는 AI를 개발하는 '마젠타'(Magenta) 프로젝트에 착수하면서 AI가 작곡한 80초가량의 피아노곡을 공개했다. 알파고로 유명한 영국의 딥마인드(Deep Mind)와 협력해 개발한 AI '엔신스'(NSynth·신경신디사이저)가 머신 러닝으로 작곡한 곡이다. 1,000여 개 악기와 약 30만 개의 음이 담긴 데이터베이스를 구축하고 이를 엔신스에게 학습시켰다.

[그림 39] 마젠타 프로젝트

스스로 진화한 AI는 혼자 그림도 그린다. 2016년 네덜란드 델프트 공대와 렘브란트 미술관, 마이크로소프트가 개발한 AI '넥스트 렘브란트'(Next Rembrandt)가 그린 렘브란트풍 그림이 시작이었다면 이제는 창작의 단계로 넘어갔다. 전 세계에서 19개 팀이 100개의 작품을 출품한 2018년 로봇아트대회(http://robotart.org)의 수상작 중에는 여전히 유명 화가의 그림을 모방한 작품들이 있지만 누구의 화풍도 연상되지 않는 새로운 작품도 등장했다. AICAN(AI Creative Adversarial Network)은 인간의 명령이나 개입 없이 독자적으로 그림을 그리는 AI 화가로 미국 러트거스 대학의 예술과 인공지능 연구소가 개발했다. AICAN의 첫 작품은 현재 2만 달러에 판매 중이며 최신작의 판매가는 2,500~3,000달러 선으로 책정되어 있다.(www.aican.io) 기존의 AI처럼 특정 화가의 작품을 학습하고 모방한 그림이 아니라 재해석해서 완전히 새로운 그림을 창작했다.

[그림 40] AI 화가 'AICAN'의 첫 작품

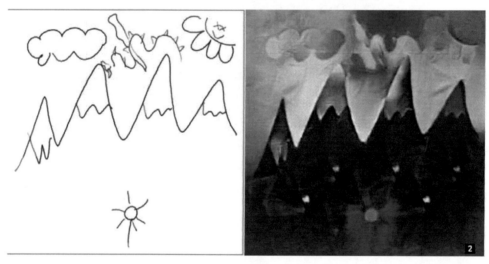

[그림 41] 단순한 스케치를 제시하면 그럴듯한 작품으로 완성해주는 AI '빈센트'

그림을 잘 못 그리는 인간을 대신해주는 AI도 등장했다. 단순한 스케치만 제시해도 그럴듯한 작품으로 완성해주는 AI '빈센트'(Vincent™)는 2017년 10월 'GTC 유럽'에서 처음으로 공개됐다. 캠브리지 컨설턴트의 인공지능 연구실 디지털 그린하우스에서 단 두 달 만에 데모를 완성했다. 미국의 10대 연구자 로비 바랏(Robbie Barrat)이 개발한 AI는 2018년 5월 21일자 <블룸버그 비즈니스위크>의 AI 특집판 표지 그림을 그렸다1)기존 작가나 디자이너의 영역에까지 AI가 진입한 셈이다.

그렇다면 시나 소설을 쓰는 AI도 가능할까? 마이크로소프트가 중국에서 발표한 AI '샤오빙'(小氷)은 2017년 5월 세계 최초로 AI 시집 <햇살은 유리창을 잃고>를 출간했다. 샤오빙은 1920년대 이후의 중국 현대 시인 519명의 작품 수천 편을 스스로 학습해 1만여 편의 시를 썼고 이 중 139편이 시집에 수록됐다. AI 시인의 출현은 AI의 언어 구사력과 표현력이 인간에 점점 가까워지고 있음을 의미한다.

[그림 42] AI '샤오빙'이 펴낸
시집 <햇살은 유리창을 잃고>

국내에서는 AI 소설만 출품할 수 있는 공모전도 열렸다. KT는 2018년 4월 AI 소설 공모전을 개최했다. 총상금 1억 원에 최우수상 상금은 3,000만 원으로 규모가 여느 문학 공모전 못지않았다. 웹소설 연재 플랫폼 'Blice'(www.blice.co.kr)에서 <무표정한 사람들>, <설명하려 하지 않겠어> 등 응모작 5편을 볼 수 있다. 가끔 매끄럽지 않은 문장이 눈에 띄긴 하지만 예상보다 자연스럽게 이야기가 전개된다. 독자들의 반응도 나쁘지 않다. 진짜 AI가 쓴 작품이라니 놀랍다, 인간보다 나은 것 같다는 내용의 댓글이 달려 있다.

음악 분야는 조금 더 속도가 빠르다. AI가 작곡은 물론 무대에서 실연까지 하는 수준이다. 스페인 말라가 대학이 개발한 AI 작곡가 '이야무스'(Iamus)의 곡을 런던심포니오케스트라가 연주한 해가 2012년이다. 2015년에는 미국 예일대에서 개발한 '쿨리타'(Kulitta)가 바흐의 전곡을 학습해 바흐풍의 음악을 작곡했다. AI가 작곡한 곡은 음반으로도 나왔다. 소니 컴퓨터 과학 연구소가 개발한 AI '플로 머신즈'(Flow Machines)는 데이터베이스에 저장된 1만 3,000여 곡을 학습한 후 2016년 9월 <대디스 카>(Daddy's Car)와 <미스터 섀도>(Mr. Shadow)라는 곡을 내놓았다. 2018년 1월에는 15곡이 수록된 첫 앨범 <헬로 월드>(Hello World)를 발표했다.

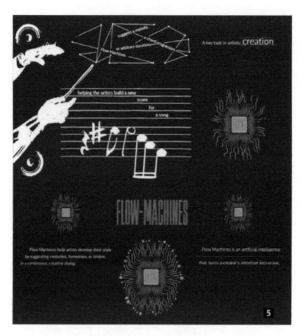

[그림 43] 소니 컴퓨터 과학 연구소가 개발한
작곡 AI '플로 머신즈'

AI는 즉석에서 곡을 만들어 예술가들과 함께 공연하기도 했다. 야마하는 2017년 11월 22일 개발 중인 댄스 인식 피아노 연주 AI를 도쿄대 예술대 공연장에서 시연했다. 유명 무용수 모리야마 카이지(森山開次)가 등에 센서를 붙이고 춤을 추면, 움직임을 감지한 AI가 이를 멜로디로 바꿔 피아노를 연주한다.(http://youtu.be/21injmy1wsU) 흡사 유령이 연주하는 것처럼 연주자 없이 건반만 움직인다. 인텔은 2018년 6월 열린 '컴퓨텍스 2018 e21포럼' 기조강연에서 사람의 연주를 듣고 AI가 실시간으로 음악을 연주하는 AI 밴드의 라이브 공연을 선보였다. 이렇듯 작곡하고 연주하는 AI 분야는 유관 기업들 사이에서 개발 경쟁이 치열하다.[34]

이제 예술업계는 AI를 사용한 창작을 받아들일 준비를 해야 한다. 작품에 관한 아이디어는 작가가 구상하고, 스케치와 채색은 AI가 담당하면 된다. 어떤 키워드와 내용으로 텍스트를 입력할지, 어떤 이야기와 메시지를 담은 그림을 생성할지를 의도하고 떠올리는 일은 인간 고유의 영역의 일이다. 이렇게 생성된 이미지를 어떻게 활용할 것인지, 세상에 무엇을 시사 할 것인지도 사람에게 달려 있다. 미래를 살아갈 예술가들에게 가장 필요한 자질은 이제 AI가 갖지 못하는 '창조성'이 될 것이다. 다만 작가는 AI 이미지 선택, 디자인, 데이터 수집, 모델 학습 및 분석의 모든 과정에서 자신이 만들고 발전시키는 기술에 대한 책임감을 가질 필요가 있다. 원작품의 이미지를 차용할 경우, 저작권에 대한 윤리적·법적 기준 확립을 포함한 관련 이슈에 대해서도 사회 전체가 심도 있고 실효성 있는 논의를 계속해 나가야 한다.[35]

---

34) 서울문화재단 '인공지능의 문화예술 창작 사례 인공지능, 너도 예술가니?'
35) 주간경향 '[특별기고]AI가 예술가를 대체? 예술가의 도구 될 수도'

⑫ 대형 생활 폐기물 처리 시스템

행정안전부는 '인공지능 객체 인식 기반 대형 생활 폐기물 처리시스템 구축 사업'을 추진 중이다. 대형 생활 폐기물을 스마트폰으로 찍으면 학습된 인공지능이 자동으로 폐기물을 인식하고 분류해 요금을 알려준다. 기존에 주민센터를 방문해 신청서를 작성하고 신고하던 절차가 줄어들어 주민들의 편의가 증대될 것으로 기대된다. 본 시스템은 서울시 은평구를 대상으로 시범 사업을 한 뒤, 보완 과정을 거쳐 지자체 전체로 확대하였다.

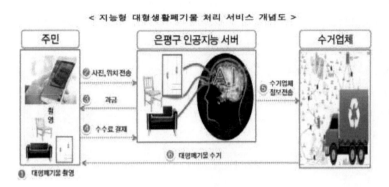

[그림 44] 행정안전부

⑬ 꽃가루 농도 위험지수 예측

기상청은 2017년 4월부터 꽃가루 알레르기 유발 위험도를 알리는 '꽃가루 농도위험지수'에 인공지능을 사용해 예측도를 높이기로 했다. 지난 16년간 전국 10개 지점에서 관측된 꽃가루 관측 자료를 바탕으로 인공지능을 학습시킨 결과 기존 꽃가루 고농도 위험 예측모형보다 예측률이 53.5% 증가한 69.4%로 개선된 것을 확인했다. 또한 기상청은 인공지능 기술로 만든 시스템에서 나온 자료를 토대로, 꽃가루 발생에 중요한 요소가 식물의 개화나 결실 등에 작용하는 누적온도(적산온도)라는 점도 발견할 수 있었다.

⑭ 기상청 AI예보관

기상청이 2027년까지 개발을 목표로 연구중인 인공지능(AI) 기상예보 프로그램 '알파웨더'의 중간 연구 결과가 공개됐다. AI를 적용해 기상예보에 필요한 수치모델 계산 속도를 60배 높이고 예보관이 원하는 정보를 수차례 검색 없이 간편하게 찾는 기능도 도입돼 쓰이고 있는 것으로 나타났다. 향후에는 자료를 스스로 읽고 예보를 내놓을 수 있도록 인간 예보관 대비 90%의 정확도를 확보하는 것이 목표다.

기상청은 온라인 기상강좌를 열고 알파웨더의 개발 중간결과와 목표에 관해 소개했다. 알파웨더는 기상청이 행정안전부 벤처형 사업의 지원을 받아 2019년 7월부터 개발을 시작했다. 이혜숙 국립기상과학원 인공지능예보연구팀을 중심으로 벤처형 조직을 꾸려 13명이 연구를 진행하고 있다.

기상청은 AI가 예보관의 예보생산과정을 학습하고 예보관이 신속하고 정확한 예보정보를 생산할 수 있도록 돕는 프로그램을 목표로 2027년까지 3단계 과정을 거쳐 알파웨더를 개발한다는 계획이다. 2021년 1단계에서는 예보관을 지원하는 정보를 제공하는 프로그램을 만든다. 2단계는 2024년까지 지역별로 다양한 특화 예보 서비스를 개발하고, 3단계는 국민 개개인에게 생활 패턴에 맞는 기상정보를 제공하는 게 목표다.

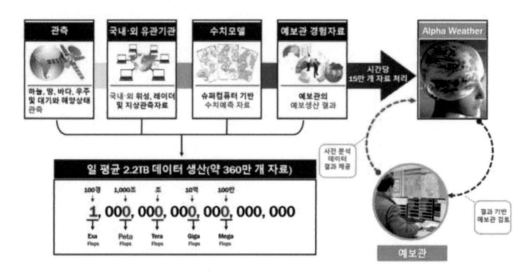

[그림 45] 기상청이 개발 중인 AI 기상예보 프로그램 '알파웨더'의 개념도

알파웨더는 데이터를 분석해 나온 산출물을 예보관에게 전달하는 것 외에도 스스로 새로운 예보를 만들어내는 것도 목표로 하고 있다. 이미 예보관에게 하루 평균 2.2테라바이트(TB) 용량, 360만 개의 자료가 전달되는 만큼 이를 분석하는 것이 한계에 다다르고 있다는 설명이다. AI가 산출물을 분석해 일정 수준의 예보를 전달하면 예보관이 이를 분석해 더 정확한 예보를 전달할 수 있게 된다.

알파웨더는 예보관 대비 90% 예보 정확도를 갖추는 것을 최종 목표로 두고 있다. 일각에서는 이를 넘어서면 AI가 인간 예보관보다 더 높은 정확도를 가지면 인간 예보관이 필요 없는 것 아니냐는 지적도 나온다. 이 팀장은 "최종 정보를 예보관에게 전달해 예보관이 마지막 예보 정확도를 더 향상시킬 수 있다"며 "산출물이 예보관에 전달되면 예보관이 정확도를 20~30% 향상시켜 예보가 나가는데 이 정확도를 더욱 높이는 것을 목표로 개발을 추진하려 한다."고 말했다.36)

---

36) 동아사이언스 '기상청 인간 예보관 보좌할 AI예보관 개발 중…90% 정확도 목표'

라. 인공지능과 접목 가능한 기술별 동향

　4차 산업 혁명 시대가 도래함에 따라 이를 이끄는 기술(ICBMS)들이 주목받고 있다. 4차 산업혁명 시대에 핵심 경쟁력의 앞 글자를 따서 만든 I(IOT, 사물인터넷) C(Cloud, 클라우드) B (Bigdata, 빅데이터) M(Mobile, 모바일) S(Security, 보안), ICBMS는 4차 산업의 성패를 가르는 중요한 기술들로 이 기술들과 인공지능이 만난다면 엄청난 시너지 효과를 낼 수 있을 것이다.

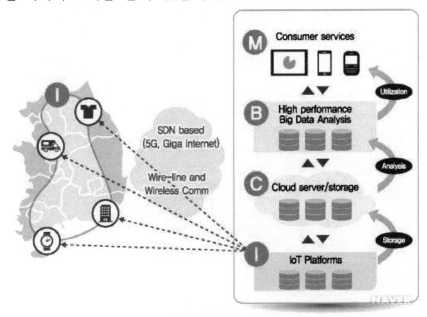

[그림 46] 4차 산업혁명 핵심 기술

　이 파트에서는 미래의 정보산업에 중추가 될 새로운 기술들이 인공지능에 어떻게 적용될 수 있을지 살펴보도록 하겠다.

① IoT와 인공지능

　'사물인터넷(IOT)'은 네트워크에 각종 장치와 애플리케이션을 연결해 삶을 보다 '스마트'하게 만드는 기술로 초기에는 센서와 칩 개발위주로 진행되었으나, 이제는 기기가 보낸 자료를 처리하고 분석하는 기술의 정교함에 집중되고 있다.

　최근 기기가 보낸 자료를 처리하고 분석하는 과정에 인공지능 기술을 접목하여 단순히 피드백을 받아 제어했던 기존의 시스템에서 네트워크를 통합하여 안전하고 신뢰성 있는 분산제어가 가능한 지능형 시스템으로 진화하였다.

　2016년 스위스에서 열린 다보스 포럼에서 4차 산업혁명 사회는 모든 것이 연결되고 보다 지능적인 사회이며, IoT와 인공지능을 기반으로 사이버와 현실세계가 네트워크로 연결된다고 하였다. 이러한 지능형 CPS(cyber-physical system)를 통합 시스템으로 구축하였다.

지능형 CPS는 센서가 부착된 다양한 사물인터넷 기계들이 우리가 살아가는 물리적 세계의 측정 가능한 다양한 데이터들을 측정하고 축적한 후 인공지능을 이용하여 축적된 데이터를 해석하여 스스로 작동하는 기술이다.

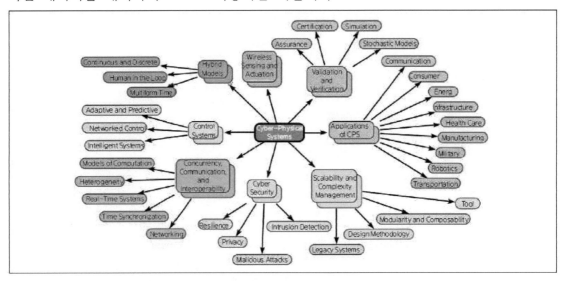

[그림 47] GPS 기술 맵

CPS의 크게 Control, Computation, Communication으로 나눌 수 있다. Communication은 데이터를 수집하는 기술이고, Computation은 수집된 데이터를 바탕으로 어떤 계산을 수행하여 출력된 정보를 제공하는 기술이다. 마지막으로 Control은 제공한 정보로 제어를 하기 위한 기술이다.

간단한 예를 들어 살펴보면, 공장에서 센서를 이용하여 다양한 데이터(온도, 습도 등)를 수집하는 것은 Communication기술이며 이를 이용하여 공장을 제어하기 위한 정보(온도가 30도 이상이다, 습도가 높다 등)를 제공하는 것은 Computation 기술이다. 마지막으로 제공된 정보를 이용하여 공장을 제어(에어컨을 켠다, 제습기를 켠다 등)하는 것은 Control 기술이다.

과거 Computation 과정의 대부분이 작업자의 단순한 입력을 받아서 실행되었으며 입력 또한 MES[37])등에 저장된 데이터를 계산하여 결과를 표시했기 때문에 결과가 정확하지 못했다. 이런 문제를 해결하기 위하여 최근 인공지능을 이용, 경험적이지 않고 저장되어 있지 않은 데이터를 받아 시뮬레이션을 수행하여 공정 대기시간 및 불량률을 최소화 하고 돌발 상황 발생 시에도 실시간으로 대응할 수 있는 기술이 개발되고

---

37) MES(Manufacturing Execution System Shop Floor)환경의 실시간 모니터링, 제어, 물류 및 작업 내역 추적 관리, 상태파악, 불량관리 등에 초점을 맞춘 현장 시스템(출저 : naver지식백과)

있다. 뿐만 아니라 인공지능을 이용한 기술을 사용하는 경우 예측 결과에 따른 선행적 공장제어 및 관리가 가능해진다.

기존에는 4M[38]을 개별적으로 모델링해서 시뮬레이션을 수행 했는데 이 경우 서로 연계가 되지 않고, 확률 통계 모델을 주로 이용하여 정확한 공정 데이터를 반영하지 못하는 단점이 발생하였다. (특히 MAN(작업자)은 사람마다 능력이 다르고, 신체도 다르기 때문에, 수식으로 표현한 모델링 결과가 작업자에 대한 정확한 특성을 반영하지 못하였다.) 하지만 인공지능을 이용하는 경우 다양한 형태의 알고리즘을 만들어낼 수 있어 작업자에 대한 정확한 모델을 만들 수 있게 되었다.

앞서 살펴본 지능형 CPS외에도 스마트 플러그에 인공지능이 적용되어 사용자의 일일 시간대별 전기사용량을 학습, 센서와 연동하여 사용하지 않는 시간대나 사람이 부재중인 경우 전력을 차단하거나 스마트 전등과 인공지능을 결합하여 일조량에 따라 적절한 색온도를 맞추거나 시간대별로 밝기를 조절하는 등 사물인터넷과 인공지능이 결합된 지능형 사물인터넷은 일상생활에도 쉽게 접목될 수 있다.

② 클라우드(cloud)와 인공지능

인공지능은 방대한 양의 데이터를 저장, 분석, 처리해야 하는 플랫폼이고 개발적 입장에서는 자사가 가진 데이터를 기반으로 인공지능 적용 가능성을 빨리 확인할 수 있고, 클라우드 환경에서의 다양한 인공지능 기술과 연계할 수 있기 때문에 클라우드 서비스는 없어서는 안될 존재이다. 현재 아마존이나 구글, IBM, 마이크로소프트(MS)는 클라우드 서비스를 기반으로 다양한 머신러닝 플랫폼을 제공하고 있어 고객은 단순한 API(application programming interface) 호출을 통해 이미지나 음성 인식, 자연어처리, 번역 등의 기능을 바로 사용할 수 있다.

클라우드 컴퓨팅 세계의 최강자 아마존웹서비스(AWS)는 Lex라는 인공지능 플랫폼 서비스를 제공한다. Lex는 자동 음성 인식(ASR), 자연어 이해(NLU), 추론을 위한 고급 딥 러닝 기능을 제공하며 이를 활용하면 챗봇과 같은 대화형 인터페이스를 갖춘 애플리케이션을 구축할 수 있다.

소셜 커머스 티몬은 상품이미지 중 '숨겨진 금칙어'를 찾기 위해 구글의 '클라우드 비전 API'를 활용하고 있다. 이 서비스는 이미지를 수 천개의 카테고리로 빠르게 분류하고, 이미지 내 개별 개체와 얼굴, 광학문자를 인식하여 이미지에 포함된 단어를 찾아 읽어준다.

---

38) 4M이란 제조과정에서 공정의 변동을 줄 수 있는 4가지 요소. Man(작업자), Machine(기계설비), Material(재료), Method(작업방식).

신한은행은 퍼블릭 클라우드가 아닌, 내부시스템 구축 (프라이빗 클라우드)을 통한 인공지능 플랫폼 구축을 나서면서 은행권 최초이다. 기존 인공지능 제품 도입이 아니라 은행업무에 최적화된 플랫폼을 구축해 '디지털 신한'을 구현하겠다는 의도다. 신한은행은 지난해 북미법인의 인터넷뱅킹 서비스인 아마존웹서비스(AWS)을 활용했지만 이번 인공지능 플랫폼은 자체 클라우드 인프라 내에서 운영할 계획이다.

이를 위해 최근 인공지능 코어 플랫폼 및 챗봇 서비스 인프라 시스템 구축에 착수하였으며, 챗봇 도입으로 24시간 상담이 가능하도록 상담 시간을 늘릴 계획이다. 상담사들이 없는 야간에도 단순 상품 문의나 조회업무는 챗봇을 이용해 응대할 수 있도록 체계를 마련한다. 주간에도 제한된 상담사 인력으로 대기하는 시간이 줄어들 수 있다.

신한은행은 플랫폼을 도입해 향후 확장 가능한 인공지능 플랫폼을 구현하려는 것으로 보인다. 앞으로 은행들의 인공지능 도입은 챗봇을 넘어 플랫폼으로 확장될 가능성이 크다. 오라클 역시 머신러닝을 활용, 데이터베이스(DB) 구축부터 관리와 튜닝까지 자동으로 수행하는 새로운 버전의 클라우드 DB를 내놓으면서 오직 오라클만이 하나의 플랫폼에서 모바일, 웹, 웨어러블, 봇 전체에 대한 압도적인 사용자 경험을 만족할 수 있도록 지원한다. 또한, 오라클은 기술의 발전에 발맞춰 AR/VRDMS 물론 아직 상상조차 할 수 없는 소비자 디바이스 등 새로운 분야의 혁신을 계속해고 고객들이 선호 하는 채널을 통한 지속적인 소총을 지원할 것이다.

③ 빅데이터(Bigdata)와 인공지능

인공지능은 많은 양의 데이터를 필요로 한다. 인공지능의 다양한 분석방법과 기술들은 빅데이터와 만나면서 인간의 지각능력, 이해능력, 추론능력 등을 본격적으로 실현시킬 수 있게 되었다. 따라서 빅데이터는 인공지능을 화려하게 부활하게 만든 결정적인 분야라고 할 수 있다.

빅데이터를 지식처리 인공지능은 빅데이터를 이용하여 스스로 학습하고 지식을 축적하며 사용자와 의사소통을 하고 필요에 따라 자율협업을 통해 지식의 공유 및 진화가 가능한 차세대 SW기술을 의미한다.

빅데이터 지식처리 인공지능 시스템은 일반지식, 전문지식 등에 대한 분석/추론 및 심층학습을 통하여 전문가 수준의 문제 해결 및 의사결정을 지원할 수 있어야 한다. 또한 인간수준의 지식·지능 체계를 이용하여 의사소통 및 자가 학습, 도메인 확장이 가능한 지식베이스를 스스로 구축하는 지능 진화형의 지식 생산능력이 있어야 한다. 마지막으로 다양한 기기에 탑재된 이종 지식 베이스 및 기기 간의 자율협업을 기반으로 발현되는 협업지능을 통해 새로운 문제를 스스로 사고하고 해결하는 기능을 가져야 한다.

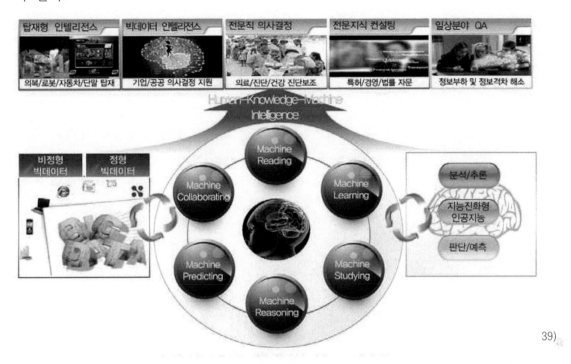

[그림 48] 빅데이터 지식처리 인공지능 SW 개념도

IDC는 현재 창출되는 데이터의 약 5%정도가 지식화되고 있으며, 10년 후에는 지금보다 약 50배가량의 데이터 폭증이 있을 것으로 전망했다. 이처럼 지식화되지 못하고 버려지는 95%의 데이터를 지식화하기 위해서는 데이터의 심층이해 기술과 스스로 학습하고 판단하여 지식을 구축하는 기술, 인간의 뇌를 모사하여 지식처리가 가능한 인공지능 원천 기술 등이 포함된 지능형 지식처리 SW 플랫폼의 개발이 필수적라고 할 수 있다.

이와 관련하여 미국, 일본, 유럽은 물론 국내에서도 국가 차원의 대규모 프로젝트가 추진하였는데 그 결과 국내 빅데이터 및 분석 시장은 2023년까지 연평균 성장률 11.2%를 기록하며 2조 5,692억 원의 규모에 달할 것으로 전망했다. 전망 기간 동안 전체 시장에서 IT 및 비즈니스 서비스가 연평균 16.3% 성장하며 가장 큰 비중을 차지할 것으로 내다봤다. 이에 기업은 디지털 트랜스포메이션(DX)을 위한 노력을 지속적으로 기울이고 다양한 형태의 클라우드 환경 전환을 활발히 고려중인 것으로 나타났다.

이를 성장 동인으로 빅데이터 및 분석 시장은 그 규모와 가능성에 있어 꾸준한 발전을 보이고 있으며, 빅데이터 기반의 고급 분석 및 인공지능 시스템 구축을 위한 데이터의 필요성 증가 요인에 의해 관련 시장은 향후 지속적 성장이 예측된다.

---

39) 2014 빅데이터 지식처리 인공지능 기술동향

④ 모바일(Mobile)과 인공지능

최근 모바일에 인공지능이 머신러닝이나 지능형 비서와 같은 하나의 기능으로 녹아들어가며 모바일 생태계가 변하고 있다. 다양한 모바일 기기 회사들은 모바일 기기에 지능형 어시스턴트를 탑재하고 있다. 하지만 단순한 음성기반의 인공지능 어시스턴트를 내장하거나 연계해서는 소비자에게 충분히 만족을 주기 어려운 것이 현실이다. 소비자들이 원하는 본질적인 어시스턴트는 내가 처한 상황이나 행동양식을 파악해 이를 기반으로 개인화된 지능형 서비스를 제공하는 것으로 이는 스마트폰 또는 온라인에 있는 사용자의 데이터에 접근해야하므로 결국 프라이버시 이슈와 연계될 것으로 예상된다.

애플이 시리를 선제적 서비스로 전환하면서도 모든 데이터를 서버로 전송하지 않고 스마트폰에서만 활용하겠다고 선언했듯이 스마트폰 내의 데이터에만 국한하여 지능형 비서를 만들 것인지, 온라인에서 확보할 수 있는 관련 데이터들을 기반으로 더욱 세밀하고 정확한 비서를 제공할 것인지는 앞으로 기업들에 있어 중요한 의사결정 포인트가 될 것이라고 예측했다.

하지만 말의 속도, 크기, 발음에 다라서 천차만별이고 사용자의 음성에 대한 데이터베이스를 쌓아서 인식률을 높이는 방시이기 때문에, 많이 사용하지 않으면서 인식률이 더 낮았으나 IOS 8까지 오면서 응답속도와 인식률이 높아져서 메모의 장문의 글을 구술하는 경우 쓸 만한 편이었지만 최근 들어, 다른 인공지능 음성서비스에 비해 너무 뒤쳐진 성능과 잦은 버그 등을 보여주고 있으며 이전만큼의 호응은 얻어내지 못하고 있다. 이후 인공지능을 활용한 인식기술은 이미지 인식, 음성 인식 등의 인지 기능을 넘어서 웹을 기반으로 하는 다양한 서비스를 만들어 냈다. 대부분의 모바일 기기에서 얻어지는 데이터는 클라우드 서버로 보내져 처리된 후 다시 모바일 기기로 제공되고 있지만 향후 모바일기반에서 이루어지는 기본 서비스로 내장되었다.

그리고 최근에는 코로나 19로 인한 실내 엔터테이먼트 시장 확대로 게임, 동영상 등 모바일 트래픽이 증가하면서 원활한 모바일 데이터 대역망 확보의 중요성이 대두되었다. 현재 IBM이 제작 중 에 있는 인공지능 칩 '뉴로모픽 칩'은 100만 개의 뉴런과 2억 5천 6백만 개의 시냅스를 갖고 있다. 공장 생산이 가능한 형태로 개발되었다는 것이 특징이지만, 이 칩을 활용할 수 있는 학습 등 응용 기술이 없고 확장성에 한계가 있어 이 연구가 중단 되었다.

즉, 다가올 미래에는 뉴로모픽 칩의 궁극적 목표는 연산처리 능력의 향상과 전력 효율성 개선에 있으며, 기존 컴퓨터가 넘어설 수 없는 확률 계산과 불확실성 관리를 토대로, 인공지능이 더욱 정확한 발전 노선을 걷게 하는 것입니다. 또한 현재 반도체

기업뿐만 아니라 전통적으로 반도체 기업이 아닌 구글, 애플 등도 인공지능 기반의 칩을 개발하고 있는 중이다.

이로 인해 뉴로모픽 칩의 상용화로 웨어러블 디바이스, 인지로봇 및 모바일 단말 분야, 자율주행 자동차, IoT 디바이스 분야를 중심으로 전개될 사회 전반의 강력한 파급 효과를 예측된다.

최근 스마트폰 AS분야에 인공지능을 접목시키는 연구가 진행 중에 있다. 스마트폰 수리과정에 인공지능을 적용하면 분석 정확도와 데이터 처리 속도가 향상되며 고객별 맞춤형 서비스를 제공할 수 있으며 컴퓨터가 스스로 데이터를 모으고 분석하여 해결책을 찾기 때문에 시간이 지날수록 사후서비스가 더욱 정교하고 빨라질 것이다. 이에 LG전자는 휴대폰 상태를 스스로 진단하고 해결책을 제시하는 '스마트 닥터' 어플리케이션에 인공지능을 적용하였다. 따라서 빠르고 정확한 진단과 사용자에게 수준별 맞춤형 가이드를 제공해준다. 즉 스마트폰을 오래 사용하면 필요 없는 데이터가 쌓이게 되는데 이것을 정리해주는 역할을 하고 또한 스마트폰을 분실을 해도 백업을 해놓으면 복원이 가능 하다.

⑤ 보안(Security)과 인공지능

정보 보안 분야 주요 학회 등을 중심으로 기계학습 및 딥러닝 등의 인공지능 기술을 활용하여 보안 관제, 위협 탐지 및 예방 등 정보 보안 목적을 달성하기 위한 논의가 활발하게 진행되며 나날이 진화하는 사이버 공격에 보안 사고를 효과적으로 방어할 수 있는 해결책으로 인공지능 기술이 떠오르고 있다.

과거 새로운 공격 패턴에 대응하기 위해서는 정보 보안 전문가들이 기존에 대응해 본 경험을 가지고 분석 및 학습을 해야 했지만, 인공지능을 이용하는 경우 인공지능이 전문가의 학습과 판단을 보완하거나 어떤 위협과 취약점에 초점을 맞춰야 하는지 알려주거나 이미 발생한 침해 사고의 공격자를 추적하고 찾아내는 일도 할 수 있고, 또한 더 나아가 소프트웨어 개발 시 보안상의 결함을 찾아내어 사전에 조치함으로써 소스 코드의 품질수준을 높이는 과정에 인공지능을 활용했다.

소프트웨어 정책연구소에서 정보 보안에 인공지능을 적용할 수 있는 분야를 다음과 같이 이야기 하였다.

정보보안 적용 분야	인공지능 기술
침입탐지 및 예방	-전세계 위협 정보를 수집하여 새로운 위협 사전 탐지 및 예방 -Fraud Detection: 정확한 검출 및 오분류에 따른 비용 절감 -Anomaly Detection: 알려진 위협에만 대응하는 Signature 기반의 한계를 극복하여 새로운 사이버 위협 예방
침해사고 후 진단 및 대응	침해사고 원인을 AI가 진단하고 이에 걸맞는 조치 방법 제안
침투 테스트	화이트 해커에 의존하던 침투테스트를 AI가 지원, 대체함으로써 보다 견고한 보안 취약점 개선

[표 19] 정보보안 분야와 접목가능한 인공지능 기술

3. 인공지능 시장전망
가. 국외 시장 현황

현재 인공지능 관련 시장은 인공지능에 대한 관심이 전 세계 기업 및 기관에서 높아지면서 급속도로 성장하고 있다. Tractica의 "인공지능(AI) 시장 예측"보고서에 따르면 향후 인공지능 관련 시장은 2020년까지 6년간 매출액 기준 약 20배, 연평균 82.9% 성장할 것으로 전망된다. 이 예측은 Tractica가 2016년 3분기 발표한 인공지능 시장 성장 예측수치보다 크게 상승한 수치인데, 그 원인은 AI분야의 빠른 변화와 발전 속도로 예측된다.

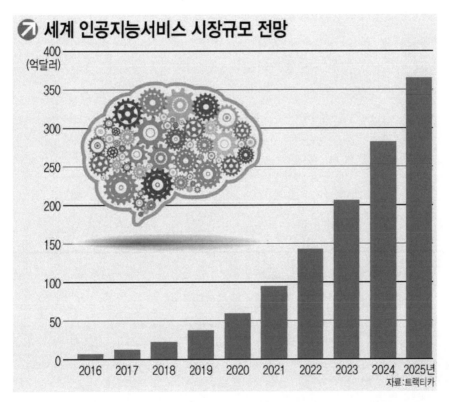

[그림 49] Tractica가 예측한 인공지능 세계 시장 규모 : 2016~2025

또한, IDC에 따르면 인공지능 시장이 2020년부터 2025년까지 5년간 연평균 약 50%의 성장세를 보이며 급성장할 것이라고 예측했다. 시장규모는 2016년 80억 달러에서 2020년 470억 달러에 이를 것으로 예상된다. 또한 IDC는 일본을 포함한 아시아 태평양의 인공지능 시장 규모가 큰 성장률을 보일 것으로 전망했다.

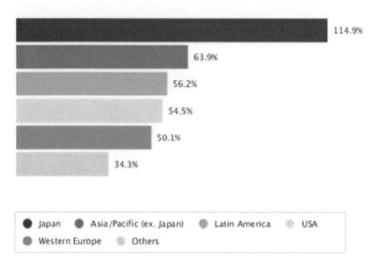

Top Region Based on 5 Year CAGR (2015 - 2020)

114.9%

63.9%

56.2%

54.5%

50.1%

34.3%

● Japan　● Asia/Pacific (ex. Japan)　● Latin America　● USA
● Western Europe　● Others

[그림 50] 각 나라의 AI업계 연평균(20150-2020년) 성장률

세계 인공지능 시장의 규모를 기술별, 응용분야별, 산업별로 더 자세히 살펴보면 다음과 같다.

① 기술별 인공지능 관련 시장 매출액 규모 전망[40]

인공지능 관련 기술은 다음과 같이 크게 8개로 나눌 수 있다. 그 중 딥러닝 시장은 연평균 104.5%로 가장 큰 성장률을 보이고 있으며 뒤이어 영상인식(37.3%), 자연어 처리(27.5%)가 높은 성장률을 보이고 있다.

기술별	2018	2019	2020	2021	2022	2023	연평균 성장률 (CAGR)
인지컴퓨팅 (Cognitive Computing)	13.2	14.2	15	15.975	17.013	18.118	6.5%
머신러닝 (Machine Leaning)	17.9	19.8	21.4	23.45	25.70	28.16	9.6%
딥러닝 (Deep Learning)	929.5	1.904.60	3.884.90	7.944.62	1.624.67	3.322.45	104.5%
예측 API (Predictive APIs)	30.8	36	43.4	50.51	58.79	68.43	16.4%
자연어 처리 (Natural Language Processing)	16.0	21.1	26.3	33.53	42.75	54.50	27.5%
이미지 인식 (Image Recignition)	61.7	85.7	119.1	163.52	224.51	308.25	37.3%
음성인식 (Speech Recognition)	22.6	26.4	30.9	35.87	41.64	48.34	16.1%
기타(Others)	2.8	3.1	3.5	3.8	4.14	4.51	9.1%
전체	1,095.10	2,111.00	4,144.70	7.580.65	13.865.00	25.359.08	82.9%

[표 20] 기술별 인공지능 관련 시장 매출액 규모 전망 ('18~'23) (단위 : 백만달러)

---

40) 출저 : Tractica(2015)자료 참조하여 비피기술거래 추정치 적용

② 적용분야별 인공지능 관련시장 매출액 규모 전망

인공지능의 응용영역은 크게 15개로 나눌 수 있고, 대체적으로 고른 성장세를 보이며, 투자(96.6%), 제조(95.8%), 데이터저장(95.8%), 광고(95.6%), 석유·가스(95.6%)등의 순으로 성장률이 높을 것으로 예측되었다.

적용분야별	2018	2019	2020	2021	2022	2023	연평균 성장률
광고서비스	27304	549.8	1,109.40	2,169.98	4,244.48	8,302.20	95.60%
자동차	48.4	77	128.8	193.4	290.4	436.1	50.20%
농업	47.1	74.9	125.5	188.7	283.8	426.8	50.40%
소비자금융	17.1	33.3	66.7	123.4	228.4	422.7	85.10%
데이터저장	4.2	8.4	16.9	33.05	64.64	126.43	95.60%
교육	33.5	59.9	111.3	186.09	311.14	520.22	67.20%
투자	228.9	461.1	931.4	1.825.5	3,577.9	7,012.6	96.00%
보건	7.8	15.1	29.6	53.63	97.17	176.07	81.20%
법률	8	12.5	20.8	30.84	45.73	67.81	48.30%
제조	96	193.3	390.6	764.79	1,497.45	2,932.00	95.80%
미디어	110.8	211.8	414.7	742.72	1,330.21	2,382.40	79.10%
의료진단	33.5	62.6	120.3	210.6	368.7	645.5	75.10%
석유·가스	97.6	196.3	396.5	775.5	1,516.8	2,966.8	95.60%
자선활동	2.8	5.3	10.3	18.34	32.66	58.16	78.10%
소매	86.1	149.7	271.9	442.1	718.8	1,168.7	62.60%
전체	1,095.10	2,111.00	4,144.70	7,580.65	13,865.0	25,359.0	82.90%

[표 21] 적용분야별 인공지능 관련시장 매출액 규모 전망('15~'20) (단위 : 백만달러)

③ 산업별 인공지능 관련 시장 매출액 규모 전망

 인공지능 시장은 산업별로 크게 자율형 로봇, 엑스퍼트시스템, 음성 어시스턴트, 임베드 시스템, 뉴로 컴퓨터 분야로 나눌 수 있다. 이 중에서 현재 가장 실용화가 진행되고 있는 전문가 시스템으로, 2014년 약 35억 달러에서 2018년 약 59억 달러까지 성장하여 인공지능 분야에서 가장 큰 시장이 될 것으로 전망된다. 또한, 지능가상보조 시스템은 2013년 5억달러에서 2018년 17억달러로 성장하여 가장 높은 연평균 성장률이 전망된다.

기술	2016	2017	2018	2019	2020	2021	연평균 성장률 (CAGR)
전문가 시스템	4.520.8	5.185.3	5.959.5	6.823.0	7.811.6	8.943.6	14.49%
자율로봇	2.025.7	2.464.5	3.003.2	3.646.7	4.428.2	5.377.2	21.43%
지능가상 보조시스템	1.002.2	1.306.7	1.706.9	2.222.2	2.893.0	3.766.5	30.19%
기타	1.3396.2	1.805.5	2.339.7	3.020.7	3.900.1	5.035.4	29.11%
전체	8,944.9	10,762.0	13,009.3	15,702.6	19,032.9	23,122.7	19.80%

[표 22] 산업별 인공지능 관련 시장 매출액 규모 전망('16~'21) (단위 : 백만달러)

다음으로, 국가별 인공지능 시장의 전망에 대해서 살펴보면 다음과 같다.

1) 중국

중국의 인공지능 시장 규모는 2015년 기준 12 억 위안(약 2,131억 원)으로 추정되었고, 이후 연 평균 50%씩 성장하여 2020년 91억 위안(약 1조 6,167억 원)에 이를 것으로 전망된다.

특히 음성인식이 중국 인공지능 시장의 60%를 차지해 가장 큰 규모를 차지하고 있으며, 이미지 인식과 기타 부문이 각각 12.5%, 27.5%의 시장 규모를 차지하고 있다.

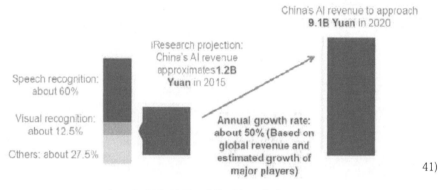

41)

[그림 51] 중국 인공지능 시장 규모

또한, '덴즈파사오여우왕'의 조사에 따르면 2018년 중국 인공지능 산업 규모는 이미 17억 6000만 달러에 다다랐으며 지속적으로 성장해 2023년에는 119억 달러를 돌파할 것으로 예상된다.42)

41) 출처: iResearch, 2016.3
42) https://decenter.kr/NewsView/1VLPTSNWQD 참조

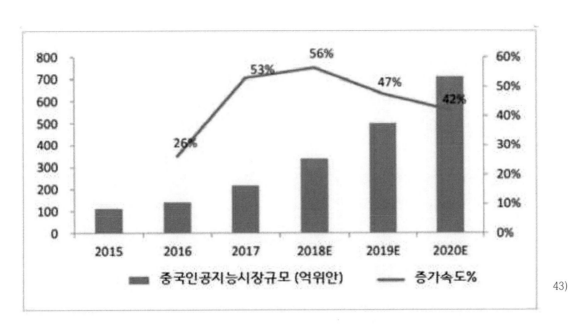

[그림 52] 중국 인공지능 산업 규모

2016년 기준 중국 내 AI 관련 스타트업 수는 100개에 육박하며 이중 65곳에 약 29억위안 (한화 약 5,100억 원) 이상이 투자된 것으로 조사되었다. 또한 2011년~ 2015년 사이에 펀딩을 받은 중국 AI 기억의 71%가 인공지능 어플리케이션 기업으로 조사되었으며, 그 다음을 인공지능 기술기반기업이 차지해, 인공지능이 중국에서 얼마나 큰 관심을 받고 있는지를 보여주고 있다.

특히, 중국의 인공지능 기술기반 기업의 55%는 인간의 시각 능력에 대응하는 센서로부터 얻어지는 영상 정보를 이용하여 컴퓨터 또는 로봇이 자기 주변 물체와 환경에 대한 유용한 정보를 추출 및 인식하게 해주는 기반 기술인 컴퓨터 비전 기업으로 조사되었다.[44]

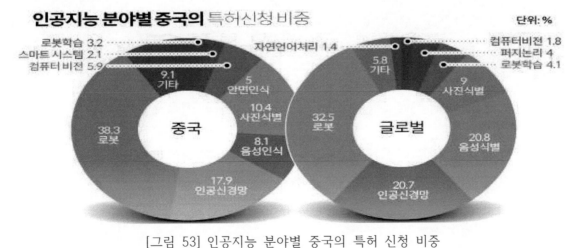

[그림 53] 인공지능 분야별 중국의 특허 신청 비중

43) 출처 : https://blog.naver.com/elroadlo/221697616245

특허출원의 경우 중국은 미국의 뒤를 이어 많은 인공지능 분야 특허를 출원하고 있다. 데이터 규모, 투입 입력과 재정력 측면에서는 중국과 미국은 이미 격차가 없다고 볼 수 있다. 심지어 어느 측면에서는 중국이 미국을 앞지르고 있다.

특히, 바이두, 알리바바, 텐센트 등 중국을 대표하는 ICT 기업들의 인공지능 특허출원 건수가 1,030건으로 조사되었는데, 이는 한국에서 가장 많은 인공지능 특허 출원을 하고 있는 삼성전자의 특허건수의 6배를 넘어서는 수치다.

중국의 인공지능 분야 특허 건수는 2018년 기준 1,351건에 달한다.

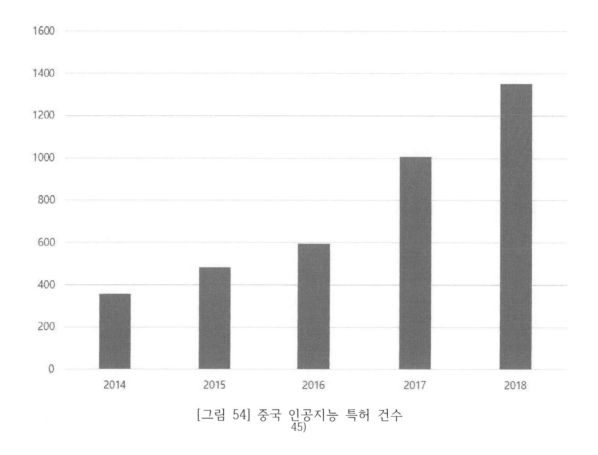

[그림 54] 중국 인공지능 특허 건수
45)

지역별 인공지능 특허 개수와 인고지능 기업 도시 순위를 살펴보면 다음과 같다.

먼저, 우전즈쿠(乌镇智库)에 따르면 인공지능 특허 수 기준으로 베이징시, 광둥성, 상하이시, 장쑤성, 저장성이 인공지능 산업에서 우위를 차지하는 것으로 나타났다.

---

44) 출처 : 전 세계 인공지능발전보고, 중국 제일재경일보
45) 출처: 한국정보화진흥원, 2019년 NIA AI Index & ndash; 우리나라 인공지능 수준 조사 보고서

AI 특허		AI 기업	
순위	도시명	순위	도시명
1	베이징(北京)	1	베이징(北京)
2	광동(广东)	2	광동(广东)
3	장쑤(江苏)	3	상하이(上海)
4	상하이(上海)	4	저장(浙江)
5	안웨이(安微)	5	장쑤(江苏) [46]

[그림 55] 지역별 인공지능 특허 수와 기업 수

왕이커지(网易科技)에 따르면, 2016년 중국 인공지능 도시별 순위에서는 베이징이 1위를 차지했고, 상하이, 선전, 항저우, 광저우가 그 뒤를 이었다.

순위	도시명	순위	도시명
1	베이징	6	홍콩
2	상하이	7	청두
3	선전	8	난징
4	항저우	9	샤먼
5	광저우	10	쑤저우 [47]

[표 23] 인공지능 기업 도시 순위

중국의 인공지능 산업은 플랫폼을 보유한 바이두, 알리바바, 텐센트가 주도하고 있으며, 그밖에 약 600여 개의 기업이 있다. 2017년 6월 기준, 중국 인공지능 분야에는 592개의 기업이 있으며, 관련 인력이 약 3만 9,200 명에 달한다.

중국 인공지능 기업의 절반 이상은 응용(머신러닝, 드론, 로봇, 자율주행 등) 분야에 집중되어 있으며, 기초기술 분야는 다소 취약한 편이다. 인공지능 기업 순위에서 상위권 기업은 자체 생태계를 보유하고 있으며, 그밖에 커따쉰페이(음성 인식), 마이크로소프트 아시아연구원(이미지인식), 중커촹다(스마트단말기), 핑안그룹(금융) 등은 특정 분야에서 강점을 보인다. 커따쉰페이는 음성인식 AI 기술을 적용한 다국어 번역, 텍스트 음성변환 시스템 등을 보유하고 있으며, 핑안그룹은 안면인식 분야에서 세계적 기술력을 보유하고 있는데 자사의 금융서비스와 이를 결합한 상품을 출시하면서 주목받았다.

---

46) 출처: 우전즈쿠
47) 출처: 왕이커지

순위	기업명	주력분야
1	바이두	인공지능
2	알리바바	인공지능
3	텐센트	인공지능
4	화웨이	인공지능
5	커따쉰페이	음성인식
6	마이크로소프트 아시아연구원	사물인식
7	중커촹다	스마트단말기 시스템
8	핑안그룹	인공지능 금융
9	랑차오	클라우드 컴퓨팅
10	화다지인	스마트 의료

[표 24] 중국 10대 인공지능 기업 순위 (2017년)

48) 출처: 「2017人工智能未来企业排行榜」(2017. 9. 12, 『eNet&Ciweek』); 조충제 외(2017), 「아시아 주요국의 4차 산업혁명과 시사점」 근간에서 재인용.

2) 일본

 미국 시장조사업체 리포트링커(ReportLinker)는 2025년 인공지능을 활용한 기기, 시스템 등 일본 인공지능 관련 시장 규모가 48억 달러로 성장할 것으로 추정했다. 일본 인공지능 시장에서는 전자상거래(EC) 시장에서 추천 기능 등 IT 영역을 중심으로 한 도소매 부문이 1조4537억 엔으로, 가장 큰 비중을 차지했다.

 또한, 향후 기술 성숙, 안전성 향상, 가격 하락에 힘입어 다양한 산업분야에서 거대한 시장이 형성될 것으로 예측했는데 이에 따라, 2020년에는 23조638억 엔(2015~2020년 연평균 43.8% 성장), 2030년에는 86조9620억 엔(2020~2030년 연평균 23.3% 성장)으로 시장이 급속하게 확대될 전망이다.

 특히 자동운전 등 운송 분야(2015년 1억 엔 → 2030년 30조4897억 엔), 산업용 로봇을 포함한 제조분야(2015년 1129억 엔 → 2030년 12조1752억 엔), 인공지능을 이용한 전자상거래 시장 등 도소매 분야(2015년 1조4537억 엔 → 2030년 15조1733억 엔)의 급성장이 기대된다.

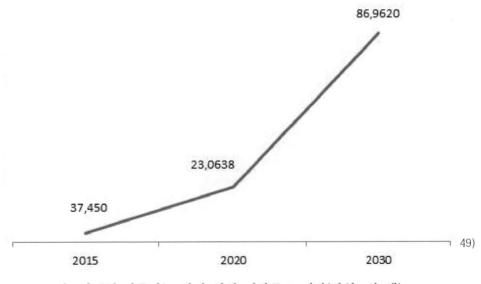

[그림 56] 인공지능 관련 산업 시장규모 전망(단위: 억 엔)

 또한 IDC 재팬은 2018년부터 오는 2022년까지 일본내 인지 및 인공지능(AI) 시스템 시장 예측을 했다.

---

49) 출처: EY Institute

IDC는 2018년 이후의 시장은 인공지능 시스템의 본격적인 보급으로 급속히 확대될 것으로 예측했다. 또한, 2018년 이후 금융 등의 위험 감지, 분석, 서비스업 등을 중심으로 인공지능이 채택되면서 60.7%의 연평균 성장률을 기록하며 오는 2022년에는 2,947억 5,400만엔(약 3조 9천억원) 규모가 될 것으로 예측했다.

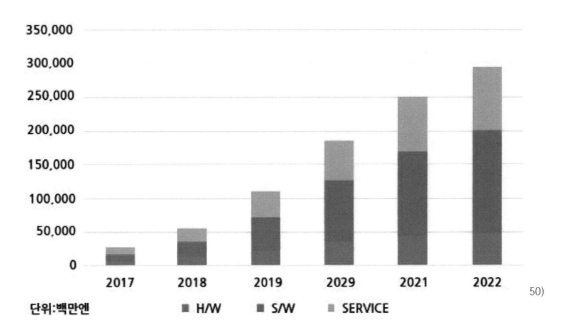

[그림 57] 일본 인공지능 시장 규모 전망

특히 일본은 의료 분야에서 IoT 및 인공지능 시장이 급성장할 것으로 예상됐다. 코트라 오사카 무역관은 '후지경제연구소'의 시장 전망치를 바탕으로 오는 2025년 일본의 의료 분야 IoT 시장은 2016년 대비 2.2배 성장한 1685억엔에 달하고, 인공지능 시장은 2025년에 2016년 대비 4.4배 성장한 150억엔에 달할 것으로 예상했다.

의료 인공지능 분야의 경우 의료 IoT 시장보다는 작지만 빠르게 성장할 것으로 보이는데 특히 AI신약 개발 시스템 및 진단지원 등 분야가 성장의 견인차 역할을 할 전망이다. 일본 정부는 이처럼 IoT와 AI를 통한 의료의 질 제고 및 효율화에 적극 나서고 있다.

일본 정부는 2017년 성장전략의 5대 중점 분야 중 하나로 건강수명 연장을 선정했다. 단카이 세대가 모두 75세가 되는 '2025년 문제'에 대응하기 위해 4차 산업혁명의 핵심 기술인 AI 및 IoT 등을 최대한 활용해 환자 중심의 최적 건강관리 및 진료, 자립 지원 중심의 새로운 건강·의료·간병 시스템을 구축하는 것을 목표로 하고 있다.

---

50) 일본 AI 시스템 시장, 오는 2022년 3조 9천억원으로 예상, 세미나투데이, 2018.05.15

일본 정부에 따르면 의료비는 2014년 약 40조 엔에서 2025년 60조 엔으로, 간병비(개호비)는 각각 10조 엔에서 20조 엔으로 늘어날 전망이다.

현재 이를 해결하기 위한 주요 시책으로 2018년 이후 진료보수 개정을 통해 AI를 사용한 진찰도 지원하는 것을 검토하고 있으며, 원격 진료 보급을 위해 온라인 진료 보수도 우대할 계획이다. 2020년부터 건강·의료 등 데이터를 일원화해 데이터 활용 기반도 구축한다.

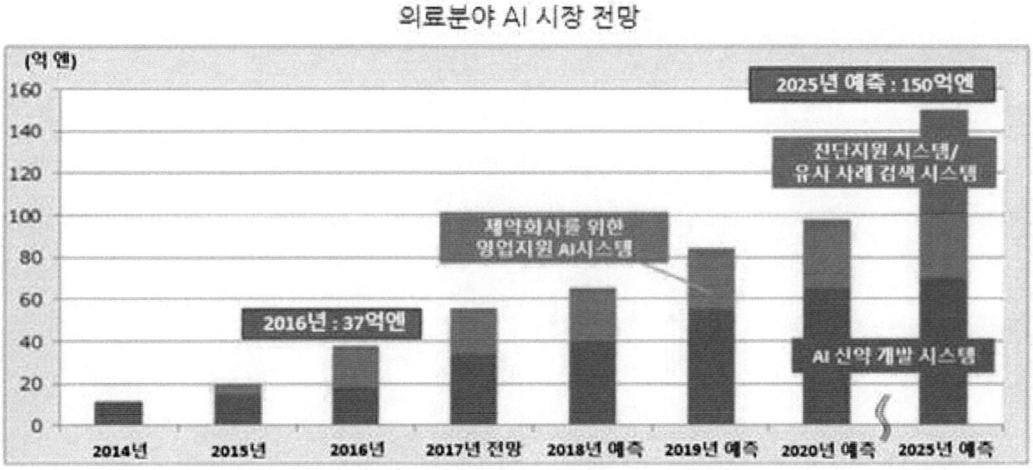

[그림 58] 일본 의료분야 인공지능 시장 전망

일본 의료업계 역시 IoT와 AI를 활용한 신제품을 잇달아 출시하고 있다. 쿄세라는 심층학습이 가능한 AI를 통해 사진 등 이미지를 보고 피부암 여부를 판별하는 시스템을 최근 개발, 2019년부터 판매할 계획이다. 후지필름과 올림푸스는 내시경으로 찍은 이미지 중 위암 등 질병 의심이 있는 이미지를 AI가 판별해 의사에게 제시하는 기술을 2020년에 실용화할 계획으로, 이 기술이 실용화 된다면 의사의 부담을 줄이고 검진자의 대기 시간도 단축할 수 있을 것으로 기대된다.

히타치 제작소는 CT나 MRI 사진 중 질병 가능성이 있는 사진을 의사에게 보여줘 진단 시 의사의 주의를 촉구하는 시스템을 2018년까지 뇌와 폐 포함 6개 분야에서 제품화할 계획이다.

일본에서는 현재 신약 개발도 인공지능을 적극 활용하고 있다. 다케다 제약, NEC 등 70여 개 제약 및 IT 기업은 이화학 연구소 및 교토 대학과 협력해 3년 후를 목표로 신약 개발을 위한 AI 공동 개발에 나섰다. 이를 위해 문부과학성도 개발비용 중 5억 엔을 부담, 글로벌 신약 개발 경쟁력 강화를 적극 지원하고 있다.

---

51) 출처: 후지경제연구소

일본 제약공업협회는 AI가 본격 도입되면 신약 개발에 드는 기간은 4년이 단축되고, 비용은 업계 전체에서 1조2000억 엔을 삭감할 수 있을 것으로 기대하고 있다.

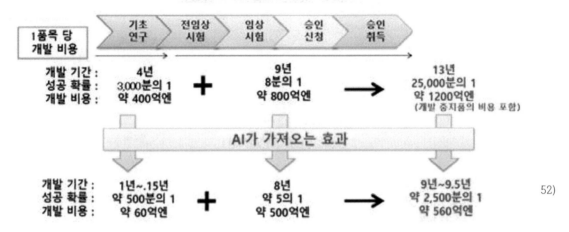

[그림 59] 신약개발 인공지능이 가져오는 경제적 효과

일본에서는 2015년부터 원격의료가 허용된 상태로, IoT를 활용한 원격 검진 시스템 및 서비스도 속속 선보이고 있다. 의료기기 벤처기업인 멜로디 인터내셔널은 IoT를 활용해 태아의 심박수 및 임산부의 진통 상태를 데이터화함으로써 임산부와 태아를 원격 검진할 수 있는 시스템을 개발했다. 해당 시스템을 통해 산간지역 등에 사는 임신부의 통원 부담을 줄이고 산부인과 의사의 부족 문제 대응도 가능할 것으로 기대된다.

원격의료 플랫폼 서비스 기업인 포트는 도쿄 여자의대와 함께 고혈압 치료에서 IoT를 활용한 원격진료의 안전성에 대한 실증연구를 2016년 가을부터 개시, 3년간 진행 계획이다. 환자가 통신 기능을 갖춘 자동 혈압계로 주 3회 이상 혈압을 측정하고, 스마트폰 등을 통해 측정 데이터를 송부하면 담당 의사가 치료 방침을 결정하고 내복약을 송부하는 시스템이다. 53)

52) 출처: 후생노동성
53) 일본 의료 IoT · 인공지능 시장 급성장 예상, 로봇신문, 2017.08.03

나. 국내 시장 현황

IDC는 인공지능 국내시장을 S/W, 서비스, 하드웨어로 나누어 시장규모를 예측하였다. 인공지능용 하드웨어 시장은 2019년에 가장 큰 매출을 기록했지만, 낮은 성장률을 기록하고 있으며, 향후 5년간 인공지능 구축용 서비스 시장과 S/W 시장이 연평균 30% 이상의 성장률을 이루는 것으로 예측되었다.

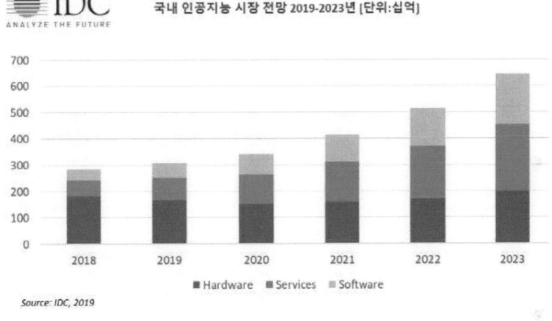

[그림 60] 국내 인공지능 시장 규모 전망
54)

KT경제경영연구소는 로봇 산업 수치에 기초하여 향후 다양한 산업군으로의 인공지능 적용가능성을 가정, 인공지능 시장 규모를 예측하였다. KT경제경영연구소는 국내 인공지능 시장의 규모는 2020년 2조2천억원, 2025년 11조원, 2030년 27조5천억원으로 급격한 성장을 이룰 것으로 예측했다.

---

54) https://zdnet.co.kr/view/?no=20200403102255 참조

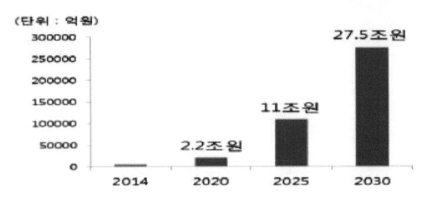

[그림 61] 국내 인공지능 시장 규모 전망 [출처: KT경제경영연구소]

현대경제연구원에 따르면 세계 AI 시장 규모가 매년 연평균 14%의 고성장을 할 것으로 전망했었고, KT 경제경영연구소에 따르면 국내 인공지능 시장 규모가 2020년 2.2조원에서 2025년 11조원, 2030년 27.5조원으로 성장할 것으로 전망했다.

정부가 최근 2017년부터 향후 10년간 1,070억 원이 투자되는 '엑소브레인(Exobrain)' 프로젝트를 비롯한 인공지능 관련 분야에 연간 380억 원을 투자할 계획을 밝혔다. 이처럼 현재 정부가 인공지능 산업 육성정책을 수립하고 있으나, 미국과 EU(유럽연합), 일본 등 주요국과 비교하면 착수 시점이나 투자 규모면에서 뒤처져 있다는 의견이 많다.

국내의 인공지능 산업은 일부 대기업을 중심으로 산업 투자와 연구가 추진되고 있으나 아직까지는 인터넷과 게임 등 특정산업에 한정돼 있으며 민간 기업 수나 투자 규모 측면에서도 미흡하다. 2015년 기준 국내 AI 기업은 24~64개로 추정되고 있으며, 이는 세계 스타트업 수와 비교할 때 약 2.5~6.7% 수준이어서 매우 부족한 상황이다.

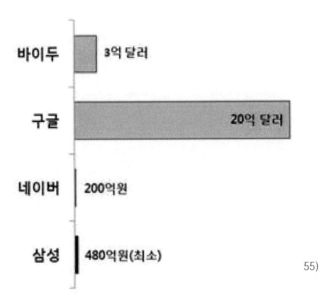

55)

[그림 62] 주요 기업의 인공지능 투자현황

　최근, 4차 산업혁명 시대에 지능정보 기술이 국내에 미칠 경제적 효과가 460조원 (2030년 기준)에 달할 것이며, 인공지능 기술이 보편화되면서 2030년까지 지능정보기술 분야에서 약 80만명 규모의 새로운 일자리가 창출될 것으로 예측되었다. 미래창조과학부의 의뢰를 받아 맥킨지앤컴퍼니가 작성한 보고서에 따르면 지능정보기술은 2030년 기준 최대 460조원의 경제적 효과를 창출할 것으로 예상된다.

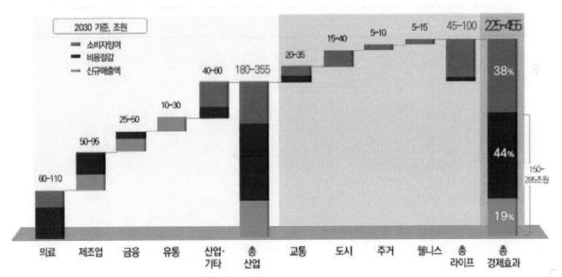

[그림 63] '30년 국내 지능정보기술 도입에 따른 국내 총 경제효과(맥킨지, '16)

　맥킨지는 지능정보기술 도입에 따른 국내의 신규매출 증대액이 41조9000억~85조4000억원, 비용절감액은 109~199조원, 소비자 잉여액은 76조4000억~174조6000억원 규모가 될 것으로 전망했다.

55) 자료 : 현대경제연구원(언론보도 종합)

- 94 -

좀 더 세부적으로 살펴보자면 신규매출 증대 측면에서는 데이터 활용 마케팅과 신규 로봇산업으로 인해 최대 40조원의 경제효과가 발생하며, 비용 절감 측면에서는 의료 진단 정확도 증대와 제조 공정 최적화로 각각 55조원, 15조원 가량의 경제효과가 생길 것으로 전망되었다. 또한 소비자 후생 증가 측면에서는 교통사고 감소, 대기질 향상, 교통체증 감소, 가사노동 단축, 국민 건강 향상으로 인해 76조4000억~174조 6000억원에 달하는 경제효과가 기대된다.

4. 인공지능관련 추천 기업

가. 네이버

[그림 64] 네이버 로고

1) 기업 소개

네이버는 대한민국의 인터넷 서비스 기업으로 1999년 설립되었다. 2000년 한게임 커뮤니케이션, 원큐, 서치솔루션을 흡수합병하며 2002년 주식을 코스닥 시장에 상장하였다. 2013년 캠프모바일, 라인플러스를 신설하여 자회사로 편입하고, 일부 사업부문을 이괄하였고 엔에이치엔 엔터테인먼트를 신설하는 등 성장을 거듭하여 2014년 기준 30개의 종속회사와 73개의 계열회사가 존재하며 미국, 일본, 중국, 베트남, 싱가포르, 타이완에 해외법인을 두고 있다.

네이버는 인공지능을 활용한 다양한 제품을 선보이고 있다. 네이버의 인공지능 제품을 살펴보자면 다음과 같다.

① 인공지능 스피커 웨이브

네이버는 최근 인공지능 스피커 '웨이브'의 국내 시장 출시를 앞두고 있다. 웨이브는 라인과 공동 개발한 AI 플랫폼 '클로바(Clova)'가 탑재된 첫 기기로, 일본에서 사전예약을 진행해 5일 만에 품절되는 등 큰 관심을 받고 있다.

[그림 65] 네이버 스마트스피커 '웨비브'

② 이미지 필터링 기법 네이버 X-eye

 네이버는 '딥러닝'을 통해 부적절한 내용을 담은 이미지(음란물)를 필터링하는 인공지능 기술인 '네이버 X-eye'를 선보였다. 네이버 X-eye는 방대한 이미지를 형태별로 분류해 10개월 동안 학습시킨 인공지능을 기반으로 작동된다. 네이버 X-eye의 최근 버전은 400만장의 이미지(정상+음란물)를 가지고 내부 실험한 결과 98.1% 적중률로 음란물을 필터링하는 성능을 보였다.

③ 통역 서비스

 네이버는 인공지능 기반의 통역 서비스인 '파파고' 또한 선보였는데, 이는 큰 인기를 끌고 있다. 네이버는 최근 약 1년간의 베타서비스를 마치고 1회에 200자까지 적용되던 인공신경망 번역 기술을 최대 5000자까지 확대한 후 정식 버전을 런칭했다.

④ 이미지 검색

 네이버는 검색어 대신 이미지로 검색할 수 있는 '스마트 렌즈'로 검색기능을 고도화시켰다. 네이버 모바일 검색 창 하단의 '인식 검색' 탭 내 '스마트 렌즈' 아이콘을 누르고 궁금한 대상을 스마트 렌즈 내 카메라로 촬영하거나 저장된 이미지를 불러오면 검색할 수 있다.

2) 주식 정보

상장일	2008.11.28		
시가총액	32조 3,505억		
시가총액순위	12위		
외국인 지분율	47.22%		
액면가	100원		
거래량	437,383주		
최고 주가 (52주)	281,000	최저 주가 (52주)	155,000

(2023. 07. 26 기준)

[표 25] 네이버 증권정보

가) 분기별 Financial Summary
(1) Key Ratio (단위: 억 원, 배, %)

	2020/12	2021/12	2022/12	2023/12(E)
EPS	6,097	100,400	4,634	5,906
PER	47.97	3.77	38.30	34.03
BPS	49,961	157,641	151,646	157,686
PBR	5.85	2.40	1.17	1.27
EV/EBITDA	26.97	35.60	15.75	15.41

[표 26] 네이버 Key Ratio

(2) 재무상태 요약 (단위: 억 원)

	2020/12	2021/12	2022/12
유동자산	9,580.0	17,797.7	20,307.4
자산총계	88,235.5	129,624.2	139,038.4
유동부채	12,694.6	13,344.9	15,033.5
부채총계	15,614.2	36,299.6	40,540.2
자본금	164.8	164.8	164.8
자본총계	72,621.2	93,324.5	98,498.1

[표 27] 네이버 재무상태 요약

(3) 손익 계산서 요약 (단위: 억 원)

	2020/12	2021/12	2022/12	2023/12(E)
당기순이익	8,450	164,776	6,732	8,648
매출액	83,041	68,176	82,201	98,311
영업이익	12,153	13,255	13,047	14,821
영업이익률	22.91	19.44	15.87	15.08
순이익률	15.93	241.69	8.19	8.80

[표 28] 네이버 손익 계산서 요약

(4) 현금 흐름표 요약 (단위: 억 원)

	2020/12	2021/12	2022/12	2023/12(E)
영업활동	14,472	13,799	14,354	23,907
투자활동	-25,032	-139,988	-12,159	-16,744
재무활동	11,921	116,423	-3,395	1,232
CAPEX	7,594	7,539	7,007	6,247

[표 29] 네이버 현금 흐름표 요약

(5) 기타지표 (단위: 억 원, %)

	2020/12	2021/12	2022/12	2023/12(E)
ROE	15.21	106.72	3.29	4.17
ROA	5.76	64.99	1.99	2.48
자본유보율	51,258.50	149,081.46	152,913.18	-
부채비율	106.11	40.22	44.56	46.91

[표 30] 네이버 기타지표

나. 다음카카오

 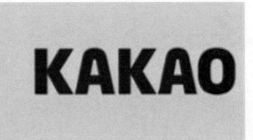

[그림 66] 다음카카오

1) 기업 소개

다음은 대한민국의 포털사이트로 "한메일"(현재의 다음 메일)이라는 이름으로 1997년 대한민국 최초의 웹 메일서비스를 열었다. 이 밖에도 온라인 커뮤니티 서비스 'Daum 카페', 뉴스 서비스 '미디어다음', 커뮤니케이션 서비스 마이피플 등을 서비스하고 있다. 2014년 10월부터는 카카오톡을 운영하는 '카카오' 기업과 통합하여 다음카카오에서 통합 운영했었고, 다음카카오는 2015년 9월 카카오로 회사 명칭을 변경하였다.

카카오도 최근 활발하게 인공지능을 기반으로 하는 서비스와 기술을 개발하여 선보이고 있다.

① 카카오 아이(I)

카카오는 카카오의 인공지능 플랫폼 '카카오 아이(I)'를 여러 분야에 접목해 생태계 확장에 주력하고 있다. 카카오 아이는 음성 인식 및 합성 기술, 자연어 처리 기술, 이미지 인식과 같은 멀티미디어 처리 기술이나 챗봇과 같은 대화 처리 기술 등 카카오의 인공지능 기술이 집결된 통합 플랫폼이다.

카카오는 카메라 애플리케이션인 '카카오톡 치즈'에 카카오 아이를 적용하고 음성인식 기능을 도입해 '보이스 치즈' 기능을 내놨다. 보이스 치즈 기능을 이용하면 이용자의 음성을 텍스트로 변환시켜 개인화된 스티커를 제작할 수 있다.

② 인공지능 스피커 카카오 미니

카카오는 최근 출시 준비 중인 인공지능 스피커 '카카오 미니'의 외관을 공개했다. 이미 많은 회사가 인공지능 스피커를 선보이고 있는 가운데 카카오는 작지만 다양한 기술과 편의기능, 카카오 서비스와의 연계 등을 강점으로 차별화를 시도할 계획이다.

[그림 67] 스마트스피커 카카오미니

③ 음성인식 솔루션 개발

카카오는 최근 분사한 모빌리티를 중심으로 현대·기아자동차와의 음성인식 솔루션 공동 개발하고 있으며 상용화 계획을 발표했다. 이는 음성인식 기술을 기반으로 '서버형 음성인식'을 개발하고 이를 9월 출시 예정인 제네시스 G70에 적용한다는 계획이다.

④ 뉴스추천 알고리즘 '루빅스'

카카오는 2015년 자사가 개발한 국내 최초 인공지능 뉴스 추천 알고리즘 '루빅스'(RUBICS·Real-time User Behavior Interactive Content recommender System)를 다음 모바일 뉴스에 적용했다. 루빅스는 이용자의 뉴스 소비 패턴에 따라 뉴스의 노출과 배열을 효율적으로 결정하는 시스템으로 최근 루빅스의 데이터를 바탕으로 '열심히 읽은 기사'를 선별한 '꼼꼼히 본 뉴스'가 다음뉴스에 새로 적용됐다.

⑤ 추천 플랫폼 토로스

카카오는 2017년 5월 인공지능 추천 플랫폼 '토로스(TOROS)'를 공개하고 맞춤형 추천 시스템을 강화했다. 루빅스가 뉴스와 콘텐츠를 추천하는 시스템이라면, 토로스는 2014년 다음tv팟 영상을 시작으로 브런치와 카카오페이지에 주로 적용되는 시스템이다.

2) 주식 정보

상장일	2017.07.10		
시가총액	22조 1,687억		
시가총액순위	13위		
외국인 지분율	25.95%		
액면가	100원		
거래량	1,174,624주		
최고 주가 (52주)	84,300	최저 주가 (52주)	46,500

(2023. 07. 26 기준)

[표 31] 다음카카오 증권정보

가) 분기별 Financial Summary
(1) Key Ratio (단위: 억 원, 배, %)

	2020/12	2021/12	2022/12	2023/12(E)
EPS	355	3,132	3,037	947
PER	219.25	35.92	17.48	50.48
BPS	14,647	23,018	22,839	24,622
PBR	5.32	4.89	2.32	1.94
EV/EBITDA	43.87	48.43	18.30	16.00

[표 32] 다음카카오 Key Ratio

(2) 재무상태 요약 (단위: 억 원)

	2020/12	2021/12	2022/12
유동자산	17,824.0	24,127.7	23,348.5
자산총계	73,455.0	100,246.5	107,914.9
유동부채	14,215.8	22,991.4	21,835.2
부채총계	20,200.6	34,704.4	37,002.3
자본금	443.0	446.4	445.9
자본총계	53,254.4	65,542.0	70,912.6

[표 33] 다음카카오 재무상태 요약

(3) 손익 계산서 요약 (단위: 억 원)

	2020/12	2021/12	2022/12	2023/12(E)
당기순이익	1,734	16,462	10,626	4,904
매출액	41,568	61,367	71,068	83,723
영업이익	4,559	5,949	5,803	5,418
영업이익률	10.97	9.69	8.17	6.47
순이익률	4.17	26.82	14.95	5.86

[표 34] 다음카카오 손익 계산서 요약

(4) 현금 흐름표 요약 (단위: 억 원)

	2020/12	2021/12	2022/12	2023/12(E)
영업활동	9,711	13,066	6,784	19,888
투자활동	-12,607	-33,410	-15,741	-17,242
재무활동	13,054	44,412	4,118	2,730
CAPEX	1,831	2,162	4,529	2,985

[표 35] 다음카카오 현금 흐름표 요약

(5) 기타지표 (단위: 억 원, %)

	2020/12	2021/12	2022/12	2023/12(E)
ROE	2.70	17.10	13.54	4.06
ROA	1.68	9.48	4.65	2.04
자본유보율	13,881.01	21,260.57	25,032.00	-
부채비율	60.94	67.62	69.70	71.18

[표 36] 다음카카오 기타지표

다. 셀바스 AI

[그림 68] 셀바스 AI

1) 기업 소개

셀바스 AI는 1999년 설립된 소프트웨어(SW) 솔루션 개발업체다. 셀바스의 주요 제품으로는 필기로 쓴 내용을 인식하여 인식 기능을 지원하는 다국어 컨텐츠 모바일 전자 사전 소프으웨어인 파워딕과 필기 인식 전문 소프트웨어인 디오펜 등이 있다. 셀바스는 특히 필기 인식 분야에서 국내에서 가장 높은 시장 점유율과 인지도를 확보하고 있다.

셀바스는 지난해 하반기 인공지능 기반 음성, 필기, 영상 융합 기술 사업화를 시작했다. 셀바스는 RNN 기반 딥러닝 기술 경험을 바탕으로 시계열 데이터에 특화된 예측모델을 개발했으며, 질병 예측 관련 국내외 특허를 보유했다.

① N-smart AI 빅데이터 센터

셀바스AI와 나누리 병원의 설립협약을 통해 나누리병원에 설립된 'N-Smart AI 빅데이터 센터'는 병원이 보유한 의료 빅데이터에 셀바스 AI의 인공지능 기술을 융합해 척추 관절 질환 예측 및 관리에 최적화된 의료서비스를 선보였다. 뿐만 아니라 'N-Smart AI 빅데이터 센터'의 연구 결과는 스코르 글로벌 라이프가 보유한 보험 빅데이터와 연동해 맞춤형 보험개발에도 활용되었다.

② 셀비 체크업

셀바스에서 개발한 '셀비 체크업'은 건강검진 정보를 활용해 미래 주요 질병 발생 확률을 예측하는 메디컬 전용 인공지능 솔루션이다. 셀비 체크업은 51만 명의 건강검진 데이터인 코호트 빅데이터를 기반으로 개발되었으며, 셀바스 AI의 순환신경망(RNN) 기반 딥러닝 기술을 적용한 시계열 데이터 특화 예측모델을 탑재시켜, 건강검진과 같이 반복적으로 발생하는 의료 빅데이터 특징에 최적화된 알고리즘을 담았다.

2) 주식 정보

상장일		2009.12.10	
시가총액		5,212억	
시가총액순위		132위	
외국인 지분율		1.16%	
액면가		500원	
거래량		2,216,785주	
최고 주가 (52주)	749	최저 주가 (52주)	235

(2023. 07. 26 기준)

[표 37] 셀바스 AI 증권정보

가) 분기별 Financial Summary
(1) Key Ratio (단위: 억 원, 배, %)

	2020/12	2021/12	2022/12
EPS	179	166	287
PER	15.08	68.42	22.60
BPS	1,573	1,808	2,341
PBR	1.71	6.28	2.77
EV/EBITDA	-43.65	46.18	29.50

[표 38] 셀바스 AI Key Ratio

(2) 재무상태 요약 (단위: 억 원)

	2020/12	2021/12	2022/12
유동자산	148.7	254.6	243.9
자산총계	673.1	707.8	812.8
유동부채	75.5	77.0	102.3
부채총계	210.2	207.6	223.1
자본금	110.2	110.2	112.5
자본총계	462.8	500.2	589.7

[표 39] 셀바스 AI 재무상태 요약

(3) 손익 계산서 요약 (단위: 억 원)

	2020/12	2021/12	2022/12
당기순이익	43	48	77
매출액	348	486	509
영업이익	-15	56	50
영업이익률	-4.40	11.52	9.81
순이익률	12.31	9.90	15.19

[표 40] 셀바스 AI 손익 계산서 요약

(4) 현금 흐름표 요약 (단위: 억 원)

	2020/12	2021/12	2022/12
영업활동	5	60	51
투자활동	-24	-23	52
재무활동	-47	-15	-62
CAPEX	7	7	7

[표 41] 셀바스 AI 현금 흐름표 요약

(5) 기타지표 (단위: 억 원, %)

	2020/12	2021/12	2022/12
ROE	12.30	9.82	13.79
ROA	4.61	5.07	7.54
자본유보율	-12.32	-26.90	5.71
부채비율	65.28	53.00	193.60

[표 42] 셀바스 AI 기타지표

라. 에이디칩스
1) 기업 소개

[그림 69] 에이디칩스

에이디칩스는 2001년 코스닥에 상장된 벤처기업으로서 1996년 설립된 이래, 순수 자체 기술을 바탕으로 EISC MCU Core IP 라이센스 사업 및 컨슈머용과 산업용 SoC등을 전문적으로 개발, 공급하는 반도체 설계 전문회사이며, 반도체유통사업을 함께 진행 중에 있다.

주요 사업부문은 기존사업부문인 SoC사업부문, 반도체유통사업부문, 신규사업부문인 냉동냉장사업부문 3개 사업부문으로 구성되어 있으며, 매출구성비율은 연결기준으로 SOC사업부문은 40억(15%), 반도체유통사업부문은 100억(40%), 냉동냉장사업부문은 113억(45%) 로 구성되어 있다. SOC사업부문은 전기밥솥, 냉장고, 세탁기, 광파오븐레인지, 골프GPS, 하이패스단말기 등에 적용되고 있고, 반도체유통사업부문은 휴대폰, PC, 자동차 등에 적용되는 반도체를 유통한다. 냉동냉장사업부문은 업소용 냉동냉장고 , 편의점 쇼케이스 등을 판매하고 있다.

최근 에이디칩스는 자율주행, 웨어러블 등 사물인터넷 두뇌역활을 하는 MCU 초경량 반도체 2종('ARK주노-S0', 'ARK주노-S1')을 독자 개발했는데, 이 반도체는 사물인터넷(IoT) 기기에 탑재될 수 있는 마이크로컨트롤러(MCU) 제품군에 내장된다.

MCU는 경량 마이크로프로세서로 일명 '마이컴'이라고도 불리는데, 전자제품의 간단한 기능 제어부터 스마트폰, 자동차, 웨어러블 등 IoT 기기의 두뇌 역할을 하고 있어 향후 4차 산업혁명이 일어나면 MCU 수요도 크게 늘어날 것으로 관측된다. 또한 MCU가 ARM 코어텍스M0, M0+, M3코어를 대체 할 만 한 경쟁력 있는 품목이 될 것으로 전망되어 업계에서 큰 관심을 끌고 있다.

2) 주식 정보

상장일		2001.11.13	
시가총액		302억	
시가총액순위		1527위	
외국인 지분율		1.93%	
액면가		500원	
거래량		219,015주	
최고 주가 (52주)	749	최저 주가 (52주)	235

(2023. 07. 28 기준)

[표 43] 에이디칩스 증권정보

가) 분기별 Financial Summary
(1) Key Ratio (단위: 억 원, 배, %)

	2020/12	2021/12	2022/12
EPS	-156	-191	-73
PER	N/A	N/A	N/A
BPS	465	440	367
PBR	1.82	1.89	1.03
EV/EBITDA	-27.44	-18.41	125.13

[표 44] 에이디칩스 AI Key Ratio

(2) 재무상태 요약 (단위: 억 원)

	2020/12	2021/12	2022/12
유동자산	199.6	150.8	138.5
자산총계	455.9	536.5	858.5
유동부채	53.4	121.1	508.7
부채총계	180.0	185.8	566.0
자본금	259.8	398.5	398.5
자본총계	275.8	350.6	292.5

[표 45] 에이디칩스 AI 재무상태 요약

(3) 손익 계산서 요약 (단위: 억 원)

	2020/12	2021/12	2022/12
당기순이익	-82	-128	-58
매출액	202	251	238
영업이익	-15.06	-17.81	-0.41
영업이익률	-15.06	-17.81	-0.41
순이익률	-50.84	-24.46%	-24.46%

[표 46] 에이디칩스 AI 손익 계산서 요약

(4) 현금 흐름표 요약 (단위: 억 원)

	2020/12	2021/12	2022/12
영업활동	-47	-41	0
투자활동	-98	-137	-304
재무활동	80	131	303
CAPEX	102	166	329

[표 47] 에이디칩스 AI 현금 흐름표 요약

(5) 기타지표 (단위: 억 원, %)

	2020/12	2021/12	2022/12
ROE	-28.50	-40.80	-
ROA	-18.59	-25.76	-
자본유보율	36.03	31.64	36.40
부채비율	42.34	47.02	44.58

[표 48] 에이디칩스 AI 기타지표

마. 휴림로봇

[그림 70] 휴림로봇 로고

1) 기업 소개

동사는 1999년 법인전환형태로 설립되었으며 로봇업체 최초로 코스닥 시장에 상장하였음. 제조업용 로봇 및 지능형 로봇 제작 및 판매사업을 영위.

일본 로봇 전문 업체인 AITEC을 인수하여 진공로봇에 대한 적극적인 영업을 진행함에 따라 새로운 시장에 대한 매출이 기대 됨.

동사는 디스플레이 산업에 국한하지 않고 반도체, 자동차, 3D프린터 등 제품 판매처를 다양화하는 사업영역 확대를 추진하고 있음.

2) 주식 정보

상장일	1999.11.29		
시가총액	288억		
시가총액순위	1545위		
외국인 지분율	2.29%		
액면가	500원		
거래량	640,506주		
최고 주가 (52주)	749	최저 주가 (52주)	235

(2023. 07 28 기준)

[표 49] 휴림로봇 승권정보

가) 분기별 Financial Summary
(1) Key Ratio (단위: 억 원, 배, %)

	2020/12	2021/12	2022/12
EPS	494	-338	-102
PER	3.51	N/A	N/A
BPS	812	443	346
PBR	2.14	2.26	4.95
EV/EBITDA	-19.00	-66.25	-53.02

[표 50] 휴림로봇 Key Ratio

(2) 재무상태 요약 (단위: 억 원)

	2020/12	2021/12	2022/12
유동자산	386.3	236.7	289.1
자산총계	1,287.0	834.9	748.6
유동부채	447.7	108.1	211.1
부채총계	535.7	113.8	213.8
자본금	186.7	325.9	327.5
자본총계	751.3	721.0	534.7

[표 51] 휴림로봇 재무상태 요약

(3) 손익 계산서 요약 (단위: 억 원)

	2020/12	2021/12	2022/12
당기순이익	410	-392	-119
매출액	207	273	555
영업이익	-89	-30	-75
영업이익률	-42.98	-10.89	-13.46
순이익률	197.71	-143.58	-21.52

[표 52] 휴림로봇 손익 계산서 요약

(4) 현금 흐름표 요약 (단위: 억 원)

	2020/12	2021/12	2022/12
영업활동	-114	-42	-44
투자활동	-95	-176	56
재무활동	438	82	86
CAPEX	60	0	12

[표 53] 휴림로봇 현금 흐름표 요약

(5) 기타지표 (단위: 억 원, %)

	2020/12	2021/12	2022/12
ROE	78.76	-52.76	-25.80
ROA	45.93	-33.66	-11.27
자본유보율	302.58	119.52	72.19
부채비율	78.98	34.78	41.42

[표 54] 휴림로봇 AI 기타지표

2. 수소연료전지 관련 주식

1. 수소연료전지 관련 기본개념들

가. 수소의 특성

1) 수소의 물성

수소(hydrogen)는 주기율표에서 원자 번호가 1인 첫 번째 원소이며 원소 기호는 H 이다. 우주에서는 질량 기준으로 약 75%, 원자 개수로는 90%를 차지하는 가장 풍부한 원소이기도 하다. 수소는 가장 가벼운 원소여서 지구 대기권에는 극소량이 존재하고, 지각권에서는 대부분 물 분자나 석유, 가스 등 탄화수소, 생명체의 구성 물질 등과 같은 유기화합물 상태로 존재하며, 지구 표면에서는 산소와 규소에 이어 세 번째로 많은 원소이다.

수소의 주요 동위원소로는 지구에서 발견되는 수소의 99.98%를 차지하는 프로튬(protium, ^1H)외에, 중수소(deuterium, ^2H 또는 D)와 삼중수소(tritium, ^3H 또는 T)가 있다. 프로튬의 핵은 양성자 1개로 이루어져 있고 중수소의 핵은 양성자 1개와 중성자 1개, 삼중수소의 핵은 양성자 1개와 중성자 2개로 구성되어 있다. 중수소가 많이 포함된 물을 중수(D_2O:Deuterium Oxide)라고 부르며 핵 반응로에서 중성자 감속재와 냉각재로 사용된다. 프로튬과 중수소는 안정된 동위원소이나 삼중수소는 불안정한 핵 구조를 가지는 방사성 동위원소이다. 삼중수소는 중수소와 높은 온도와 압력 하에서 핵융합을 일으켜 중성자와 헬륨으로 변하며, 이 과정에서 발생하는 질량손실이 에너지로 변환되는데, 이때 발생하는 에너지 양이 매우 커서 미래의 에너지원으로 주목받고 있기도 하다.

우리가 말하는 이른바 "수소에너지"의 수소는 원자가 아닌 수소 분자를 일컫는다. 수소분자(이하 "수소"는 수소 분자를 지칭함)는 수소 원자 2개가 결합하여 이루어진 물질로서 통상적인 환경에서 무색·무미·무취의 기체로 존재한다. 수소의 끓는점은 영하 253℃로 매우 낮으며 이때 액체수소는 극저온 유체로서 부피 기준으로 기체 수소의 1/800 수준이기 때문에 수송 효율성이 높다. 액체 상태의 수소가 피부에 직접 접촉하면 동상에 걸릴 수 있으나 일반인이 직접 접촉하게 되는 경우는 매우 드물다. 또한 수소는 공기와 혼합되었을 때 폭발과 함께 화재를 동반할 수 있다. 그러나 수소는 공기보다 14배 가벼운 기체이기 때문에 공기 중에 누출 시 매우 빠르게 확산되며, 점화 온도(약 500℃)가 높아 자연 발화 사례가 극히 드물다.

특성	LPG	천연가스	수소
분자식	C_3H_8/C_4H_{10}	CH_4	H_2
분자량(g/mol)	44g/58g	16g	2g
상대비중(공기=1)	1.5~2	0.55	0.0689
폭발(연소) 범위	1.8~9.5%	5~15%	4~75%
끓는점	-42.1℃/-0.5℃	-162℃	-252.6℃
누출 시 특성	체류	위로 확산	위로 확산(大)
폭발 위험도	높음	조금 낮음	낮음

자료: 수소융합얼라이언스추진단(2020)

[그림 72] 연료가스의 물리적·화학적 특성

2) 에너지 운반체로서의 특성

비록 수소가 우주에서 가장 풍부한 원소이나 우리가 자연에서 직접 추출하여 에너지원으로서 활용하기에 용이한 형태로 부존되어 있지는 않다. 대신에 다양한 에너지원(화석연료, 재생에너지)과 기술(열화학적 변환, 전기화학적 변환, 생물학적 변환)을 적용하여 생산할 수 있고 수송용, 가정용, 발전용, 산업용 등 여러 용도에 활용할 수 있기 때문에 에너지 운반체(energy carrier)[56]로서 저장, 운반이 가능한 수소의 활용성은 결코 작지 않다. 특히 저장하기 쉽다는 것은 우리가 가장 흔히 사용하는 에너지 운반체인 전기와 비교하였을 때 수소가 갖는 매우 큰 장점이다. 게다가 수소의 원료인 물은 지구상에 풍부하게 존재하고 수소를 연소시키거나 산소와 반응시켜도 극소량의 질소와 물만 생성되어 환경오염을 일으키지 않는다. 이러한 장점 때문에 수소 에너지는 기존의 화석 연료를 대체하는 미래의 청정에너지 중 하나로 주목받고 있다.

수소에너지는 직접 연소, 수소저장합금에 의한 2차 전지, 수소화 반응에 의한 히트펌프 등을 통하여 이용될 수 있으나 현재 가장 일반적인 것은 발전설비 등에 탑재되는 연료전지(fuel cell), 수소전기차(FCEV: Fuel Cell Electric Vehicle)이다. 수소 연료전지는 수소 연료와 산화제인 산소를 전기화학적으로 반응시켜 전기 에너지를 생산하는 장치로, 물을 전기분해하여 수소와 산소를 만드는 과정의 역반응을 통해 전기와 열을 생산한다. 연료가 공급되는 한 재충전 없이 계속해서 전기를 생산할 수 있고 소음이 적으며, 발전 과정에서 발생되는 열은 급탕 및 난방용으로 이용한다. 연료전지는 열에너지를 전기 에너지로 변환하는 보통의 발전 방식에 비해 간단하며 효율적이지만 활용에 있어 연료인 수소의 제어가 상대적으로 어렵고 다른 발전연료에 비해 보관비용이 높다. 연료전지와 달리 수소를 직접 태워서 에너지를 얻는 것도 당연히 가능하다. 현재 수소 연소 기술은 발전, 산업용 측면에서 주로 연구되고 있다.

---

56) ISO 13600에 따르면 에너지 운반체(energy carrier)는 스프링, 압축공기, 전기 등 에너지를 생산하지 않고, 단순히 다른 시스템에 의해 채워진 에너지를 담고 있는 물질 또는 현상으로 정의함.

나. 수소의 생산, 저장·운송, 이용[57]

1) 수소의 생산

수소는 공기 중에 약 0.01%가 함유된 무색, 무취의 가연성 가스로 비등점이 -252.5℃이며, 비중은 1기압 25℃에서 0.0695이고 확산속도는 1.8km/sec이다. 수소는 연소할 때 공해물질 방출이 전혀 없는 청정에너지이며, 생산을 위한 원료의 고갈 우려가 없다. 또한 에너지 밀도가 높고, 이용 기술의 실용화 가능성이 높은 에너지이기 때문에 세계적 관심이 높은 상황이다.

수소가스 제조 기술은 천연가스, 석탄, 바이오매스의 분자구조에 포함되어 있는 수소를 열분해, 전기분해, 광분해 등에 의해 분리시키는 방법이 있다. 현재 상용화되고 있는 공업용 수소생산은 주로 탄화수소의 수증기 메탄 개질법이나 물 전기분해법 등으로 이루어지고 있다.

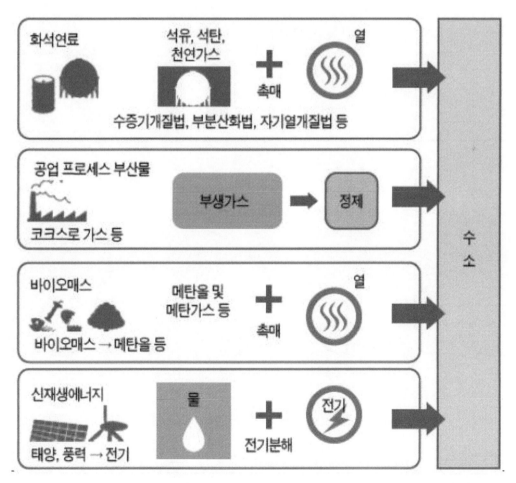

[그림 73] 수소가스 제조 방법

---

57) 수소차! 뼛속까지 파헤치기, BNK 투자증권, 2019.03.06

가) 화석연료 열분해

화석연료를 열분해하여 수소가스를 제조하는 방법은 크게 천연가스 개질법과 석탄가스화로 구분할 수 있다. 우선, 천연가스 개질법에 대해 살펴보자. 세계적으로 거의 절반의 수소 생산은 천연가스가 원료이며, 미국의 경우 95%의 수소는 수증기 메탄 개질법으로 생산하고 있다. 반면 우리나라에서는 대부분의 수소 생산은 나프타를 열분해하여 얻고 있다. 우리나라는 전국 천연가스 공급 배관망의 인프라 구축이 잘 이루어진 실정이며 천연가스 소비국으로 앞으로 공급이 더욱 증대될 것이다.

천연가스 개질법은 다시 수증기 메탄 개질법과 부분산화 방식으로 구분된다.

수증기 메탄 개질법은 수소 생산에서 가장 저렴한 방법이며, 세계 총 수소 생산의 거의 절반을 이 방법으로 제조하고 있다. 이는 천연가스의 주성분인 메탄(CH4), 프로판(C3H8)등을 촉매를 통해 고온 (700~1,000도), 고압 (3~25 Bar)의 수증기와 반응해 수소를 제조하는 기술이다.

$$CH_4 + H_2O \rightarrow CO + 3H_2$$

$$CO + H_2O \rightarrow CO_2 + H_2$$

[그림 74] 수증기 메탄 개질법
화학식

$$CH_4 + 1/2\ O_2 \rightarrow CO + 2H_2$$

[그림 75] 부분산화 방식 화학식

화학식들의 반응을 보면 높은 흡열반응임을 알 수 있다. 따라서 수증기 개질에서는 높은 온도에서 촉매를 첨가하여 반응을 촉진시킨다. 이 반응에서 볼 수 있듯이 수소는 메탄과 물 모두에서 분리되어 생산되기 때문에 높은 수소 생산 수율이 가능하다. 연간 수소 생산 100,000톤 규모의 큰 수증기 개질기 하나로 약 100만 대의 연료전지 자동차에 공급할 수 있다. 현재는 다양한 수소/탄소 비를 갖는 원료를 처리할 수 있는 수증기 개질공정이 전 세계적으로 약 400여기가 보급되어 있다.

다만, 온실가스 발생량을 가솔린 자동차와 비교하면 60% 정도로 가솔린보다는 적지만 상당량의 CO2가 발생한다. 또한 설비 자본 및 운영비 저감, 효율성 증진을 위해 공정 개선 및 시스템 디자인 개발, 촉매 개발 등이 필요하다.

부분산화 기술은 탄화수소가 산화되는데 필요한 산소양을 제한하여 반응시킴으로서 수소를 생산해내는 방법이다. 천연가스와 적은 양의 산소와의 반응으로 이루어지며, 수소와 일산화탄소가 주요 산물이다.

메탄의 부분 산화 반응은 산소가 소요될 때까지의 메탄가스의 빠른 연소와 이에 뒤따른 수소와 일산화탄소가 생성되는 비교적 느린 반응으로 이루어진다. 이 반응은 특정한 환경에서는 스스로 유지되고, 최소의 에너지 비용으로 높은 수준의 변환을 일으킬 수 있는 장점이 있다. 그러나 반응온도에 따라 차이는 있으나, 수소와 CO 외에 CO2, C, H2O 등이 1,200℃까지 소량으로 나온다. 공기를 산소원으로 사용할 때는 NOx가 배출되는 단점도 있다.

수소 제조방법	CH_4 및 첨가물	반응온도 (℃)	수율 (%)	발생가스	특징	비고
스팀 개질법	CH_4/H_2O	800~900	75	수소, CO_2, CO	공정이 복잡함	가장 많이 상용중임
부분산화법	CH_4/O_2 (공기)	1,100~1,200	-	CO, CO_2, soot, H_2O, NOx	공해발생	에너지효율 높음

[그림 76] 천연가스 개질에 의한 수소제조방법의 비교

석탄가스화 방식은 산소, 수증기와 함께 석탄에 열을 가하여 일산화탄소, 이산화탄소, 수소가 혼합된 가스를 생성시키고 이중에서 수소를 막(membrane)을 통해 분리하거나, 흡착기를 통해 포집하는 방법이다. 이는 대규모 집중식 수소 제조에 가장 적합한 기술로서 제조과정에서 이산화탄소를 분리 포집할 수 있어 탄소저감에 유리하고, 설계에 따라 전력생산도 가능하다. 하지만 이산화탄소를 포집할 탄소 포집 기술과, 이를 저장 및 처리할 기술이 뒷받침되지 않으면 이를 다시 배출시켜야 하므로, 관련 기술 연구가 시급하다.

$$CH_{0.8} + H_2O + O_2 \rightarrow CO_2 + CO + 3H_2$$

[그림 77] 석탄가스화 기술 화학식

나) 물 전기분해

물 전기분해를 통한 수소가스 제조 기술은 다시 Alkaline(알카라인), PEM(전해법), Solid oxide(고체산화물) electrolysis로 구분할 수 있다. 우선, Alkaline electrolysis는 KOH(수산화칼륨)나 NaOH(수산화나트륨)이 녹아 있는 알칼리 수용액에서 음극(cathode)에서 생성된 수산화 이온(OH−)이 분리막을 통과해서 양극(Anode)으로 이동해 수소를 생산하는 방식이다. 이는 생산효율이 높고 수명도 상당히 길어 일부 이미 상업화하여 생산하고 있는 방식이다.

그러나 막이 불완전하여 수산화 이온이 양극으로 이동하기도 전에 반응해 버리는 문제를 해결하지 못하고 있다. 또한 액체 전해질을 이용하기 때문에 전기저항이 높아 전력손실이 생긴다. 또한 생산가능 수소압력이 30bar정도로 한정되며 2.4V에서 0.2~0.45A/cm2 정도의 전류만 줄 수 있다.

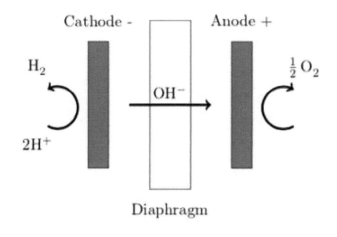

[그림 78] Alkaline electrolysis 원리 및 화학식

PEM(Polymer electrolyte membrane)이란 수전해에 사용되는 촉매를 의미한다. 따라서 PEM electrolysis 기술은 고분자 전해질막을 이용하여 얇은 구조의 전해질층 형성이 가능해서 수소이온의 전도도를 개선한 것이다. 생산가능 수소압력은 200bar 정도이며, Alkaline electrolysis보다 장치 크기가 10배 정도 줄어들 수 있다. 하지만 막의 두께를 조절하지 못했을 때 오히려 수소이온 전도도가 낮아지고 높은 압력 조건에서 잘 작동하지 못하기 때문에 이를 견딜 수 있는 재료를 사용하게 되면 비용이 상승하게 된다.

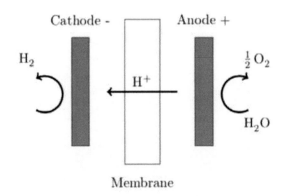

Cathode $\quad 2H^+ + 2e^- \longrightarrow H_2$

Anode $\quad H_2O \longrightarrow \frac{1}{2}O_2 + H^+ + 2e^-$

Sum $\quad\quad H_2O \longrightarrow \frac{1}{2}O_2 + H_2$

[그림 79] PEM electrolysis 원리 및
화학식

Solid oxide electrolysis 기술은 아직 개발단계에 있다. 이는 고온의 수증기를 음극에 주입해 수소와 산소 이온으로 분해시키고, 이중 산소 이온은 고체산화물(solid oxide)를 통과해 산소가 생성되는데, 이때 음극에서 발생한 수소를 정제하는 방식이다. 생산효율이 높고, 높은 압력에도 잘 작동하며, 귀금속이 없어도 되는 시스템이라는 장점이 있지만 고체산화물의 내구성, 생산단가 측면에서 아직 시장성이 없다. 하지만 물을 전기분해하는 시스템 중에서는 장기적으로 전망이 밝은 편이다. 현재, 물질 이동을 막기위한 연구와 열에 안정적인 세라믹 소재를 만드는 연구가 진행 중이다.

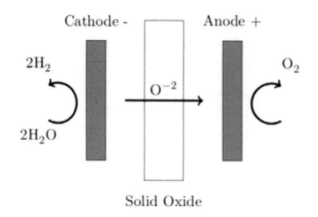

Cathode $H_2O + 2e^- \longrightarrow H_2 + O^{2-}$

Anode $O^{2-} \longrightarrow \frac{1}{2}O_2 + 2e^-$

Sum $H_2O \longrightarrow \frac{1}{2}O_2 + H_2$

[그림 80] Solid oxide electrolysis 원리 및
화학식

이외에도 바이오매스(농작물, 농공업 잔여 유기물 등)를 분해해 수소를 얻거나 고온
에서 물을 분해시킨다거나 하는 방법들이 고려되고 있으나 아직 장기적 관점에서도
전망이 밝지 않은 상황이다.

구분	추출(개질)	부생수소	수전해
원리	천연가스 + 물 → 추출 → H_2, CO_2	석유 코크스 나프타 → 화학공정 → H_2, 목적물질	신재생에너지 + 물 → 수전해 → H_2, O_2
특징	⊘ 기존 에너지 활용 가능 ⊘ CO_2 발생	⊘ 현재 가장 저렴한 방법 ⊘ 분리·정제로 생산	⊘ 탄소 제로 수소 생산 방법 ⊘ 현재는 고비용

자료: 수소융합얼라이언스추진단(2020)

[그림 81] 수소 생산방식별 원리 및 특징

국내에서는 수소 생산 기술 연구가 최근 들어 활발해지고 있으나 핵심 원천기술 확
보와 상용화 실증에 있어 여전히 세계 최고 수준과 격차가 있다.

천연가스 추출수소 생산의 국내 기술력은 초기 단계의 소형 추출기 생산 정도의 수
준이며 생산과정에서 발생하는 이산화탄소를 포집·저장(CCS: Carbon Capture and
Storage)하는 기술에 대한 연구도 아직 실증단계에 머무르고 있다.

수전해 기술의 경우 재생에너지 발전 설비와 수전해 설비를 직접 결합하는 방식은 국내 연구가 아직 사용화 단계에 이르지 못하고 있다. 장기적으로 이러한 재생에너지 연계 대규모 수전해 방식(P2G: Power to Gas)이 중요해질 것으로 보이나 국내 기업의 기술 경쟁력은 선진국의 60~70% 수준에 불과한 것으로 알려져 있다.

최근에 수소가 각광받는 이유가 화석연료 대체를 통한 온실가스 배출 감소 효과 때문이므로 생산 과정에서의 온실가스 배출 수준에 따라 수소를 구분하는 경우가 늘고 있다. 만약 화석연료 등을 원료로 사용함으로써 수소 생산 시 다량 발생되는 온실가스를 지금과 같이 그대로 대기중에 배출한다면 그레이(gray) 수소라고 불린다. 그레이 수소의 대척점에는 재생에너지 위주의 전기[58]로 물을 전기분해하여 생산되는 그린(green)수소가 존재한다. 그린 수소 중심의 수소경제가 우리가 추구하는 궁극적인 목표이나 이를 위해 화석에너지를 전력 생산에서 완전히 퇴출시키기까지는 상당한 시간이 소요될 것이다. 따라서 당분간은 수소 수요의 대부분을 화석연료나 바이오매스로 생산한 추출수소로 충당하되 배출되는 CCS 설비를 갖추는 방식이 대안으로 제시되고 있다. 이렇게 생산된 수소는 블루(blue) 수소라고 불리며 그린 수소로 이행해가는 과정에서 중요한 역할을 하게 될 것이다.

2) 수소의 저장 및 운송

수소는 같은 무게에서는 가장 에너지 밀도가 높은 에너지이지만, 같은 부피에서는 가장 에너지 밀도가 낮은 에너지이다. 따라서 운송 및 저장이 매우 어려운 에너지라고 할 수 있다. 특히, 운송비용은 수소 에너지 가격의 30~40%를 차지할 정도로 크며, 이는 수소 단가가 높게 유지되고 있는 원인 중 하나이다.

수소의 운송은 크게 기체 운송과 액체 운송으로 나눌 수 있고, 기체 운송에는 튜브트레일러 운송과 배관 운송이 있으며, 액체 운송은 다시 액화 운송과 액상 운송으로 나누어진다. 아직은 대량의 수소를 필요로 하지 않는 국내에서의 수소 운송은 근거리에는 저압배관 방식, 중·장거리에는 고압 튜브트레일러로 운송하는 방법이 주로 이용되고 있다.

---

58) 재생에너지만으로 생산된 수소를 그린 수소로 정의한다면 화석연료 발전 설비가 포함된 일반적인 전력망에 맞물려 생산된 수전해 수소는 그린 수소에서 제외된다. 따라서 수전해에 사요된 전기의 온실가스 배출량이 일정 수준 이하이면 그린 수소로 인정하는 방식이 일반적이다.

운송 상태	운송 방식	적합한 운송 조건
기체 운송	배관	• 소규모, 단거리 수요처에 연속 공급할 경우 • 대규모, 장거리 수요처에 연속 공급할 경우
	튜브 트레일러	• 중·소 규모, 중·장거리 수요처에 간헐적으로 공급할 경우
액체 운송	액화 탱크로리	• 액화 제조 및 저장 시설과 연계될 경우 • 중·대 규모, 중·장거리 수요처에 공급할 경우 • 액화 시 소요되는 전력에 의한 온실가스 배출량 증가에 대한 고려 필요
	액상 탱크로리	• 액상물질(암모니아, 액상유기화합물 등) 제조시설과 연계될 경우 • 중·대 규모, 중·장거리 수요처에 공급할 경우

자료: 유영돈(2019)

[그림 82] 수소 운송 방식

수소는 고압 기체 수소, 액체 수소, 화학적 저장, 수소저장합금 등 다양한 방식으로 저장이 가능한데 이는 운송 방법과 밀접하게 연관되어 있다. 현재 가장 보편적인 저장 방법은 고압의 기체 상태로 저장하는 것으로서 높은 압력을 견딜 수 있는 저장용기에 보관된다. 그러나 이러한 방식은 원거리 대량 운송, 특히 해외 생산 수소를 선박을 통해 운송하는 경우 적절치 않으므로 다른 저장 방식들이 시도되고 있다.

액화수소는 수소를 극저온(대기압 기준 영하 253℃ 이하)에서 액체로 만들어 부피를 기체 수소의 약 1/800까지 줄인 것이다. 이렇게 되면 동일 압력에서 기체 수소 대비 80배의 체적 에너지 밀도를 갖게 되므로 저장과 운송에 매우 유리하다. 또한 액화 수소는 대기압에서 저장이 가능하고 고압 기체 수소에 비해 폭발 위험성이 낮으며, 다른 공정이 필요 없이 단순 기화만으로 즉시 활용이 가능하다는 장점이 있다. 그러나 액화 과정에서 다량의 에너지가 소비된다는 문제점도 고려되어야 한다.

수소운송방법	H_2 (kg)
튜브 트레일러 용량범위	106~295
일반적인 튜브트레일러 용량	165
액화수소 탱크로리 용량 범위	2,363~4,253
일반적인 액화수소 탱크로리 용량	2,836

[표 55] 수소 운송방법에 따른 용량

($/kg)	액화수소	파이프라인	튜브 트레일러
생산 비용	2.21	1.00	1.30
이송 비용	0.18	2.94	2.09
총 비용	3.66	5.00	4.39

[표 56] 수소 운송 방법에 따른 비용

결국 운송 및 저장 효율을 높이려면 수소의 부피를 줄여야 한다. 이를 위해 압축 또는 냉각이 필요하기 때문에, 고압 압축이나 초저온 냉동을 할 수 있는 추가 시설과 특수 운송수단이 필요하다. 따라서 기존의 수소 저장 및 운송방식은 압축방식으로 수소를 압축시켜 파이프라인이나 튜브트레일러를 이용해 운반해왔다. 그러나 앞서 언급했듯이 압축에 필요한 여러 에너지 비용들이 추가되는 단점이 있다.

이에 최근 관심 받고 있는 액화수소 기술을 더 개발하여 운송비를 절감하는 것이 수소 단가를 낮추는데 관건이다. 따라서 생산단가가 매우 저렴한 부생수소가 전체 판매량의 절반을 차지하는 국내 환경에서 운송비를 절감하기 위해서는 부생수소가 발생하는 산지, 수소 제조 시설, 최종 소비지를 유기적으로 배치하여 운송거리를 줄이고 저장량을 최소화하는 시스템을 구축해야 한다.

형태		특징
기존	압축방식	• 가장 일반적인 운송방식 • 압축에 필요한 높은 에어지 비용이 단점
최근	액화수소 방식	• 수소를 -253도씨로 액화, 체적은 1/800로 감소 • 육상 및 해상(선박) 운송방식으로 활용 • 압축방식 대비 12배 정도의 수송 효율 • 액화효율향상과 보일오프가스 저감이 향후 과제
	P2G(메탄화) 방식	• 수소의 대량 주입 및 운송 가능 • CO_2 의 재활용을 통한 배출량 삭감 효과 • 기존 가스 인프라 활용 • 메탄화에 필요한 에너지 손실이 단점
	유기 하이드라이드 (MCH) 방식	• 톨루엔을 수소와 반응, 메틸시클로헥산의 형태로 저장 및 수송 • 사용장소에서 탈수소 반응을 통해 수소를 추출 • 압축방식 대비 8배 정도의 운송 효율 • 상온, 상압에서의 운송 가능 및 취급 용이 • 소형 탈수소장치의 실용화 필요

[표 57] 수소 저장 및 운송 방식

한편 재료를 기반으로 하는 화학적 수소저장도 실용적 대안으로 떠오르고 있다. 액상저장·운송의 경우 화합물을 사용하여 수소를 저장하고, 상온·상압에서 운송 후, 필요 시 저장된 수소를 추출하여 사용하는 방식이다. 대표적인 액상 수소저장 관련 화합물은 암모니아[59], 메틸사이클로핵세인(MCH, Methylcyclohexane)[60]으로 대표되는 액상 유기 수소 운반체(LOHC: Liquid Organic Hydrogen Carrier)[61]가 있다.

이 방식에서 운반된 수소를 사용하기 위해 화합물에서 분리할 때의 화학 반응에 있어 많은 에너지를 필요로 한다.

수소저장합금은 수소를 잘 흡수하는 금속에 냉각과 가압으로 수소를 흡수시켜 만든 금속수소화합물을 말하며, 가열과 감압을 하면 수소를 방출하여 원래의 상태로 복원하는 성질을 갖고 있다. 수소저장합금을 사용하면 가스 상태 저장보다 부피가 1/3 ~ 1/5로 줄어들고 폭발의 위험없이 고순도 높은 수소를 얻을 수 있다. 그러나 합금 자체가 비싸고 합금이 열화되어 저장 횟수에 제한도 있다.

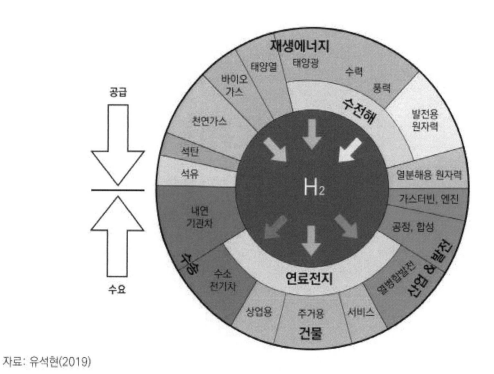

자료: 유석현(2019)

[그림 83] 수소의 생산방식과 이용 분야

59) 암모니아를 수소 운반체로 이용하는 기술로서 밀도가 수소 대비 두 배 높은 수준이며, 끓는 점이 약 영하 33℃로 액화에 필요한 에너지가 낮고 액화(25℃, 8bar)가 용이하므로 저압용기에 저장이 가능하여 현재의 암모니아 저장 및 이송 인프라를 사용할 수 있는 경제적 기술임.
60) MCH 기술은 기체수소의 1/500 수준의 에너지밀도를 유지하여 상온·상압에서 액상으로 장기저장이 가능하며, 선박 및 탱크 등 기존 수송·하역 인프라 활용이 가능하다.
61) MCH 외에도 N-methyl carbazole, Dibenzyl-toluene의 수소화된 화합물이 있음.

3) 수소의 이용

수소의 용도는 매우 다양하다. 수소는 암모니아, 염산, 메탄올 등의 합성에 대량으로 사용되며, 정유공장의 중질유 분해시설 및 탈황시설에도 투입된다. 그 외에도 기름(지방)의 경화, 액체연료의 제조, 금속의 절단 및 용접, 백금, 석영의 세공 등 다양한 용도가 있다. 또한 액체 수소는 끓는 점이 아주 낮기 때문에 냉각재로 사용되기도 한다.

그러나 최근에 논의되고 있는 수소의 이용 분야는 수송, 발전, 산업 등 훨씬 넓은 범위에서 다양한 방식을 포괄하고 있다. 수송 부문은 수소의 활용 잠재력이 가장 큰 분야로서 수소경제의 성공 여부는 수소차에 달려 있다고 해도 과언이 아니다. 주택이나 상업용 건물에 필요한 열과 전기는 가정용·건물용 연료전지를 통해 공급 가능하지만, 부생수소 생산 인근지역이나 천연가스 공급망이 있는 지역에서는 기존 인프라 활용 시 그레이 수소의 경제성이 높기 때문에 천연가스 개질 수소와 부생수소 등 그레이 수소가 주로 사용된다. 발전부문에서 수소는 산업이나 가정에 필요한 전기와 열을 동시에 생산할 수 있다는 점이 주목되고 있다.

수소는 연료전지를 통한 분산형 발전과 열병합 발전, 기존의 천연가스 연료를 수소로 대체한 수소 가스터빈 및 수소엔진 발전, 재생에너지의 잉여전력을 장기간 보존하여 재생에너지의 간헐성과 경직성을 보완하는 에너지 저장장치(ESS: Energy Storage System)의 일종으로 활용된다.

다. 수소연료전지

1) 수소연료전지란[62]

연료전지는 수소와 산소의 전기화학 반응을 통해 공해 없이 전기를 생산하는 친환경적인 신재생에너지원이다. 양극에 주입된 수소가 수소 이온과 전자로 분리되고 음극에서 주입된 공기로부터 산소이온과 전자가 분리된다. 이때 분리된 전자의 이동으로 전기가 발생하게 되고 수소와 산소가 만나 물이 생성되면서 열을 발생시킨다. 전기발전효율은 30~40%, 열효율은 40% 이상으로 총 70~80%의 효율을 가지고 있는 기술이다 [63]

특히 연료전지를 통해 발전하면 기존 하력발전 대비 온실가스의 주범인 이산화탄소 배출을 약 40% 감소시키고 에너지 사용량은 약 26% 절감하는 효과를 거둘 수 있다. 부생물로 물과 열이 발생될 수도 있다. 기존 발전기는 연료의 연소과정을 통해서 전기를 생산하지만, 연료전지는 비 연소 과정인 전기화학 반응을 통해 유해가스 배출이 거의 없이 전기를 생산한다. 기존 터빈 방식 발전기는 연료, 열에너지, 운동에너지, 전기의 변환과정이 필요하여 발전효율이 30~35% 수준. 반면 연료전지는 에너지 변환과정이 필요 없어 전기효율이 최대 60%에 육박한다. 또한, 배터리와 다른 점은 배터리는 전기를 저장하여 사용하지만, 연료전지는 전기화학적 반응을 통해 지속적으로 전기를 생산하는 발전 기기이다.

연료전지 스택, 연료변환장치, 주변기기 (BOP: Balance of plant) 및 제어기술을 포함하는 통합기술이다.

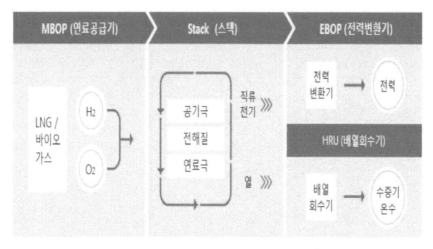

[그림 84] 연료전지 발전원리

62) 수소산업 수소경제의 새벽, 현대차증권, 2020.03.10
63) 연료전지의 이해, 한국에너지공단

연료전지의 핵심 원료인 수소의 생산 기술은 크게 1)수전해 기술, 2)탄화수소개질, 3)원자력수소 제조 3가지로 나누어진다. 한국에서는 주로 LNG를 연료로 사용하는 탄화수소개질 방법으로 수소를 공급한다. 개질된 수소가스가 연료극 쪽으로 공급되면, 수소는 연료극의 촉매층에서 수소이온(H^+)과 전자(e^-)로 산화되며, 공기극 에서는 공급된 산소와 전해질을 통해 이동한 수소이온과 외부 도선을 통해 이동한 전자가 결합하여 물을 생성시키는 산소 환원 반응이 일어난다. 이 과정에서 전자의 외부 흐름이 전류를 형성하여 전기를 발생시킨다. 연료전지는 용도에 따라 1) 건물용, 2) 수송용, 3) 발전용, 4) 휴대용 등으로 구분된다.

연료전지는 1) 열 손실 등을 감안하더라도 발전 효율이 높고(35~60% 이상), 2) 이산화탄소, 질소산화물(NOx), 황산화물(SOx) 등의 배출이 거의 없는 무공해 에너지 시스템이며, 3) 모듈 형태로 제작이 가능해 발전규모 조절이 쉽고, 설치장소 제약이 상대적으로 적다. 연료전지는 신재생발전시스템 시장에서 태양광, 풍력 등과 경쟁하고 있다. 태양광과 풍력의 발전효율이 25~30%인데 반해 연료전지는 전기와 열을 합쳐 70% 이상으로 고효율발전이 가능하다. 또한, 단위 전력 생산 당 설치면적이 매우 작아 입지조건의 구애를 거의 받지 않는다는 점도 태양광과 풍력보다 장점이다. [64]

---

64) 연료전지, 2014, 메리츠종금증권 리서치센터

2) 수소연료전지의 원리와 구성[65]

 수소연료전지의 기본원리는 전기를 이용해 물을 수소와 산소로 분해하는 것을 역으로 이용하여 수소와 산소에서 전기에너지를 얻는 것이다. 연료인 수소를 연료극(anode, -극)에 주입하면, 산화반응에 의해 수소(H_2)는 수소이온(H^+)과 전자(e^-)fh 나뉘게 된다. 전자는 외부회로를 통해 공기극(cathode, -극)으로 이동하고, 수소 이온은 전해질막을 통해 공기극으로 이동하여 전류를 흐르게한다. 또 양극에서는 전자와 결합한 산소가 수소 이온과 반응하여 물을 발생시킨다.

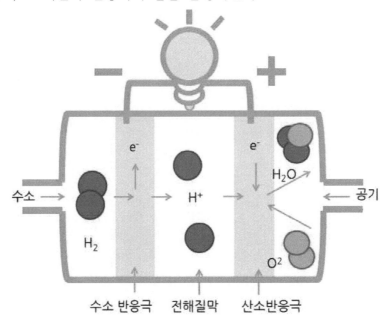

[그림 85] 연료전지의 기본 원리

 연료전지의 본체인 스택(stack)은 연료전지의 가장 기본단위라고 할 수 있는 단위 셀(Unit Cell)을 적층한 것이다. 셀의 구조는 일반적으로 연료극에서 발생한 수소이온을 공기극까지 이동시키는 역할과 연료가 공기와 직접 섞이지 않도록 격막 역할을 하는 전해질(Membrane)을 중심으로 전극(연료극, 공기극)이 양쪽에 위치한다. 전극은 연료와 산소가 전자를 주고받을 수 있도록 돕는 역할을 한다. 전해질막과 전극을 접합한 것을 막-전극 접합체(MEA, Membrane Electrode Assembly)라고 부른다.

 고분자전해질막(PEMFC)등을 비롯한 저온형 연료전지 시스템과 같이 비교적 저온에서 작동되는 경우는 전극과 연료의 반응을 활성화할 필요가 있어, 촉매를 전극에 담지한다. 가스확산층(GDL, Gas Diffusion Layer)은 분리판을 통해 공급된 연료와 산소를 MEA로 전달하고, 발생된 물을 배출하는 역할을 한다.

---

65) 수소산업 수소경제의 새벽, 현대차증권, 2020.03.10

단위 셀 외의 구성은 다음과 같다. 분리판(Seperator)은 외부로부터 연료를 공급하거나, 내부 열 관리, 셀을 적층하여 구성할 때 연료극과 공기극의 격리 등의 역할을 수행한다. 가스켓(Gasket)은 가스 누출 및 연료 섞임 방지 역할을 한다.

주변적 기기(BOP, Balance of plant)는 본체인 스택을 제외한 나머지를 뜻한다. BOP는 크게 연료공급기인 M-BOP(Mechanical Balance of Plant)와 전력변환기인 E-BOP(Electrical Balance of Plant)로 구성된다. M-BOP는 기존 화학 물질이나 화석 연료에서 생성한 수소, 산소를 스택에 공급하는 역할을 한다. E-BOP는 전류변환기로 스택에서 발생된 직류전기를 교류전기로 변환하여 수요처에 공급하는 역할을 한다.

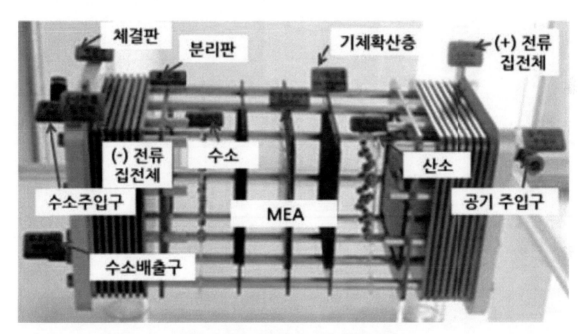

[그림 86] 연료전지 스택 내부 모형

셀 구성요소	역할	적층시
전해질	연료와 공기사이의 격막 역할	
전극	연료와 산소가 전자를 주고 받을 수 있도록 돕는 역할	
촉매	전극과 연료의 산화/환원반응 활성화	스택
가스확산층	공급된 연료(수소/산소 등)를 MEA로 전달하고, 발생된 물을 배출하는 역할	
분리판	연료 공급, 내부 열 관리, 셀 적층시 연료극과 공기극의 격리 등의 역할	
가스켓	가스 누출 및 연료 섞임 방지 역할	

자료: 현대차증권

[그림 87] 연료전지 구성요소

가) 전해질

연료전지에 사용되는 전해질의 종류에 따라 5가지(알칼리 연료전지(AFC), 인산형 연료전지(PAFC), 용융탄산염 연료전지(MCFC), 고체 산화물 연료전지(SOFC), 고분자 전해질 연료전지(PEMFC), 직접 메탄올 연료전지(DMFC))로 구분되는 것이 가장 일반적이다.

① 고분자전해질 연료전지(PEMFC, Polymer Electrolyte Membrane Fuel Cell)의 전해질

PEMFC에서 고분자전해질막은 Dupont사에 의해 제작된 퍼플루오로 술폰산(PFSA, Perfluorocarbon Sulfonic Acid) 수지가 주로 사용되고 있다. 시장점유율은 약 70% 이다. 막은 산화 반응으로 발생하는 화학적 열화로 인하여 내구성이 감소하게 된다. 하지만 퍼플루오로 술폰산 수지는 불소원자의 주변을 탄소원자가 감싸고 있어 화학적으로 안정된 구조를 갖는다. 이 막은 술포닉플루오라이드 비닐에테르 단량체와 테트라플루오로에틸렌과의 공중합[66]에 의해 만들어진 수지를 필름형태로 압출 가공한 후 가수분해[67]시켜 제조한다.

PEMFC의 고분자 전해질막은 액체 상태의 물이 존재하는 환경에서 높은 이온 전도성을 유지할 수 있다. 하지만 건조현상이 발생하게 되는 고온에서는 이온 전도성를 유지할 수 없어 연료 전지의 성능이 감소한다. 이로 인해 PEMFC는 상온에서 80℃까지의 온도에서 동작이 가능하다는 점과, 높은 전류밀도를 갖고, 소형화 및 경량화가 가능하여 차량용 등의 이동 전원으로 적합하다고 평가받는다.

② 알칼리형 연료전지(AFC, Alkaline Fuel Cell)의 전해질

AFC는 PEMFC와 다르게 액체 형태의 전해질이 사용된다. 1960년대 우주선에 전력과 물을 공급하기 위해 우주용으로 개발된 연료전지로, 현재 주로 사용되는 것은 이온 전도성이 우수한 수산화칼륨이다. 알칼리 전해질은 산성전해질에 비해 큰 기전력과 전류밀도를 얻을 수 있다. 이렇게 비교적 단순하게 고출력을 얻을 수 있다는 장점때문에 순산소와 순수소를 이용한 우주용, 잠수함 등의 특수용에 많이 적용되고 있다.

또한 알칼리 분위기에서는 저가의 전이 금속들이 귀금속인 백금과 비슷한 활성을 보여, 원가에 큰 비중을 차지하는 전극 촉매인 백금의 사용량을 절감하는 효과를 낳을 수 있다. 하지만 전해질이 공기 중의 이산화탄소와 반응하게 되면 결정형 탄산염을 형성하고 그것이 +극에 석출되어 연료전지의 가동성을 방해한다는 단점을 갖고 있다.

---

66) 2개 이상의 단위 분자를 포개어 합친 것
67) 원래 하나였던 큰 분자가 물과 반응하여 몇 개의 이온이나 분자로 분해되는 현상

③ 인산형 연료전지(PAFC, Phosphoric Acid Fuel Cell)의 전해질

인산은 저렴하고 풍부하게 존재하며, 이산화탄소에 의한 성능 저하가 없다. 따라서 이산화탄소를 포함한 연료나 공기를 산화제로 이용하는 지상에서 사용하기 적합하다는 특징이 있다. 하지만 AFC의 전해액과 달리 다른 물질을 부식시키는 성질이 강하다는 단점이 있고, 저온에서는 점도가 높고 이온 전도성이 낮기 때문에 인산의 녹는점인 42.35 ℃를 넘겨야 하기에 고온(170℃~230℃)에서 이용해야 효율이 좋다는 제약사항이 있다.

④ 고체산화물형 연료전지의(SOFC, Solid Oxide Fuel Cell) 전해질

다음과 같은 조건을 충족하는 세라믹(고체산화물)이 SOFC의 전해질로 사용된다. 1)산소를 함유하고, 산소이온전도를 발생할 것, 2)실용적인 온도범위 내에서 양호한 이온전도도가 얻어질 것, 3)전자전도성이 없을 것이 그 조건이다. 전해질이 고체이기에 전해질의 분산이 없고 전압에 대한 설계와 운전제어가 비교적 용이하다는 것이 장점이지만, 세라믹 재료가 부서지기 쉬운 재질이기에 이를 고려해 기기가 설계되어야 한다.

⑤ 용융탄산염형 연료전지의(MCFC, Molten Carbonate Fuel Cell) 전해질

MCFC는 탄산리튬과 탄산칼륨의 혼합인 액체 전해질을 이용한다. 이들 탄산염의 녹는점은 각각 단독으로 700~900℃로 높지만, 혼합시 400~500℃로 내려간다. 전지반응에는 600~700℃가 필요한데, 고온에서 작동하기 위해서 개선해야 할 필요가 있다. 가동정지나 출력억제 등 운전면에서도 유연성이 저하된다. 하지만 탄화수소계 연료에서 개질반응에 의해 연료를 공급할 경우에는 변성반응도 불필요하며 개질반응 뿐 아니라 반응열로 전지배열을 그대로 이용할 수 있어 효율적이다.

분류	고체고분자형(PEFC)	알칼리형(AFC)	인산형(PAFC)	고체산화물형(SOFC)	용융탄산염(MCFC)
전해질	고분자이온교환막 -CF$_2$, -SO$_2$H (고체)	수산화칼륨수용액 KOH (액체)	인산 H$_2$PO$_4$ (액체)	안정화 지르코니아 Zr$_2$O (고체)	탄산염 Li$_2$CO$_3$, K$_2$CO$_3$ (액체)
이동이온	H$^+$ (양이온이동형)	OH$^-$ (음이온이동형)	H$^+$ (양이온이동형)	O^{2-} (음이온이동형)	CO$_3^{2-}$ (음이온이동형)
작동온도	약 80℃ (촉매필요)	상온~200℃ (촉매필요)	약 200℃ (촉매필요)	약 1000℃ (촉매불필요)	약 650℃ (촉매 불필요)
반응가스	H$_2$ (CO 10ppm 이하)	순H$_2$만	H$_2$ (CO 1% 이하)	H$_2$, CO	H$_2$, CO
배열이동	급탕만	-	증기에 의한 흡수식 냉동기 이용가능	복합 사이클화 가능	복합 사이클화 가능
특징	- 가동 비교적 빠름 - 고출력밀도 - 유지비용이 용이 - CO피독 받기 쉬움 - 물관리를 요함	- 전해질이 CO$_2$로 열화되지 않기 때문에 지상에서는 거의 이용되지 않음 - 고효율로 저비용 - 부식성이 약하고 재료 선택 폭이 넓음	- 개발이 가장 진전되어 실적이 많다 - 전해질의 소실이 있음	- 고출력밀도 - 내부개질이 가능 - 유리보수 용이 - 기동정지에 장시간을 요함 - 장기성능과 승강온도 사이클에 대한 불안이 있음	- 내부개질이 가능 - CO$_2$ 농축 응용가능 - 전해질의 소실 있음 - CO$_2$ 리사이클 필요 - 가동정지에 장시간이 필요 - 니켈 단락(短絡)의 우려가 있음
수요처	- 대형발전용 - 선박용	- 가정용 열병합발전 - 자동차 동력원	- 우주발사체 전원용	- 미래 석탄가스화발전 및 복합발전전기사업용 등의 대규모 발전 - 중소사업소 설비 - 이동체용전원	- 일반적인 건축자재 - 상업 및 산업 열병합 발전용

자료: 수소연료전지핸드북, 현대차증권

[그림 88] 전해질에 따른 연료전지의 분류와 특징

나) 촉매

촉매는 전극에서 산화, 환원반응을 촉진하는 역할을 한다. 연료극에서는 H2를 수소 이온과 전자로 분리하는 산화반응을 돕고, 공기극에서는 O2를 O원자로 쪼갠 뒤 음극 에서 나온 전자와 반응하도록 돕는다.

① PEMFC 촉매

PEMFC의 주 촉매는 백금이다. 고분자전해질막의 경우 높은 온도에서 건조현상이 발생하는데, 그렇게 되면 이온 전도성이 크게 저하되는 특징이 있다. 백금은 전도성이 좋기 때문에 비교적 낮은 온도에서 전기화학반응이 용이하다. 단점으로는 비싼 가격 때문에, 연료전지의 제조원가를 높이는 원인이 된다. 최근엔 원가절감을 목적으로 다 양한 기술이 개발중이다. 그 예로 카본 담지 백금 촉매가 있는데, 백금을 3~5nm의 나노 입자를 가공하여 탄소에 담지 시켜 이용률을 극대화하고 있다. 촉매층은 백금을 담지한 카본 블랙에 결착기능과 발수성을 갖춘 PTFE(폴리테트라 플루오르에틸렌)과 고체고분자막과 같은 성분의 물질을 혼합하여 형성한다.

② AFC의 촉매

PEMFC와 마찬가지로 저온에서 운전되기에 백금이 주로 사용된다. 하지만 그러나 PEMFC와는 다르게 최근 상대적으로 가격 경쟁력이 있는 다양한 전이금속과 전이금 속산화물 촉매들이 염기성 조건에서 안정된 성능을 보여주는 것이 알려짐에 따라 AFC에서 다양한 촉매들에 대한 특성 및 성능에 대한 연구가 다시 활발히 진행이 되 고 있다.

③ PAFC의 촉매

백금이나 백금 혼합물을 사용한다. 촉매층은 탄소기판상 촉매가루와 PTFE 가루를 결착시켜 구성한다.

④ SOFC의 촉매

고체산화물형 연료전지의 가장 독특한 특성은 운전 온도가 약 1000℃ 로써 높다는 것이다. 이 온도에서는 수소와 일산화탄소의 전기 화학적 산화반응이 일어나고 촉매 없이 연료가 개질된다.

⑤ MCFC의 촉매

운전 온도는 약 650℃로써 촉매가 불필요하지만, 전기전도성 제고를 위해 촉매 사용 시 비귀금속 촉매인 니켈 사용이 가능하다.

다) 가스확산층, 분리판, 가스캣

① 가스확산층

가스확산층은 전극에 연료 및 공기를 공급해주고 생성된 전기를 모집하는 역할을 수행하며 보통 100 ~ 300㎛ 정도의 두께를 가지는 다공성 탄소지나 탄소섬유로 만든다. 가스확산층은 촉매로의 가스의 이동을 원활하게 해주는 동시에 수분관리에 필요하다. 가스확산층은 전해질에 적당한 수분이 존재하도록 하고 고분자전해질막의 높은 이온 전도성을 유지하게 한다. 다만, 방수제를 처리하여 공기극의 과도한 수분이 존재하는 것을 막아야한다.

② 분리판

셀을 적층하여 구성할 경우 각각의 셀의 연료극과 공기극의 활물질이 접촉될 수 있는데, 분리판이 이를 격리하는 역할을 한다. 유로(Fluid flow channel)를 통해 반응가스를 공급하는 역할을 하고, 전기전도, 반응에서 생성된 물을 배출하고, 내부의 열을 관리하는 역할도 한다. 또한 분리판은 MEA 양쪽에 붙어 있으면서 연료와 산소를 공급해주는 역할과 전류를 수집하는 역할도 수행한다. 분리판에는 기체가 흐르는 유로가 성형되어 있고 가벼워야하며 강도가 충분하고 가스가 누수를 막고 전기전도도가 높아야 한다.

유로 채널의 깊이와 폭 그리고 패턴은 기체의 유동을 원활하게 하는데 중요하다. 유로채널은 전해질으로의 물의 공급은 물론 공기극에서의 물을 제거하는데 중요하다. 연료극에서 발생한 전류를 가스확산층을 통해 전류를 집전하는 역할도 수행한다. 분리판이 더해지면 이제 단위전지가 이뤄진다.

소재는 크게 알루미늄 및 합금, 티타늄(금속소개 분리판), 흑연소재 분리판 등이 있다. 금속 소재 분리판은 전기 및 열적 전도성이 우수하고 충분한 기계적 강도를 유지할 수 있으므로 분리판의 두께를 0.1nm까지 줄일 수 있어 가격적인 면에서 유리하다. 그러나 금속 분리판은 내식성에 결함을 갖고 있기 때문에 내식성이 강한 금속인 스테인리스가 사용된다. 흑연소재를 이용한 분리판은 전기 전도성과 내식성이 탁월하나, 기계적 물성(강도)이 낮고 기체 투과율이 높은 단점이 있다. 또 이를 보완하기 위해서 분리판이 두꺼워야하고, 스택의 부피와 중량이 증가해야한다는 단점도 있다.

③ 가스켓

가스켓은 가스가 누출되는 것을 방지하는 것과 공기와 연료가 섞이는 것을 방지하는 역할을 한다. 연료전지는 가스의 공급을 통하여 전기를 발생시키는 장치이므로 상당히 높은 수준의 밀봉기술을 요구한다. 수소와 공기 및 냉각수가 정해진 경로를 따라서만 흐르며 절대로 서로 섞이거나 밖으로 누출되지 않도록 잘 밀봉되어야 한다.

가스켓의 소재로는 불소계 고무가 주로 사용되고 있다. 하지만 높은 가격으로 인해 이를 대체하기 위한 실리콘계(실리콘S, 실리콘G 등) 고무나 및 올레핀계 (Ethylene-Propylene Diene Monomer, EPDM, 폴리우레탄 등) 고무가 활용되고 있다.

라) 주변기기

① M-BOP

M-BOP는 크게 연료공급시스템, 공기공급시스템, 수처리시스템으로 나뉜다. 먼저 연료공급시스템은 화석연료 또는 화합물로부터 수소를 제조하여 연료전지에 공급하는 시스템을 통칭한다. 공기공급시스템은 공기의 불순물을 제거하기 위해 필터를 통하여 송풍 압축기를 통해 제공하는 시스템을 말한다. 수처리시스템은 시스템의 반응물질인 물을 개질이나 가습에 공급한다. 연료전지가 온전히 작동되기 위하여 순수한 물이 필요하다. 외부에서 공급되는 물은 불순물이 섞여있을 수 있어, 재순환된 물이 사용되어야한다. 기계 내에서, 전지반응에 의해 생성된 물과 연료처리에서 남은 물은 응축, 회수, 청정화하여 재순환된 물을 개질과 가습에 다시 공급한다.

② E-BOP

E-BOP는 연료전지에서 발생된 직류전기를 교류로 전환하여 수요처에 공급하는 역할을 한다. E-BOP는 출력전압[68]을 계통전압[69]으로 승압시켜주는 변압기 (Transformer)와 계통과 연결하는 개폐장치인 차단기(Switch Gear)로 구성되어있다. PCU(Power Conditioning Unit)는 스택에서 생산된 직류전기를 교류전기로 변환시키는 장치이며, IGBT(Insulated Gate Bipolar mode Transistor) 스위칭소자를 이용한 3상 인버터방식(모터의 3개의 상을 제어하기 위해 통상 6개의 스위칭 소자를 조합하여 구성하는 인버터방식)을 이용하고 있다.

차단기(Switch Gear)는 연료전지내부의 전원공급 및 생산된 전력을 계통으로 송전하기 위한 설비로, 보호계전요소(누전, 단락, 지락, 과전류, 과전압등)의 기능을 통해 상시로 부하차단[70]한다.

---

68) 전기 계통 장치에서 신호나 전력을 외부에 공급할 때의 전압
69) 전기, 전자 전력 계통의 전압으로 발전기를 전력 계통과 병렬 운전하기 위해 발전기 측 전압과 계통 전압을 일치시켜야 하는 전압
70) 전력 공급량에 맞게 전력 수요를 감소하기 위하여 적정한 양의 부하를 차단하는 일

2. 수소연료전지관련 시장분석

가. 수소 산업시장

 수소 경제는 수소 전기차와 연료전지 시장을 중심으로 가파르게 성장하고 있으며, 주요 선진국들은 수소 경제를 선도하기 위해 생산, 운송 및 저장, 활용 등 수소 밸류체인 전 단계에서 기술적, 산업적 완성도를 높이기 위해 막대한 시간과 비용을 투자하고 있다.

 맥킨지가 발표한 보고서(Hydrogen scaling up, 2017)에 따르면 2050년 전 세계 수소 수요는 연간 78EJ(석유로 환산 시 약 132억 6,000만 배럴) 규모에 이를 전망이다. 보고서는 수소가 지금은 주로 산업용 원료로써 활용되고 있지만, 수소 활용 분야의 기술 발전과 함께 수소 소비량이 가파르게 늘어날 것이라 예상한다. 특히, 수소 전기차 분야가 수소 수요 확대를 이끌고, 이후 연료전지가 다양한 분야에 보급돼 수소 소비가 점차 늘게 될 것으로 전망했다.[71]

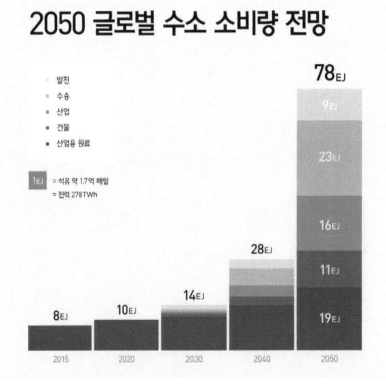

[그림 89] 2050 글로벌 수소 소비량 전망

---

71) 탄소 경제에서 수소 경제로 이동하는 세계, 현대자동차그룹, 2020.01.06

또한 맥킨지의 보고서에 따르면 2050년경 세계는 수소 경제 활성화로 인해 수소에너지가 전 세계 에너지 수요의 약 18%를 차지하며, 연간 2.5조의 시장가치와 함께 새로운 일자리 3,000만 개를 창출하게 된다.

세부적으로 보면 수소 생산, 저장 및 운송 등 인프라 산업 시장이 새로 생겨나고, 수소전기차를 중심으로 열차, 선박, 드론, 건설기계 등 모든 운송 분야에서도 새로운 수소 산업 생태계가 조성될 수 있다. 더불어 최근 급격히 성장하고 있는 발전용 연료전지도 새로운 시장가치를 창출할 것으로 전망된다.[72]

[그림 90] 수소 사회 진입 효과

KOTRA는 세계 수소 생산시장 규모를 2020년 기준 약 1296억 달러(약 155조원)로 추정했다. 또 연평균 9.2%씩 성장해 2025년 약 2014억 달러(약 240조원)에 이를 것으로 전망했다. 특히 아시아-태평양 지역이 가장 높은 성장률(연평균 10%)을 기록할 것이며, 2025년에 935억 달러(약 111조원)를 차지할 것으로 내다봤다.

---

72) 탄소 경제에서 수소 경제로 이동하는 세계, 현대자동차그룹, 2020.01.06

세계 수소 저장시장의 경우, 2024년 182억 달러(약 21조원) 규모에 이를 것으로 예상했다. 지역 중에서는 북미 지역이 가장 큰 성장률(6.2%)과 규모(105억 달러(약 12조원))를 가질 것이라고 밝혔다.[73]

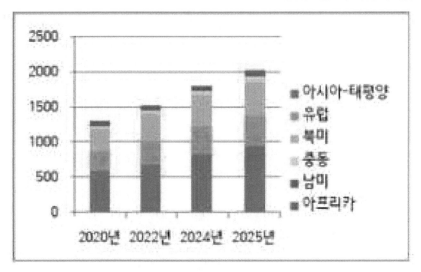

· 자료원: MarketsandMarkets

수소시장이 빠르게 성장하는 배경에는 환경규제 강화에 따른 친환경 수소에너지 수요 증가를 비롯하여 수송 부문에 사용되는 수소 수요량 증가, 대표적 수소시장인 암모니아와 메탄올 시장의 성장, 오일샌드 정유와 석탄가스화 등에 수소가 대량으로 사용되기 때문인 것으로 분석되고 있다.

수소에너지 시장은 현재는 가정용 연료전지 시스템과 같은 정치용 연료전지가 주를 이루고 있으나, 연료전지자동차 도입과 수소스테이션 정비 등에 따라 초기시장이 형성되고, 그 후 본격적인 보급과 수소를 이용한 발전 도입에 따라 크게 확대될 것으로 기대되고 있다.

---

73) IMPACT ON 'KOTRA 보고서, 국내 기업들의 세계 수소 시장 진출전략은?'

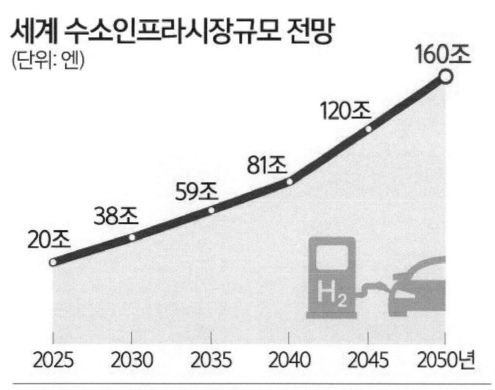

세계 수소인프라시장규모 전망
(단위: 엔)

160조

120조

81조

59조

38조

20조

H₂

2025   2030   2035   2040   2045   2050년

자료: 니케이(日經)BP클린테크연구소의 '세계수소인프라프로젝트총람'

니케이(日經)BP클린테크연구소의 '세계수소 인프라프로젝트총람'에 따르면 세계의 수소 인프라시장 규모는 2025년 20조 엔에서 10년 후인 2035년에는 59조엔, 25년 후인 2050년에는 160조 엔으로 성장할 것으로 예상된다.[74]

또한 KOTRA는 "탄소중립이 달성된다는 전제하에, 글로벌 수소 수요량은 2030년 1억4000톤, 2050년 6억6000톤 수준에 이르러 전체 에너지 수요의 약 22%를 차지할 전망"이라면서 "중국을 비롯한 아시아 지역의 수요가 2억3500톤으로 가장 높을 것으로 예상한다."고 했다.

---

74) 세계일보 '2050년 1600조원 초거대 시장 열린다.'

< 세계 수소 수요 전망 >

단위: 억 톤

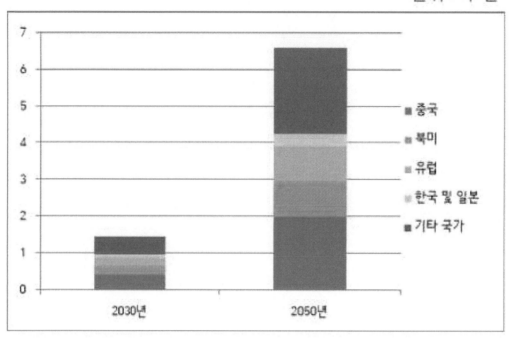

* 자료원: McKinsey & Company

나. 연료전지시장

전 세계 연료전지 시장은 빠른 성장세를 보이고 있으며, 큐와이리서치 코리아 (QYResearch Korea)는 2022년 발간된 글로벌 연료전지(Fuel Cell) 시장 전망 보고서의 주요 내용과 Top 6 기업 리스트를 공개했다. 이에 따르면, 연료전지 (Fuel Cell)의 글로벌 시장규모는 2022년 52.81억 달러를 기록할 것으로 추정되고 향후 6년간 연평균 29.2% 성장하여 2028년 245.9억 달러 규모에 도달할 것으로 전망되었다.

글로벌 연료전지 시장의 지역별 세그먼트는 북미와 일본이 가장 큰 시장으로 전체 시장의 약 75%의 점유율을 차지하고 있으며, 제품유형으로는 고분자 전해질막 연료전지(PEMFC) 세그먼트가 약 72%를 차지하고 있는 것으로 조사되었다. 응용분야에서는 고정식 연료전지(Stationary) 세그먼트가 약 67%를 차지하고 있다.[75]

글로벌 연료전지 (Fuel Cell) 시장 Overview

<마켓 세그먼트 Snapshot>

구분	상위 부문	점유율
지역 시장	북미, 일본	75%
제품 유형	PEMFC	72%
응용 분야	Stationary	67%

Million USD
CAGR 29.2%
24,590 (2028(f))
5,281 (2022(e))

Source) QYResearch Korea

2021년 연료전지 매출액 기준 글로벌 1위 기업은 일본의 파나소닉(Panasonic), 2위는 미국의 플러그파워(Plug Power), 3위는 일본의 도시바ESS(Toshiba ESS)로 집계되었다. 한국의 현대모비스는 4위로 5위 도요타(Toyota)를 앞선 것으로 나타났다. 이들 Top5의 글로벌 합산 점유율은 약 56%에 달했다. 캐나다 기업인 발라드파워시스템즈(Ballard Power Systems)은 6위로 뒤를 이었다.

---

75) 인사이트 '글로벌 연료전지 (Fuel Cell) 시장 전망 및 Top 6 기업 - QYResearch Korea'

글로벌 연료전지 시장 Top 6 기업 - 2021년 매출액 기준 순위

순위	기업명	본사/생산국
1	Panasonic	일본
2	Plug Power	미국
3	Toshiba ESS	일본
4	Hyundai Mobis	한국
5	Toyota	일본
6	Ballard Power Systems	캐나다

Source) QYResearch, Global Fuel Cell Market Size, Manufacturers, Supply Chain, Sales Channel and Clients, 2022-2028

연료전지는 응용 형태에 따라서 발전용, 수송용, 가정/상업용, 휴대용으로 세분화할 수 있는데, 특히 2021년 세계 발전용 연료전지시장은 385.6MW를 기록, 전년대비 23.6% 성장했으며, 2023년 20% 이상 성장할 것으로 전망했다.

이중 산업용 연료전지가 전체 시장의 86%를 차지, 시장을 주도할 것으로 판단되며 뒤를 이어 가정용 연료전지가 11%의 비중을 차지할 것으로 예측했다.

발전용 연료전지시장은 기후변화 대응을 위한 탄소중립을 위한 재생에너지 및 분산에너지 확대에 따라 빠르게 성장하고 있다. 연료전지는 석탄, 석유 등 기존 발전방식과는 달리 연소과정이 없기 때문에 오염물질을 배출하지 않으며 설치장소의 용이성, 적용분야의 다양성 등 여러 장점이 있기 때문이다.

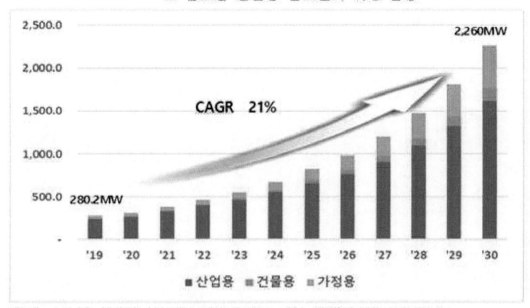

▲ 글로벌 발전용 연료전지 시장 전망

(출처 : 글로벌 발전용 연료전지 시장동향 및 전망. 2022년 5월. H2리서치)

현재 발전용 연료전지 시장은 한국, 미국, 일본이 주도하고 있는데, 한국은 수소활성화 로드맵에 따른 발전용 연료전지 보급 지원 정책에 따라 시장이 급성장, 2021년 142.3MW를 기록해 세계 시장의 45%를 점유, 1위를 기록했다.

현재 발전용 연료전지 시장은 한국, 미국, 일본이 주도하고 있는데, 한국은 수소활성화 로드맵에 따른 발전용 연료전지 보급 지원 정책에 따라 시장이 급성장, 2021년 142.3MW를 기록해 세계 시장의 45%를 점유, 1위를 기록했다.

2022년부터는 HPS(수소발전 의무화제도) 시행이 예정돼 있어 세계 시장 1위를 계속해 유지할 것으로 전망된다.

H2리서치는 그동안 발전용 연료전지 시장은 안전성이 좋은 PAFC(인산형 연료전지)가 주도해왔으나, 점차 발전효율이 좋은 차세대 연료전지인 SOFC(고체산화물 연료전지)가 시장을 주도할 것으로 전망했다.

또한 아직 발전용 연료전지는 보급 초기단계로 발전단가가 높지만 2025년경에는 기존 발전과 경쟁할 수 있는 수준까지 가격하락이 전망되고 있어 시장이 급성장할 것으로 예상했다.[76]

---

76) 에너지신문 '세계 발전용 연료전지, 2030년 2260MW까지 성장한다.'

다. 국내 산업현황[77]

■ [표1] 국내 수소산업동향 (2021년 12월 기준)

부문	비중(%)	기업 규모별 비중(%)				수소분야 매출액(백만원)	수소분야 투자액(백만원)
		대기업	중견기업	중소기업	기타		
수소생산	28.6	46.4	30.5	27.5	14.1	4,002,871	113,755
수소유통	27	27.3	37.6	25.6	17.9	1,784,490	76,355
수소활용	25.1	13.2	21.4	28.3	13.3	2,218,448	525,105
수소관련 서비스	19.3	13	10.6	18.7	54.7	263,496	84,805
합계	100	100	100	100	100	8,269,305	800,020

자료:수소경제종합포털(https://h2hub.or.kr/main/pageLoad.do)

■ [표2] 수소 운송 방법에 따른 장거리 운송 비용 예측

분석기관	년도	단위(수소)	암모니아	액화수소	LOHC	비고
Roland Berger(독)	2022	EUR/kg	4.3	4.8	4.2	UAE-로테르담 (12,000km)
수소위원회/맥킨지(미)	2021	USD/kg	3.7~4.8	3.2~3.8	3.1~4.2	사우디-로테르담 (8,700km)
HySTOC(유럽)	2020	EUR/kg	-	5.88	4.63	유럽 내륙 운송 (300km 기준)
국제에너지기구, IEA	2019	USD/kg	5.4	7.2	5.9	호주-일본 (7,000km 이상)
에너지종합연구소(일)	2018	JPY/kg	408.9	418.9	395.6	해상운송 (10,000km)

우선 2019년 수소산업 육성을 목표로 추진되었던 <수소경제 활성화 로드맵> 이후의 성과를 보면, 2021년 말까지 국내 발전용 연료전지는 약 737MW, 수소승용차 19,270 대, 수소버스 129대, 수소충전소 약 170개소가 건설되어 수소차나 연료전지발전 등 활용 부문의 성과가 두드러진다. 또 국내수소산업동향을 정리한 표 1을 보면, 투자액 중 65% 이상이 활용 분야에 치중해 있고, 생산 분야 매출액에 기존 석유화학 원료로 생산된 수소 매출액이 포함된 것을 감안해 보면 아직 우리나라의 수소 생태계는 활용 분야로 편중돼 있음을 알 수 있다.

---

77) 연료전지, 신재생에너지 시장의 다크호스를 꿈꾸다, IBK투자증권

비전·목표

수소경제 전주기 생태계 구축으로 청정수소경제 선도

| 청정수소 공급체계로 전환 | 효율적 저장·운송 수단확보 | 수소 활용처 다변화 | 수소산업 육성 저변 강화 |

4대전략 15대 과제

1. 국내외 청정수소 생산주도
1. 그린수소 생산
2. 블루수소 생산
3. 해외 청정수소 생산

2. 빈틈없는 인프라 구축
1. 수소 유통 인프라 구축
2. 수소 배관망 구축
3. 수소 충전소 확대

3. 모든 일상에서 수소 활용
1. 수소발전 본격 확대
2. 수소 모빌리티 세계시장 선도
3. 산업분야 수소활용 기반 마련

4. 생태계 기반 강화
1. 기술개발/인력양성/표준화
2. 세계최고 수소 안전성 확보
3. 글로벌 협력 주도
4. 수소전문기업 육성 및 금융 활성화
5. 수소 클러스터·도시·규제특구 확산
6. 정책기반 구축 및 국민수용성 제고

이러한 문제점과 탄소중립 목표 달성을 위해 수소법에 의거 수소경제 이행을 효과적으로 추진하기 위하여 <제1차 수소경제 이행 기본계획>이 수립되었고, 그 내용은 국내외 청정수소 생산주도, 빈틈없는 인프라 구축, 모든 일상에서 수소 활용, 생태계 기반 강화 등 4대 전략 15대 과제로 구성되어 있다

2020년 그레이수소로만 22만 톤 규모에서 2030년 390만 톤(청정수소 비중 75%)을 거쳐 2050년 청정수소로만 2790만 톤 규모로 수소시장을 키우는 전략이 담겨있다. 궁극적으로 2050년 국내 에너지 소비의 33%는 수소가 담당하게 되면서 그린수소 생산을 위한 GW급 수전해 시스템, 40개의 해외수소 공급망, 2000기 이상의 수소충전소, 515만대의 수소승용차, 11만대의 수소상용차와 수소 및 암모니아를 활용한 연료전지발전소 등을 모두 수용하는 밸류 체인의 완성과 인적·물적 인프라 구축 및 재원 조달을 포함하는 계획이다.[78]

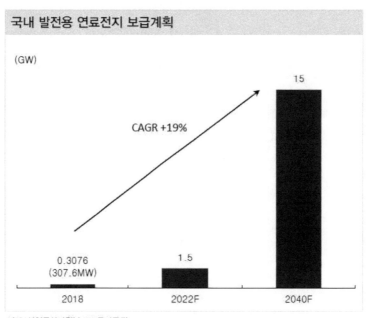

또한 가정·건물용의 경우 2018년 7MW(3,167개소)가 보급되었으며, 2022년과 2040년 보급목표는 각각 50MW와 2.1GW를 목표로 하고 있다. 정부는 보급 활성화를 위해 공공기관, 민간 신축 건물에 연료전지 의무화를 검토 중이다.

---

78) 가스신문 '수소경제 시대 에너지 강국은 핵심기술을 보유한 국가'

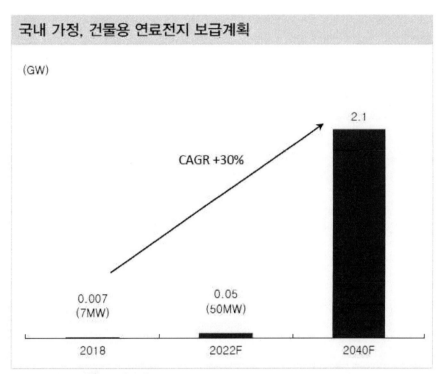

국내 가정, 건물용 연료전지 보급계획

(GW)

CAGR +30%

2.1

0.007
(7MW)

0.05
(50MW)

2018   2022F   2040F

자료: 산업통상자원부, IBK투자증권

특히 RPS 정책에 힘입어 발전용 연료전지 설치량이 증가하였고 평균 이용률 90% 이상 유지하고 있어 신뢰성이 높은 신·재생에너지 수단임을 입증하고 있다. 주택·건물용 연료전지의 경우 주택지원사업(그린홈 100만호 사업)을 중심으로 가정용 연료전지 열병합 시스템의 보급이 이루어지면서 1kW 급 소형 PEMFC 누적 설치량은 3천대 수준으로 보조금 시장에 전적으로 의존하는 상황으로 정책 시장 규모가 작고 시장 성장률이 낮아 산업체의 가격저감 속도가 낮은 편이다.

신재생에너지 공급의무화(RPS)제도란, 일정규모(50MW) 이상의 발전설비(신재생에너지 설비는 제외)를 보유한 발전사업자(공급의무자)에게 총 발전량의 일정 비율 이상을 신재생에너지를 이용하여 공급토록 의무화한 제도로, '18년 기준 총 21개사(한국수력원자력, 남동발전, 중부발전, 서부발전, 남부발전, 동서발전, 지역난방공사, 수자원공사, SK E&S, GS EPS, GS 파워, 포스코에너지, 씨지앤율촌전력, 평택에너지서비스, 대륜발전, 에스파워, 포천파워, 동두천드림파워, 파주에너지서비스, GS동해전력, 포천민자발전)가 공급의무자 범위에 속했다.

신재생에너지 발전사업자는 신재생 설비로 발전한 경우 공급인증서(REC)를 발급받으며, 부족한 사업자는 구매하여 충당이 가능하다. 현재 연료전지의 REC 가중치는 "2"이다. 최근에는 신재생에너지법 개정으로 RPS 의무공급비율 상한이 기존 10%에서 25%로 확대됨에 따라 대통령령으로 위임된 연도별 의무비율을 명시했다. 탄소중립 실현 위한 신재생 발전 비중 확대, 신재생공급인증서(REC) 초과공급 상황 등을 종합적으로 고려해 연도별 의무비율 초안을 마련했다.[79]

< 연도별 의무비율 입법예고 안 (시행령 별표3) >

연 도	'22년	'23년	'24년	'25년	'26년 이후
의무비율	12.5%	14.5%	17.0%	20.5%	25.0%

또한 '공공기관 신재생에너지 설치의무화 현황' 자료에 따르면 올해 9월 기준 공공기관의 신재생에너지 공급률은 36%로 목표율(32%)을 4%포인트나 초과해 달성한 것으로 나타났다. 지난해(달성률 34%·목표율 30%)에 이어 2년 연속 목표치를 크게 웃돌았다.

공공기관 신재생에너지 설치의무화제도는 연면적 1000㎡ 이상의 지자체, 정부 투자기관 및 출자기관 등 공공기관 건축물을 신축·증축·개축하는 경우 건물의 총에너지사용량의 일정비율을 신재생에너지로 대체하도록 했다. 기존 신재생에너지 공급 의무비율을 2018년 이후 30%로 유지하기로 한 데에서 2030년까지 40%로 확대하도록 지난 정부에서 개정됐다. 문재인 정부의 탈원전 기조에 발맞춰 공공기관의 신재생에너지 비중을 높인 것으로 풀이된다. 실제 목표치 부근에서 머물던 공급의무 달성률은 제도가 강화된 2020년 이후로 목표치를 크게 웃도는 성과를 내고 있다.

공공건물 신재생에너지 공급의무비율

자료: 한국에너지공단, IBK투자증권

79) 대한민국 정책브리핑 '신재생에너지 의무비율 2026년까지 25%로 높인다.'

3. 전망 및 향후과제

가. 수소·연료전지 산업 전망[80]

전 세계에서 생산되는 수소생산량은 약 3,800만 톤 정도가 된다. 역시 에너지 분야에 극히 일부가 사용되고 있지만, 수소와 연관된 주변 인프라 발전소 연료전지 등에서 새로운 산업으로 성장이 예상되고 있다. 닛케이 BP 클린테크연구소에 따르면 향후 수소 인프라의 규모는 2050년 약 160조 엔 규모로 성장 할 것으로 예측하고 있다.

전 세계 연료전지 보급현황을 종류별로 살펴보면 자동차나 가정용 연료전지인 PEMCF 도입이 주를 이루고 있으나 미국, 한국 등은 발전용 연료전지용으로 MCFC가, 일본과 미국은 가정용 연료전지에 대한 수요 확대로 SOFC 보급도 크게 증가하고 있다. 자동차용 연료전지 보급을 위한 수소충전소 보급도 전 세계적으로 보면 아직은 미미한 수준이기는 하나 자동차 수요 증가에 대비하여 점차 보급 확대가 예상되고 있다.

우리나라는 2005년 정부주도로 친환경 수소경제 강국건설을 목표로 수소 경제 국가비전 및 실행계획을 수립하였고, 수송부문, 발전부문, 가정상업문의 연료전지 보급목표를 세우고 최종에너지 중 수소비중을 2040년에 15%로, 그리고 BaU 대비 CO_2 저감 비중을 20%로 전망하였다. 이와 병행하여 수소경제 실현을 위한 장기로드맵을 수립, 2010~20년 사이에 기술개발을 촉진하고, 2030년까지 수소·연료전지 도입을 추진, 2030년을 기점으로 상용화를 시작으로 2040년에 수소경제가 정착하는 것으로 하였다.

한편, 환경부 '수소모빌리티 정책방향'에 따르면 정부의 수소차 중장기 보급 로드맵을 통해 2022년 수소차 6만7000대, 충전소 310기를 구축한다는 목표였지만 현재 수소차는 2만9000여대, 충전소는 209기에 그쳐 당초 목표를 달성하지 못했다.

또한 수소차 보급을 위한 인프라 구축에 적극 나서 오는 2025년까지 모든 시·군·구에 수소충전기 1기 이상을 구축한다는 계획으로 충전 여건 개선에 힘을 쏟고 있으나 지역별 편차를 해소해야 하고, 다양하지 못한 차종으로 수요 확대에 제약을 받고 있는 것으로 나타났다.

---

80) 연료전지, 신재생에너지 시장의 다크호스를 꿈꾸다, IBK투자증권

이에 따라 공급과 수요 측면의 다각적 노력이 필요하다는 과제가 남겨졌다. 공급측면에서는 수소연료전지의 성능 개선, 다양한 중대형 상용차 개발 등 신차종 출시를 위한 지속적인 기술개발이 이어져야 한다. 수요 측면에서는 공공주도의 수요 발굴에 이어 민간수요 창출로 확대하기 위해 보급초기 단계에는 선도적 전환사례를 확산해야 할 것으로 나타났다.

이 같은 과제에도 불구하고 탄소중립과 수소경제 핵심과제로 수소차 지원에 대한 정책적 의지는 확고하다. 예산 확보를 통해 상용차 중심의 수소차 보급 확대는 물론 인프라 확충을 지원한다는 방침이다.

수소차의 경우 상용차 전환에 속도를 더한다는 계획이다. 대형 버스·트럭은 승용차 대비 온실 가스는 20~30배, 미세먼지는 25~43배 더 배출한다. 주행거리에서도 대형 트럭은 100km 이상 운행할 때 전기트럭보다 수소트럭이 훨씬 유리하다. 전기차 대체가 어려운 상용차의 탄소중립은 수소차 없이는 불가능한 것이다. 충전시간의 경우 전기충전이 1시간인데 비해 수소 상용차는 15~20분에 불과하며 주행거리도 약 450km로 내연기관차 수준이다. 대형트럭과 광역버스는 수소차 이외에 이를 대체할 무공해차종이 없다.

장거리 버스 및 청소차 등 공공부문의 마중물 역할도 확대한다. 세종, 제주 등 상용차 충전소가 없는 지역에도 2023년 충전소를 운영할 예정으로 전국적인 수소 시내버스 확대보급을 추진하고, 광역버스·통근버스를 수소차로 우선 전환한다. 이를 위해 이천, 청주 SK하이닉스, 서울 공항리무진 등과 업무협약 체결을 준비 중이다.

또한 정해진 노선 및 구간을 운행하는 물류, 택배, 유통사 화물차량 및 지자체 직영 청소차를 우선 수소차량으로 전환한다는 계획이다. 풀무원과 용인 롯데로지스, 서산 롯데케미컬을 비롯해 수도권 운행 청소차 등의 수소차 전환 협의가 진행되고 있다. 또한 다양한 특수 화물차의 차종개발을 통해 카캐리어(평택), 탱크로리(울산) 등 실증 사업을 추진할 계획이다.

수소차 및 인프라 확산을 위한 부·울·경, 평택, 인천 등 선도지역과의 긴밀한 협력체계 구축도 속도를 더한다. 부·울·경은 메가시티 및 수소경제 조성과 연계해 수소버스 대량보급 및 수소충전소 구축에 나서 2025년까지 수소 시내버스 약 624대를 보급하고 초과구매 시 인센티브도 부여한다.

평택의 경우 액화수소와 연계한 대규모 충전인프라 조성 및 수소 상용차 대량 보급에 나선다. 2030년까지 카캐리어 50대, 청소차 150대, 트럭 200대, 광역버스 200대, 시내버스 250대를 보급한다는 계획이다. 인천은 액화수소사업과 연계해 수소버스 대량 보급 및 충전인프라 구축에 나선다. 2024년까지 수소버스 700대를 우선 전환하고 2030년까지 시내버스 2000대를 수소버스로 전환시킨다는 계획이다.

수소모빌리티의 친환경성을 강화해 생산-유통-활용의 그린수소 전주기 모델도 구축한다. 성남 정수장에서 소수력(0.7MW)+물(초순수)을 수전해해 내년 상반기 수소차 38대를 충전할 수 있는 하루 188kg규모의 그린수소를 생산, 이를 파이프라인을 통해 인근 충전소에 공급한다. 또 충전인프라 인근에 전기·수소버스만 주차하는 무공해 차 전용 공영버스 주차장을 조성할 계획이다.[81]

나. 수소·연료전지 산업 향후 과제

수소는 복잡성을 가지고 있는 새로운 형태의 에너지로 시장의 다양한 측면이 얽혀 있기 때문에 급격한 시장 확대는 기대하기 어렵다. 따라서 기업이 장기적, 지속적으로 사업에 투자할 수 있도록 유도하는 산업육성 시스템 구축이 필요할 것이다. 이와 더불어 기존 에너지원의 대체라는 관점보다는 전체 에너지시스템 속에서 수소에너지의 특성을 효율적으로 활용할 수 있는 계획 수립 및 방안 마련이 중요한 과제가 된다. 이에 따라 수소에너지의 특성을 고려할 때, 국내의 에너지시스템 간의 관계 및 지역별 특성, 기술발전 동향, 시장규모 등을 고려한 정량적 수요예측과 공급방안 마련이 필요할 것이다.

무엇보다 정부중점적인 발전 형태를 변화시키기 위해서는 정부의 명확한 의지표명을 통해 시장의 불투명성을 해소하고, 민간의 참여를 이끌어야 한다. 수소산업의 초기 활성화 및 향후 자립화를 위해서는 민간 투자가 필수적인데 이를 위해서는 수소산업 육성에 대한 정부의 정책적 의지를 시장에 명확히 전달하는 것이 중요하다. 특히 수익성이 불확실한 산업 초기단계에서 민관이 공유할 수 있는 보다 구체적인 목표 및 로드맵, 추진전략의 제시는 민간 투자 유도에 매우 효과적이다.

---

81) 이투뉴스 '수소차 보급 정책의지 확고...상용차 전환 가속'

4. 국내 수소·연료전지 관련 추천 기업

가. 두산 퓨얼셀BG

[그림 103] 두산 퓨얼셀BG 로고

1) 기업 소개

정부가 발전용 수소연료전지 의무 공급을 추진하기로 하면서 연 평균 약 3~4조원에 이르는 신규 발주 물량을 두산퓨얼셀이 대부분 흡수할 것으로 예상된다. 정부는 2040년까지 수소연료전지 보급량을 8GW까지 늘린다는 계획으로, 앞으로 50~70조원의 물량이 쏟아져 나올 전망이다. 두산퓨얼셀은 정부의 공급계획에 발맞춰 생산설비 확충에 나섰다.

하나증권에 따르면 두산퓨얼셀의 2022년 3분기 말 누적 신규 수주는 44MW를 기록하고 있으며 연간 목표 240MW는 유지되고 있다. 이어 "국내 공장 생산능력 확장으로 향후 납품은 상품이 아닌 제품 중심으로 이뤄질 여지가 많아 믹스 개선에 따른 이익률 상승도 기대된다."고 덧붙였다.[82]

현재 두산퓨얼셀이 개발 중인 중저온형 SOFC는 전력효율이 높고, 기존보다 약 200℃ 낮은 620℃에서 작동해 상대적으로 기대 수명이 길다. 이를 적용하여 쉘, 한국조선해양과 함께 선박의 보조동력장치로 활용하는 실증 프로젝트를 본격적으로 진행한다. 3사는 600KW 선박용 SOFC를 보조동력장치로 활용해 1년 이상 실제 무역항로에서 선박을 운행하면서 시스템을 최적화해 나갈 예정이다.

이에 두산퓨얼셀은 2023년까지 중·저온형 SOFC를 개발하고 새만금 산업단지에 50MW규모의 공장을 준공해 양산체제를 갖출 예정이다. 그리고 2024년까지 선박용 연료전지 시스템 개발과 선급 인증을 완료한 뒤 2025년 시장에 진출할 계획이다.[83]

---

82) 인포스탁데일리 '두산퓨얼셀, 국내 연료전지 시장 규모 12월에 확인 기대'
83) 월간수소경제 '두산퓨얼셀, 선박용 SOFC 실증사업 본격 진행'

최근 발전용 연료전지 사업을 주력으로 삼아온 두산퓨얼셀이 글로벌 선사인 나빅8(Navig8)과 손잡고 친환경 선박용 연료전지 개발에 뛰어들었다. 140여 척의 석유화학제품 및 원유 운반선을 보유한 나빅8은 싱가포르에 본사를 두고 있는 글로벌 해운회사로, 두산퓨얼셀은 현재 개발 중인 한국형 고효율 고체산화물 연료전지(SOFC)를 나빅8이 발주할 5만톤급 석유화학제품선에 탑재하고, 추진동력 및 선박 내 전원으로서의 실증을 진행할 계획이다.

국제해사기구(IMO)는 2050년까지 2007년 대비 선박 온실가스 배출량을 50% 감축하는 강력한 구제를 발표한 바 있다. 이에 따라 해운업계는 저유황유 사용과 탈황장치 부착을 비롯해 암모니아, 수소 등 친환경 에너지원 발굴에 나서고 있는 상황이다.[84]

년도	내용
1969	- UTC社 폴로 우주선에 연료전지 설치
2014	- 퓨얼셀 출범(미국 CEP社 인수)
2017	- 익산 공장 준공 63MW 규모 - 누적 수주 100MW
2019	- 세계 최대 부생수소 발전소 수주 - 대산그린에너지 50.16MW - 누적 수주 300MW

[표 58] 두산 퓨얼셀 BG 연혁

84) 두산퓨얼셀, 선박용 연료전지 개발 나서, 이종수, 월간수소경제, 2020.11.1.   0

2) 주식 정보

상장일	2019년 10월 18일		
시가총액	1조 8,174억원		
시가총액순위	코스피 155위		
외국인 지분율	14.82%		
액면가	100원		
거래량	122,970		
최고 주가 (52주)	41,250	최저 주가 (52주)	23,650
최고 주가 (연중)	36,750	최저 주가 (연중)	27,000

[표 59] 두산퓨얼셀 증권정보(2023. 07. 17 기준)

가) 분기별 Financial Summary
(1) Key Ratio (단위: 억 원, 배, %)

	2020/12	2021/12	2022/12	2023/12(E)
EPS	193	106	47	167
PER	277.78	451.81	621.73	169.33
BPS	6,263	6,332	6,392	6,562
PBR	8.54	7.58	4.59	4.30

[표 60] 두산퓨얼셀 Key Ratio

(2) 재무상태 요약 (단위: 억 원)

	2020/12	2021/12	2022/12	2023/12(E)
유동자산	6,512	4,982	6,757	-
자산총계	7,902	6,989	10,269	12,317
유동부채	2,646	776	3,127	-
부채총계	2,776	1,807	5,039	6,947
자본금	82	82	82	81
자본총계	5,125	5,182	5,231	5,370

[표 61] 두산퓨얼셀 재무상태 요약

(3) 손익 계산서 요약 (단위: 억 원)

	2020/12	2021/12	2022/12	2023/12(E)
당기순이익	142	87	39	137
매출액	4,618	3,814	3,121	4,583
매출총이익	256.5	-	-	506.2
영업이익	260	180	72	227
영업이익률	5.64	4.72	2.31	4.95
순이익률	3.07	2.28	1.24	2.98

[표 62] 두산퓨얼셀 손익 계산서 요약

(4) 현금 흐름표 요약 (단위: 억 원)

	2020/12	2021/12	2022/12
영업활동	-760	-1.401	-2,577
투자활동	-2,555	421	927
재무활동	3,306	-283	1,908
CAPEX	128	349	738

[표 63] 두산퓨얼셀 현금 흐름표 요약

(5) 기타지표 (단위: 억 원, %)

	2020/12	2021/12	2022/12	2023/12(E)
ROE	4.18	1.69	0.74	2.58
ROA	2.21	1.17	0.45	1.21
자본유보율	6,157.08	6,223.91	6,290.09	-
부채비율	54.17	34.87	96.33	129.36

[표 64] 두산퓨얼셀 기타지표

나. 현대중공업

[그림 104] 현대중공업 로고

1) 기업 소개

현대중공업그룹의 한국조선해양과 현대미포조선은 한국선급(KR)과 선박 등록기관인 라이베리아 기국으로부터 2만입방미터(㎥)급 액화수소운반선에 대한 기본인증(AIP)을 받았다고 밝혔다. 현대중공업그룹에 따르면 선박이 대량의 수소를 운송하기 위해선 부피를 800분의 1로 줄이고, 안전성을 높이는 액화 공정이 필수적이다.

특히 수소는 LNG(액화천연가스)보다 더 낮은 영하 253도에서 액화하기 때문에 액화수소운반선은 이를 위한 기술이 필요하다. 이에 한국조선해양과 현대미포조선은 현대글로비스 등과 손잡고 상업적으로 실제 운항이 가능한 세계 최초의 액화수소운반선을 개발했다. 한국조선해양은 액화 수소 화물 처리시스템과 연료전지를 활용한 수소 증발 가스 처리시스템을 개발했고, 현대미포조선은 선박의 기본설계를 진행했다.

현대글로비스와 지마린서비스는 액화 수소의 저장과 운송 과정에서의 경제성과 안전성을 분석했다. 이를 통해 개발된 선박은 이중구조의 진공 단열식 탱크를 적용해 단열성을 높여 운항 중 발생하는 수소 증발 가스(BOG)를 최소화한 것이 특징이다. 또 전기추진 방식을 채택해 향후 수소 증발 가스를 연료전지 연료로도 활용할 수 있다.[85]

현대중공업그룹은 계열사별 수소 관련 산업을 추진하고 있다. 현대오일뱅크는 수소 생산을 늘리고 있으며 운영 중인 주유소는 수소충전소로의 전환을 준비하고 있다. 한국조선해양은 정부와 협의해 부유식 해상풍력발전단지를 조성하는 프로젝트를 검토 중이다. 현대건설기계는 현대자동차그룹과 수소연료전지를 사용하는 지게차와 굴삭기를 개발한다. 세계 최고 수준의 수소연료전지 기술을 갖춘 현대차와 협력하는 만큼 미국, 유럽, 중국, 인도, 브라질, 인도네시아 등 전세계 기계시장에서 수소에너지를 활용한 중장비 시장을 선점할 것으로 기대했다.[86]

---

85) 현대중공업그룹, 세계 최초로 상업용 액화수소운반선 인증받았다, 김보경, 연합뉴스, 2020.10.22
86) [특징주] 현대건설기계, 현대중공업 수소 육성 대표선수 "현대차와 글로벌 시장 개척", 파이낸셜뉴스, 2020.09.15

년도	내용
1970	- 현대건설㈜ 조선사업부 발족
1973	- 현대조선중공업주식회사 설립 (대표이사: 정주영)
1973	- 현대조선, 현대중공업㈜로 상호 변경 - 엔진사업부, 현대엔진공업㈜ 법인 독립 - 중전기사업부, 현대중전기㈜ 법인 독립 - 현대엔진, 세계 최대 선박 엔진공장 준공 (6만 5천평 대지, 연 90만 마력 생산)
1974	- 현대조선, 제 1/2 도크 완공과 동시에 1/2호선 (애틀란틱 배런, 애틀랜틱 배러니스) 명명
1978	- 현대조선, 현대중공업㈜로 상호 변경 - 엔진사업부, 현대엔진공업㈜ 법인 독립 - 중전기사업부, 현대중전기㈜ 법인 독립 - 현대엔진, 세계 최대 선박 엔진공장 준공 (6만 5천평 대지, 연 90만 마력 생산)
1982	- 현대미포조선, 15만 톤급 도크 완공 세계 최대 수리조선소 출범 - 플랜트사업부, 해외 발전설비 첫 턴키 수주(사우디 마카타이프 화력발전설비)
1985	- 현대중공업, 철구사업부와 현대해양개발㈜과 합병 해양사업부 출범 - 해양사업부, 세계 최대 해양철구조물 美 엑슨자켓 수주(자켓 2기, 9만 990톤)
1989	- 건설장비사업부, 현대중장비산업㈜로 독립 - 현대중공업, 현대엔진공업㈜ 합병
1993	- 현대중공업, '연간 선박건조량 세계 최대', '최대 화물선', '최다 방문객' 기네스북 등재 - 현대중공업, 현대중전기㈜와 현대중장비㈜ 합병 후 사업부 체제의 종합중공업 회사로 발돋움
1997	- 선박 건조 5천만 톤 돌파 - 대형엔진 2천만 마력 생산 돌파
2000	- 현대중공업 엔진사업부, 국내최초 중형 '힘센 (HiMSEN) 엔진' 독자개발 - 테크노디자인연구소 개소
2003	- 산업용 로봇 연 1천 대 생산기록 돌파
2007	- 태양광설비 공장 완공, 그린에너지 사업 진출 - 바르찔라-현대엔진㈜ 설립

2009	- 해양사업부, 세계 최초 FPSO 전문 'H도크' 완공 - 세계 최초 와이브로(무선광대역통신망) 적용한 '디지털 조선소' 가동 - 현대코스모㈜ 설립
2010	- 전기전자사업부, 국내 최초 미국 변압기 공장 건설
2011	- 세계 최초 스마트십(Smart Ship) 건조 - '아산나눔재단' 설립 - 중앙기술원 종합연구동 준공
2012	- 그린에너지사업부, 태양광 R&D센터 완공(충북 음성)
2013	- 현대중공업 그린팩토리(Green Factory) 구축
2016	- 독자개발 중형 '힘센엔진' 10,000대 돌파 - 현대중공업 그린에너지㈜, MOS㈜, 터보기계㈜, 현대글로벌서비스㈜ 설립
2020	- 현대중공업그룹1%나눔재단 출범

[표 65] 현대중공업 연혁87)

---

87) 현대중공업

2) 주식 정보

상장일	2021년 9월 17일		
시가총액	13조 408억원		
시가총액순위	코스피 23위		
외국인 지분율	7.26%		
액면가	5,000원		
거래량	62,821		
최고 주가 (52주)	151,000	최저 주가 (52주)	91,500
최고 주가 (연중)	151,000	최저 주가 (연중)	41,100

[표 66] 현대중공업 증권정보(2023. 07. 17 기준)

가) 분기별 Financial Summary
(1) Key Ratio (단위: 억 원, 배, %)

	2020/12	2021/06	2022/09	2023/12(E)
EPS	-6,096	-10,665	-3,966	2,479
PER	-	-8.93	-29.25	59.13
BPS	75,746	63,015	59,566	62,527
PBR	0.00	1.51	1.95	2.34

[표 67] 현대중공업 Key Ratio

(2) 재무상태 요약 (단위: 억 원)

	2020/12	2021/06	2022/09	2023/12(E)
유동자산	69,992	78,853	79,882	-
자산총계	137,887	150,787	162,894	177,616
유동부채	90,735	70,485	59,769	-
부채총계	84,389	94,846	110,016	122,242
자본금	3,539	4,439	4,439	4,440
자본총계	53,608	55,940	52,878	55,374

[표 68] 현대중공업 재무상태 요약

(3) 손익 계산서 요약 (단위: 억 원)

	2020/12	2021/12	2022/12	2023/12(E)
당기순이익	-4,314	-8,142	-3,521	2,201
매출액	83,120	83,113	90,455	115,250
매출총이익	18,297.0	-	-	5,696.9
영업이익	325	-8,003	-2,892	2,896
영업이익률	0.39	-9.63	-3.20	2.59
순이익률	-5.19	-9.80	-3.89	1.91

[표 69] 현대중공업 손익 계산서 요약

(4) 현금 흐름표 요약 (단위: 억 원)

	2020/12	2021/12	2022/12
영업활동	-2,000	7,621	712
투자활동	-2,010	1,517	-5,179
재무활동	7,302	-926	-9,328
CAPEX	2,262	2,440	4,845

[표 70] 현대중공업 현금 흐름표 요약

(5) 기타지표 (단위: 억 원, %)

	2020/12	2021/06	2022/12	2023/12(E)
ROE	-7.86	-14.87	-6.47	4.06
ROA	-3.12	-5.64	-2.25	1.29
자본유보율	1,168.48	962.02	893.01	-
부채비율	157.42	169.55	208.06	220.76

[표 71] 현대중공업 기타지표

다. 세종공업(주)

[그림 105] 세종공업 로고

1) 기업 소개

세종공업은 자동차 소음기, 배기가스 정화기 제조업체로 주 고객사는 현대기아차다. 세종공업의 주요제품은 소음기(머플러), 정화기, 기타 부산물 물로 구성된다. 세종공업의 원재료는 철판 (SACD), 코일 (SUS 439), 파이프 (STAC 60/60) 등이다.

세종공업은 2021년 이후 수소차 부품사업을 확대할 것으로 예상된다. 세종공업은 현재 수소전기차에 사용되는 센서류(각종 압력센서/냉각수 압력온도 센서/수위센서 등)와 핵심부품(수소 압력릴리프 밸브/스택용 워터트랩/수소 누설 모니터링 시스템/수소 연료배기시스템 등)을 생산중이다.

현재 수소부품 매출액은 전체 매출액 중 1%미만으로 미미한 편이다. 그러나 고객사의 수소차 생산증가와 함께 추가 아이템의 확대로 매출액이 증가할 것으로 예상된다. 특히 5월11일부로 자회사 세종이브이(지분율 100%)를 설립해 수소전기차용 연료전지 스택의 핵심부품인 금속분리판을 생산할 계획이다.

연료전지 스택은 수소와 산소를 공급받아 전기를 생산하는 장치이고, 그 중 금속분리판은 스택에 공급되는 수소/산소를 골고루 확산시켜 주고 스택에서 생산되는 물/열 등을 배출하는 통로이다.

스택 당 약 440개의 분리판세트가 들어가고, 스택 원가의 약 20% 비중을 차지한다. 세종이브이는 현대차 넥쏘를 대상으로 2021년 초부터 금속분리판을 납품할 계획인데, 2021년 약 900억원의 매출액을 기대할 수 있다. 향후 수소차 생산이 늘어남에 따라 매출액은 수년 내 2,000억원 이상으로 늘어날 전망이다.[88]

---

88) [하나금융투자] 세종공업 : 수소차 부품사업을 확장중이다, 홍진석, 한반도경제, 2020.06.08

[표 72] 세종공업 연혁

년도	내용
1976	- 세종공업 설립 - 국내최초 현대자동차 포니 소음기 생산
1986	- 미국 WALKER社와 기술제휴 체결
1988	- 철탑산업 훈장 대통령상 수상
1995	- 수출의 탑 5천만 불 수상/세종 연구소 설립
1996	- 100PPM 달성상 수상 - 품질혁신 전진대회 대통령상 수상
2009	- 그랜드 품질 5스타 달성
2012	- 글로벌 품질 경영인 대상 수상 - 체코 대통령 품질 대상 수상
2014	- Asentec 계열사편입
2014	- 월드클래스300기업 선정
2014	- 멕시코 법인 설립
2020	- 세종이브이 법인 설립
2020~	- 사업 다각화와 지속가능 성장기업으로의 재도약 - R&D 역량강화를 통해 사업영역 확장 및 선도적 기술확보

2) 주식 정보

상장일	1997년 12월 26일		
시가총액	2,454억원		
시가총액순위	코스피 548위		
외국인 지분율	8.61%		
액면가	500원		
거래량	187,573		
최고 주가 (52주)	9,890	최저 주가 (52주)	4,080
최고 주가 (연중)	11,650	최저 주가 (연중)	6,300

[표 73] 세종공업 증권정보(2023. 07. 18 기준)

가) 분기별 Financial Summary
(1) Key Ratio (단위: 억 원, 배, %)

	2020/12	2021/12	2022/12
EPS	-729	-307	62
PER	N/A	N/A	88.68
BPS	14,391	14,814	14,878
PBR	0.64	0.59	0.37

[표 74] 세종공업 Key Ratio

(2) 재무상태 요약 (단위: 억 원)

	2020/12	2021/12	2022/12
유동자산	3,264	2,939	2,967
자산총계	11,588	11,801	11,494
유동부채	2,407	2,493	2,596
부채총계	7,706	7,772	7,480
자본금	139	139	139
자본총계	3,881	4,029	4,014

[표 75] 세종공업 재무상태 요약

(3) 손익 계산서 요약 (단위: 억 원)

	2020/12	2021/12	2022/12
당기순이익	-219	-108	2
매출액	11,828	15,482	18,589
매출총이익	1,355.4	-	-
영업이익	-62	-27	321
영업이익률	-0.52	-0.18	1.73
순이익률	-1.85	-0.70	0.01

[표 76] 세종공업 손익 계산서 요약

(4) 현금 흐름표 요약 (단위: 억 원)

	2020/12	2021/12	2022/12
영업활동	345	442	383
투자활동	-1,236	-364	-192
재무활동	1,218	-126	-12
CAPEX	1,020	466	474

[표 77] 세종공업 현금 흐름표 요약

(5) 기타지표 (단위: 억 원, %)

	2020/12	2021/06	2022/09
ROE	-4.69	-2.16	0.43
ROA	-2.03	-0.92	0.02
자본유보율	2,816.41	2,788.57	2816.89
부채비율	198.55	192.88	186.35

[표 78] 세종공업 기타지표

라. 에이치엘비(주)

[그림 106] 에이치엘비 로고

1) 기업 소개[89]

울산이 수소선박을 사업화하기 위한 규제프리를 선언하면서 실증사업에 속도가 붙었다. 에이치엘비는 2021년 초 장생포 앞바다에 수소선박을 띄울 예정이었지만 정부와 지방자치단체 등의 도움으로 개발 속도가 예상외로 빨라져 이르면 연내에 수소전지를 동력으로 바다 위를 오가는 선박을 볼 수 있게 될 것으로 전망된다.

에이치엘비 관계자는 내연기관 선박은 주로 벙커C유 등 환경에 유해한 연료가 쓰이지만 수소연료전지 추진 선박은 친환경인데다 소음도 적고 효율도 높다고 말했다. 에이치엘비는 유람선 크기의 수소선박 운항노선을 상징적으로 울산 장생포 앞 고래특구에서 태화강 국가정원으로 정했다.

에이치엘비가 개발 중인 수소선박은 한강에서 흔히 볼 수 있는 유람선 크기다. 한 번 충전하면 반나절 운행이 가능하다. 실증은 소형 유람선급으로 시작했지만 앞으로는 중·대형 선박으로 확대할 것으로 전망된다. 정부 관계자는 2021년까지 2차 실증을 진행하고 안전성을 확인한 뒤, 2021년 말께 소형 선박 수소연료전지 규정안과 법령안을 만들고 오는 2022년부터 본격적인 사업화를 추진할 계획이라고 설명했다. 실증이 끝나면 늦어도 2022년에는 수소전지로 가는 선박을 흔하게 볼 수 있게 되는 셈이다.[90]

---

89) catch.co.kr
90) 수소로 가는 선박 띄우고 사업화…'또 다른 고래' 찾는 울산, 박호현, 서울경제, 2020.09.22

2) 주식 정보

상장일		1996년 7월 27일	
시가총액		3조 6,779억원	
시가총액순위		코스닥 7위	
외국인 지분율		12.62%	
액면가		500원	
거래량		598,249	
최고 주가 (52주)	54,074	최저 주가 (52주)	27,250
최고 주가 (연중)	45,600	최저 주가 (연중)	24,600

[표 79] 에이치엘비 증권정보(2023. 07. 17 기준)

가) 분기별 Financial Summary

(1) Key Ratio (단위: 억 원, 배, %)

	2020/12	2021/12	2022/12
EPS	-732	-858	-677
PER	N/A	N/A	N/A
BPS	4,215	3,802	5,259
PBR	10.33	8.61	5.40

[표 80] 에이치엘비 Key Ratio

(2) 재무상태 요약 (단위: 억 원)

	2020/12	2021/12	2022/12
유동자산	1,735	612	3,183
자산총계	7,914	8,022	11,479
유동부채	452	242	1,376
부채총계	462	717	1,448
자본금	264	533	582
자본총계	7,452	7,304	10,030

[표 81] 에이치엘비 재무상태 요약

(3) 손익 계산서 요약 (단위: 억 원)

	2020/12	2021/12	2022/12
당기순이익	-887	-1,116	-986
매출액	562	698	1,797
매출총이익	39.4	-	-
영업이익	-613	-1,010	-747
영업이익률	-109.14	-144.67	-41.55
순이익률	-157.92	-159.84	-54.87

[표 82] 에이치엘비 손익 계산서 요약

(4) 현금 흐름표 요약 (단위: 억 원)

	2020/12	2021/12	2022/12
영업활동	-565	-548	-618
투자활동	-980	-685	-1,123
재무활동	3,410	13	2,676
CAPEX	10	2	117

[표 83] 에이치엘비 현금 흐름표 요약

(5) 기타지표 (단위: 억 원, %)

	2020/12	2021/12	2022/12
ROA	-24.10	-21.43	-14.56
ROE	-16.60	-15.39	-11.53
자본유보율	2,683.89	1,163.35	1,372.48
부채비율	26.74	45.20	27.90

[표 84] 에이치엘비 기타지표

마. 비나텍(주)

[그림 107] 비나텍 로고

1) 기업 소개[91]

비나텍은 친환경 에너지 소재/부품 전문 기업으로, 탄소 소재 관련 기술을 활용하여 슈퍼 커패시터(Super Capacitor), 수소연료전지 MEA 및 촉매 지지체 등을 생산한다. 2020년 상반기 기순 수요 품목별 매출 비중은 슈퍼 커패시터 93%, 수소연료전지 6%, 기타 1%로 구성되어 있다.

비나텍은 PEMFC(고체고분자형 연료전지)의 스택(Stack)에 들어가는 촉매-지지체MEA 일괄 생산이 가능한 국내 유일의 기업이다. 자체 개발한 탄소 물질 특허 및 소재 활용 기술을 보유하고 있기 때문인데, PEMFC에서 사용하는 고체고분자막과 촉매층의 핵심 소재가 바로 탄소다.

작동온도가 낮아 비교적 빠른 가동이 가능하고 소형화가 가능하다는 특성을 가진 PEMFC는 수송용(차량용) 및 가정/건물용으로 주로 활용된다. 우리나라 수소차에도 PEMFC가 적용되어 있다. 정부는 수소경제 활성화 로드맵을 통해 2030년까지 수소차 85만대를 공급한다는 계획을 세웠으며, 가정/건물용 연료전지도 2040년 기준 2.1GW 보급을 목표로 하고 있다. PEMFC의 가파른 수요증가가 예상되며, 이에 발맞춰 비나텍도 MEA등 생산 CAPA 확대를 준비 중이다.[92]

비나텍은 국내 등록 특허 69건, 해외특허 8건의 지식재산권을 보유할 정도로 기술의 완성도도 뛰어나다. 슈퍼커패시터뿐만 아니라 이를 제어할 수 있는 CMS(Capacitor Management System)를 자체 개발함으로써 시장 경쟁력도 높이고 있다.

비나텍은 수소 연료전지 소재부품 연구개발에 집중도를 높이고 있다. 또한 보유한 에너지 기술을 바탕으로 IT와 연계한 에너지 솔루션 패키지기술 등 다양한 비즈니스 모델을 개발할 계획이다.[93]

---

91) catch.co.kr
92) 비나텍(126340) 수소연료전지 핵심 소재의 성장 잠재력, MK증권, 2020.10.15
93) 국내외 '슈퍼커패시터' 특허 77건… 수소 전지에도 도전, 이진호, 조선일보, 2020.10.26

2) 주식 정보

상장일	2020년 9월 23일	
시가총액	3,795억원	
시가총액순위	코스닥 207위	
외국인 지분율	1.71%	
액면가	500원	
거래량	31,122	
최고 주가 (52주)	89,200	최저 주가 (52주) 35,892
최고 주가 (연중)	55,200	최저 주가 (연중) 29,750

[표 85] 비나텍 증권정보

가) 분기별 Financial Summary
(1) Key Ratio (단위: 억 원, 배, %)

	2020/12	2021/12	2022/12	2023/12(E)
EPS	902	1,324	2,035	778
PER	55.14	34.67	19.65	86.77
BPS	7,760	8,938	10,952	11,696
PBR	6.41	5.14	3.65	5.77

[표 86] 비나텍 Key Ratio

(2) 재무상태 요약 (단위: 억 원)

	2020/12	2021/12	2022/12	2023/12(E)
유동자산	183.0	-	-	450.6
자산총계	480	631	831	806
유동부채	197.1	-	-	202.3
부채총계	247	396	391	372
자본금	23	23	26	26
자본총계	232	235	440	434

[표 87] 비나텍 재무상태 요약

(3) 손익 계산서 요약 (단위: 억 원)

	2020/12	2021/12	2022/12	2023/12(E)
당기순이익	46	75	117	45
매출액	467	490	707	651
매출총이익	131.5	-	-	144.0
영업이익	64	56	94	57
영업이익률	13.63	11.49	13.23	8.76
순이익률	9.88	15.31	16.52	6.91

[표 88] 비나텍 손익 계산서 요약

(4) 현금 흐름표 요약 (단위: 억 원)

	2020/12	2021/12	2022/12
영업활동	27	43	114
투자활동	-336	-81	-235
재무활동	314	90	215
CAPEX	95	285	239

[표 89] 비나텍 현금 흐름표 요약

(5) 기타지표 (단위: 억 원, %)

	2020/12	2021/12	2022/12	2023/12(E)
ROE	14.83	16.01	20.99	7.09
ROA	7.26	8.37	10.07	3.07
자본유보율	1578.93	1799.28	2117.16	-
부채비율	85.59	96.03	118.65	142.79

[표 90] 비나텍 기타지표

3. 게임산업 관련 주식

1. 게임산업 개요
가. 산업의 분류

게임산업은 컴퓨터의 연산, 제어 및 기억능력을 이용하여 게임을 개발·제작하고 이용자에게 공급하는 산업을 지칭한다. 게임은 넓게는 놀이, 장난, 경기, 시합 등으로 정의될 수 있고, 좁게는 컴퓨터를 통해 이용자에게 유희적 반응을 일으키는 놀이문화에 국한된다. 게임은 하드웨어인 플랫폼의 종류별로 구분하거나 게임내용에 따라 장르별로 구분하는 방법이 있다. 플랫폼에 따라 아케이드 게임, PC게임, 비디오게임, 온라인게임, 모바일 게임으로 분류할 수 있다. 장르별로는 보드게임, 시뮬레이션, RPG, 슈팅, 스포츠 게임 등이 있다.[94]

구분	주요서비스
아케이드게임	• 기존의 오락실과 같은 게임장에서 이용할 수 있는 게임 • 동전을 넣고 조이스틱을 사용하거나 체감 형으로 진행되는 게임
PC게임	• 개인용 컴퓨터에서 실행할 수 있는 게임 • CD나 DVD등 저장매체에 수록되어 유통됨
비디오게임 (콘솔게임)	• 가정 내 TV나 모니터에 게임 전용기기를 연결하여 이용하는 게임 • 게임조작을 위해 조이스틱이나 조이패드 등을 게임전용기기에 연결
온라인게임	• 네트워크를 통해 서버에 접속하여 진행되는 게임 • 통신망을 통해 접속하여 서버에 함께 접속된 타인과 게임을 진행
모바일게임	• 휴대폰, PDA 등의 모바일 기기를 이용하여 즐기는 게임 • 모바일인터넷에 접속하여 다운받아 이용하는 게임을 지칭

[표 108] 플랫폼별 게임의 분류

---

94) 온라인게임은 인터넷 접속 상태에서 서버를 통하여 여러 명이 접속하여 즐기는 게임으로 데이터를 ,주고받는 대상이 서버와 클라이언트 사용자 임 반면 네트워크 게임은 PC게임의 네트워크 기능을 활용한 게임으로 서버가 네트워크 안의 이용자들끼리 연결만 해 줌. 대표적인 네트워크 게임으로는 스타크래프트를 들 수 있고 온라인게임은 리니지 카트라이더 등이 있음.

장르	주요 서비스
보드게임	• 바둑, 체스, 퍼즐 등 한정된 공간에서 즐기는 말판놀이형 게임
시뮬레이션	• 이용자가 가상공간과 현실 속에서 게임을 즐기는 형태로 게임하는 자신이 보이지 않는 방식의 게임
RPG (Role Playing Game)	• 다양한 특징의 캐릭터를 선택하여 레벨을 상승시키면서 역할을 수행하는 게임
슈팅	• 플레이어가 총알 공격을 피하여 적을 제거해 가는 유형의 게임
스포츠	• 스포츠를 즐기는 형태의 게임(FIFA 축구게임)
어드벤처	• 주인공 캐릭터가 사건을 해결해가는 형태의 게임
노벨	• 소설게임, 그림과 글 위주로 구성된 게임

[표 108] 플랫폼별 게임의 분류

나. 기존 플랫폼별 산업 구조
1) 아케이드게임

아케이드 게임은 개발사, 유통사, 게임사업자로 구성된 비교적 단순한 시장구조를 가지고 있다. 하드웨어 및 소프트웨어 개발업체는 게임을 개발사에 공급하고 개발사는 게임기를 제작하며, 유통사는 공급받은 게임기를 게임장, 놀이공원 등에 공급하는 형태를 띠고 있다.

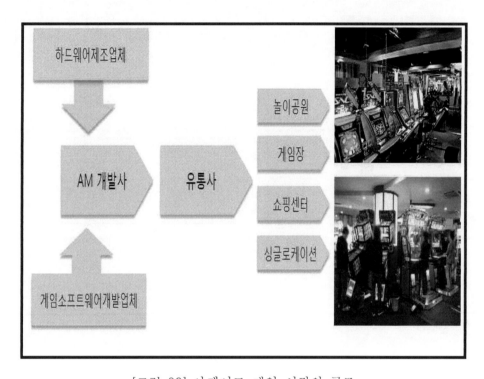

[그림 93] 아케이드 게임 시장의 구조

2) PC게임

 PC게임은 개발사에서 개발한 게임을 유통사가 패키지 제품으로 제작하고, 유통채널별로 총판사를 선정하여 거래한다. 비디오게임 시장의 주요 퍼블리셔들이 PC게임의 유통을 담당하고 있으며, 주요 업체로는 EA, Take Two, THQ 등이 있다.

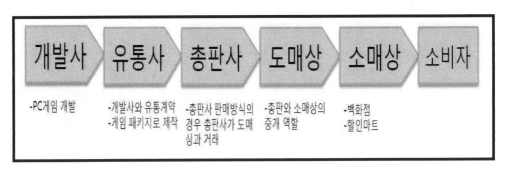

[그림 94] PC 게임 시장의 구조

3) 비디오게임

 비디오게임 시장은 하드웨어 및 주변장치를 판매하는 플랫폼 홀더[95], 게임에 필요한 라이센스 확보 및 배송 등을 담당하는 퍼블리셔[96], 개발업체[97]로 구성되어있다. 퍼블리셔는 개발업체와 플랫폼 홀더 사이에 매개자 역할만 담당하는 반면, 플랫폼 홀더는 실질적인 게임 개발과정을 직접 통제하여 절대적인 영향력을 지니고 있다.

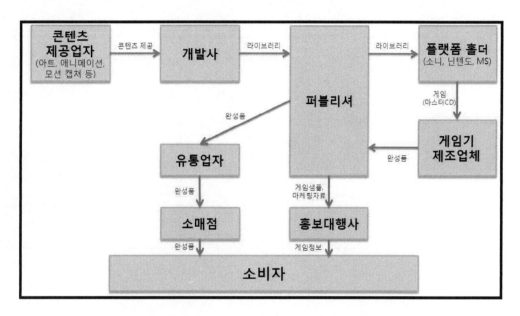

[그림 95] 비디오 게임 시장의 구조[98]

---

95) 플랫폼 홀더는 비디오 게임 시장 구조에 있어 절대적이라고 할 수 있는데 이는 플랫폼 홀더의 호의적인 평가가 있어야 게임 개발이 가능하기 때문임 세계적인 플랫폼 홀더로는 소니, 닌텐도 .MS 등이 있음
96) 퍼블리셔는 필요한 라이센스 확보 완성된 게임의 배송 및 유통채널과의 관계 유지 게임 홍보 등을 담당하며 비디오게임 시장의 메이저 업체들은 플랫폼 홀더와 퍼블리셔를 겸업
97) 개발업체는 게임의 개발을 담당하는 업체로 퍼블리셔와 계약을 맺고 작업을 수행하며 여러 개발 단계를 완료할 때마다 금액을 지불받음
98) 해외디지털콘텐츠 시장조사, 한국소프트웨어진흥원, 2006

4) 온라인게임

　온라인게임 시장은 게임을 개발하는 개발사, 게임을 유통하는 퍼블리셔, PC방 사업자, 광고주 등 다양한 이해관계자들이 얽혀 있는 산업구조를 지녔다. 영세한 규모의 중소 개발사들은 게임의 홍보 및 대중화를 위해 대형 퍼블리셔에 의존하는 경향이 있다. 한편 개발사와 퍼블리셔 간 위탁 유통계약이 추상적으로 이루어져 나중에 이익분배 등에 관한 갈등이 빈번하게 발생한다.

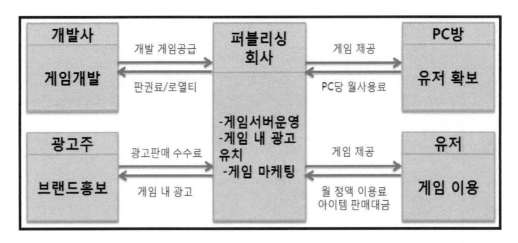

[그림 96] 온라인 게임 시장의 구조[99]

　일반적으로 온라인게임 구조상에서 게임업체라고 불리는 회사들은 게임 개발사와 퍼블리셔, 두 가지 형태로 구분된다. 게임 개발사는 게임을 기획·개발하며 테스트하는 일을 담당하고 게임 퍼블리셔는 게임을 위한 비즈니스 모델을 수립하고 판매 전략을 비롯한 마케팅의 역할을 수행한다.

구분	담당 업무	대표 업체
개발사	게임 개발 전문회사	위메이드, Grigon 엔터테인먼트
퍼블리셔	게임 퍼블리싱 전문	엔씨소프트, 웹젠, 넥슨, 그라비티
개발사+퍼블리셔	게임개발사로 출발하여 퍼블리싱까지 담당	엠게임, CJ인터넷, 다음 게임
개발사+퍼블리셔	퍼블리셔이나 사내 스튜디오를 운영하여 게임제작 병행	Actozsoft, Joyon

[표 97] 온라인게임업체의 구분[100]

---

99) 해외디지털콘텐츠 시장조사, 한국소프트웨어진흥원, 2006
100) 중국 온라인 게임 가치사슬 연구, 국민대학교 남영호

5) 모바일게임

  모바일게임은 이동통신 산업의 가치사슬에서 콘텐츠에 해당된다. 모바일게임 자체만의 시장구조를 보면, 콘텐츠제공업자(CP : Contents Provider), 마스터 CP[101], 이동통신사업자로 구성되어 있다. 최근에는 CP의 세분화 및 통합화 등으로 중간단계 없이 이동통신사업자와의 직접거래가 늘어나고 있다.

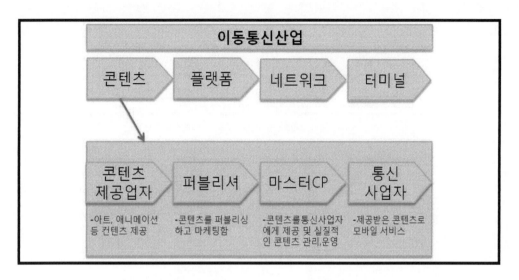

[그림 98] 모바일 콘텐츠 산업의 구조

---

101) 콘텐츠의 실질적인 관리 및 운영을 담당하는 업체

다. 게임 산업의 특징

게임은 문화적, 산업적, 사회적, 학습적 특징을 동시에 지니고 있다. 특히, 전통적 개념에서는 제외되었던 산업적 특성을 살펴보면 다음과 같다. 게임 산업은 원자재나 대량의 설비투자 없이 기획력과 아이디어로 승부하기에 투입 대비 산출의 비율이 여타 다른 산업보다 월등히 높은 고부가가치 산업이다. 또한, 게임 산업 자체뿐 아니라 만화, 애니메이션, 영화, 방송, 인터넷 및 네트워크, 음악 산업, 캐릭터산업 등과 같은 주변산업과 접목해 부가가치 및 파생상품을 창출할 수 있다는 산업특성도 가지고 있다.

항목	수준	평가의견
진입장벽/ 경쟁상황	낮음	• 소수의 대형 메이커 업체와 다수의 소규모 기업 및 개인 사업체로 시장이 구성되어 있으며, 기획력과 아이디어만 갖추면 시장 진입이 용이해 시장장벽은 낮은 수준
수급의 안정성/ 전망	높음	• 향후 모바일게임 시장이 전체 게임시장의 성장을 견인할 것으로 예상되며, 고성능 모바일기기 보급 확대, 네트워크 기술 향상 등으로 안정적인 성장세를 지속할 것으로 예상
가격 교섭력	낮음	• 정부의 정책 방향에 민감하고, 구글 안드로이드, 애플 iOS 등의 플랫폼 사업자의 영향력이 커서 상대적으로 온라인 및 모바일게임 업체들의 가격교섭력은 낮은 편
산업의 변동성	높음	• 정부 규제의 변화 가능성과 흥행을 기반으로 하고 있어 주가와 실적의 변동성이 높은 편
경기 민감도	중간	• 경기변동 및 계절성에 따른 직접적인 영향보다는 게임의 재미와 게임성 등이 게임 산업 경기에 가장 큰 영향을 미치는 요소로 작용

[표 99] 국내 게임 산업 경쟁력 평가[102)103)]

게임 산업은 대표적인 엔터테인먼트 산업으로 구분된다. 이는 게임에서 경제성과 상품성의 가치를 창출하는 산업이며, 제조업으로 대변되는 여타의 사업들에 비하여 초기 투자비용 및 가변비용이 상대적으로 적고, 진입 장벽 역시 높지 않다. 게임 산업은 기술력의 발달과 함께 게임의 사회적 파급효과가 증대되면서 엔터테인먼트 산업의 중심으로 발돋움 하였다. 게임 산업은 여타의 산업과는 다르게 원자재 가격변동 또는 국제경제의 불안정한 흐름 등에도 큰 영향을 받지 않는다. 뿐만 아니라 언어, 국가 문화 등의 장벽이 낮아 해외 수출시장에서도 경쟁력을 가질 수 있는 산업으로 높은 경제성과 고부가가치를 창출할 수 있다.[104)]

---

102) 하나금융경영연구소
103) 평가 수준은 매우 높음, 높음, 중간, 낮음, 매우 낮음으로 나뉨

설비투자 등 유형 자산에 대한 투자비중이 높은 전통 제조업에 비해 무형자산의 비중이 높다. 게임 산업은 PC, 서버 등 유형자산보다 게임의 오락성, 캐릭터의 대중성 등 무형의 자산이 산업의 가치를 결정하는 데에 핵심적인 비중을 차지한다. 대표적인 고위험-고수익 산업이며 타 산업과의 연계성이 매우 크다. 게임 산업은 프로그램 개발에 소요되는 연구개발비의 비중은 높고, 하드웨어 제품에 비해 수요의 예측이 어렵다는 점에서 위험이 높다. 반면, 성공적으로 상용화될 경우 적은 추가 비용으로 많은 사용자에게 확산도리 수 있어 고수익이 가능하고, 영화나 애니메이션 등 여러 분야로 확장이 가능하다.[105]

104) [시장분석] 게임산업의 특성 및 시장 현황, 미래한국, 2016.12.13.
http://www.futurekorea.co.kr/news/articleView.html?idxno=34980
105) 국내 게임산업 동향 및 발전방안, KDB, 2008.

2. 국내 게임산업 동향
가. 시장 규모[106]

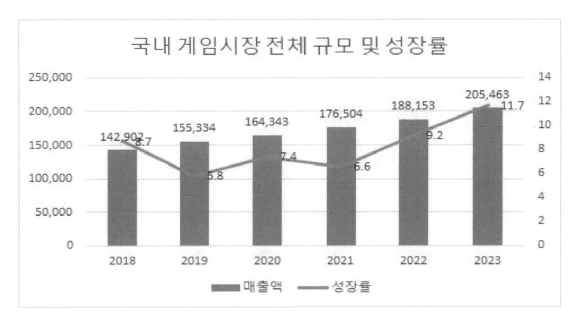

국내 게임시장 전체 규모 및 성장률

2020년 국내 게임 시장 규모는 16조 4,343억 원으로, 2019년 15조 5,334억 원 대비 7.4% 증가한 것으로 나타났다. 국내 게임 산업은 2009년 이후 2012년까지 지속적인 성장률을 나타냈다. 2019년 잠시 주춤 하는 듯 보였으나 2021년부터 지속적으로 성장할 것으로 보인다.

2020년에는 전년도와 마찬가지로 모바일 게임의 매출액이 전체 게임 산업에서 가장 높은 비중을 차지했다. 모바일 게임 매출액은 7조 2,645억 원이며 이는 전체 게임 산업에서 47.3%를 차지한다. PC 게임 매출액은 5조 645억 원으로 점유율은 34.5%를 나타냈다. 전년의 점유율 35.1%보다는 약간 비중이 감소했다. 그 다음으로 컴퓨터 게임방 운영업(PC방) 매출액은 1조 9,896억 원으로 점유율은 13.4%였고, 콘솔 게임 매출액은 7,652억 원으로 점유율은 2.8%였다.

---

106) 『2019 대한민국 게임백서』 국내 게임산업 동향 28p-34p/한국콘텐츠진흥원

구분		2019년		2020년	
		매출액	비중	매출액	비중
게임제작 및 배급업	pc게임	5,556,119	35.1	5,645,985	34.5
	모바일게임	7,134,971	46.6	7,264,548	47.3
	콘솔게임	747,820	3.7	765,254	2.8
	아케이드게임	191,184	1.3	200,654	1.4
	소계	13,583,061	86.7	13,876,441	86
게임유통업	컴퓨터 게임방 운영업	1,899,594	12.8	1,989,685	13.4
	아케이드 게임장	77,946	0.5	72,654	0.6
	소계	2,061,952	13.3	1,962,339	14

[표 100] 국내 게임 시장의 분야별 시장 규모 및 점유율

구분	2019년		2020년		2021년	
	매출액	성장률	매출액	성장률	매출액	성장률
pc게임	51,929	3.4	53,210	2.5	52,399	-1.5
모바일게임	70,824	6.4	72,579	2.5	76,757	5.8
콘솔게임	5,467	3.4	5,334	-2.4	7,042	32
아케이드 게임	1,908	2.9	1,881	-1.4	1,992	5.9
pc방	19,313	5.6	19,879	2.9	19,527	-1.8
아케이드 게임장	731	6.5	691	-5.5	703	1.7
합계	150,172	5.1	153,575	2.3	158,421	3.2

[표 101] 국내 게임시장 규모와 전망(2019-2021년)

구분	2022년(E)		2023년(E)	
	매출액	성장률	매출액	성장률
pc게임	54,178	3.4	55,532	2.5
모바일게임	81,669	6.4	83,710	2.5
콘솔게임	7,281	3.4	7,148	-2.4
아케이드 게임	2,049	2.9	2,000	-1.4
pc방	20,620	5.6	21,217	2.9
아케이드 게임장	748	6.5	707	-5.5
합계	166,500	5.1	170.329	2.3

[표 102] 국내 게임시장 규모와 전망(2022년-2023년)

한편, 2021년 국내 게임 시장 규모는 2020년 대비 3.2% 상승하여 15조 842억 원 수준에 도달할 것으로 전망된다. 2021년에는 게임 제작 및 배급업의 모든 게임 플랫폼, 그리고 게임 유통업 전 부문에서 산업 규모가 성장할 것으로 보인다. 다만 성장폭은 그다지 크지 않을 것으로 예상된다.

2021년 PC 게임 시장 규모는 2020년 대비 3.4% 증가한 5조 239억 원에 이를 것으로 예상된다. <배틀그라운드>로 인해 촉발되었던 PC 게임 시장의 성장세가 2021년에는 약간 하락할 것으로 보이며, 코로나의 영향으로 PC방 매출 또한 2021년에 그 규모가 감소할 것으로 전망되고 있다.

모바일 게임 시장은 성장을 지속하며 성장세 또한 큰 폭으로 성장할 것으로 예상된다. 따라서 2021년 매출은 전년 대비 6.4% 증가한 7조 675억 원을 기록할 것으로 전망된다.

콘솔 게임은 최근 몇 년 간 닌텐도 스위치의 선풍적인 인기에 힘입어 시장 규모가 큰 폭으로 성장해왔으나 모바일 게임의 큰 성장과 고비용의 문제로 성장세가 둔화될 것으로 보인다. 2021년에는 닌텐도 스위치가 시장에서 어느 정도 자리를 잡으며 기기의 판매 실적이 감소하고 게임 타이틀의 구매도 안정화되면서 성장 폭 자체는 크게 줄어들 것으로 보인다.

아케이드 게임의 성장세도 이전과 같이 안정화될 것으로 보인다. VR 등을 적용한 체험형 시뮬레이터가 기대했던 것보다 널리 확산되지 못함에 따라 강력한 성장 동력으로는 작용하지 못한 것으로 보인다. 그럼에도 불구하고 아케이드 게임장은 광범위한 연령대가 방문하는 장소로 변화하고 있어, 이에 따라 아케이드 게임과 아케이드 게임장 부문은 완만한 성장세를 유지할 것으로 예측되었다.

또한 '2020 디지털 차트: 모바일 게임' 리포트에 따르면, 지난해 글로벌 모바일게임 시장의 매출 규모는 685억 달러(한화 약 82조 6,521억 원)으로 집계됐다. 국내 모바일게임 시장 규모는 2021년에 성장세 둔화 속에서도 7조 6,757억 원 도달이 추정된다.

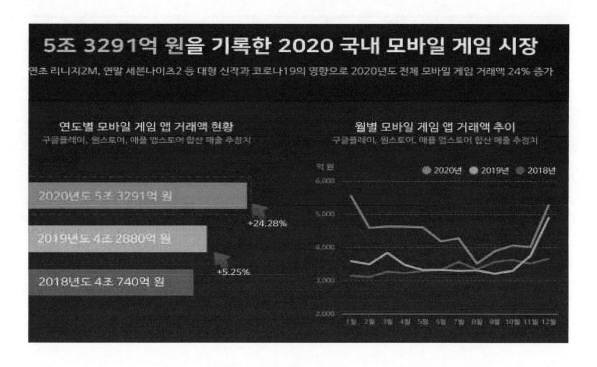

2020년 한해 신종 코로나바이러스 감염증(코로나19) 등 여파에 국내 모바일 게임 시장이 급성장하며 시장 규모가 5조원을 넘었다. 모바일 빅데이터 기업 아이지에이웍스에 따르면 지난해 구글플레이·애플 앱스토어·원스토어 합산 모바일 게임 앱 거래액은 5조3천291억 원으로, 2019년보다 24% 증가했고 작년 하반기 기준 모바일 게임 월평균 사용자 수는 2천647만 명에 달했다.

사용자 수는 여성(52.83%)이 남성(47.17%)보다 많았는데, 평균 사용 시간은 남성이 길었다. 30대 남성은 전 계층 중 가장 긴 월평균 48시간 게임을 했다. 총 사용 시간은 안드로이드 OS 기준 '리니지M'과 리니지2M'이 각각 3억27만 시간, 2억6천73만 시간으로 각각 1위와 2위를 차지했다. 그다음으로 '배틀그라운드'(2억2천54만 시간), '바람의나라: 연'(2억886만 시간), '카트라이더 러쉬플러스'(2억 720만 시간) 등 순이었다. 신규 설치 수는 레이싱 게임 '카트라이더 러쉬플러스'(919만 건)가 1위에 올랐고, 생존 게임 '어몽 어스', 서바이벌 슈팅 게임 '배틀그라운드 모바일' 등이 뒤를 이었다.[107]

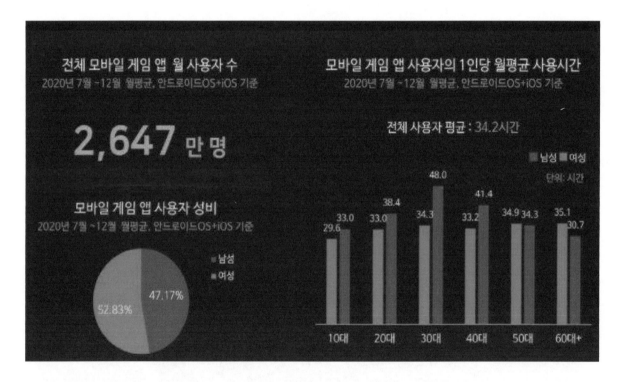

전문가들은 2021년은 더 큰 성장을 기대해 볼 만하다고 전망하고 있다. 예정된 각종 신작과 해외 진출 등으로 추가 실적 확대를 위한 모멘텀이 마련될 수 있기 때문이다. 코로나19로 게이밍PC, 콘솔 등 신규 게임기기 구매 수요가 증가하고 근무 및 여가생활 방식의 변화로 코로나 종식 이후에도 지속적으로 게임 이용자수는 증가할 전망이다.

---

107) "작년 국내 모바일 게임 시장 규모 5조원 돌파…24%↑"/ 연합뉴스

국내 게임 개발사들의 개발력은 최고 수준이지만 유일하게 부진한 시장은 '콘솔'이다. 콘솔게임은 스토리텔링, 그래픽, 음악, 캐릭터 디자인 등 모든 부분에서 한 차원 높은 업그레이드가 필요하기 때문에 미국, 유럽, 일본 등 게임개발 선진국에서 주로 개발해왔다. PC 온라인, 모바일 게임에 비해 유독 콘솔 게임에서는 국내 게임사가 힘을 쓰지 못해왔으나 최근 국내 게임사들이 콘솔 시장 개척을 위해 투자에 나서고 있으며 콘솔 게임 시장 진출에 망설여왔던 국내 게임사들도 올해는 본격적으로 움직임을 보이고 있다.

넷마블 첫 콘솔게임 데뷔작인 닌텐도 스위치 게임 '세븐나이츠 타임원더러'는 지난해 출시돼 사전예약 1위를 기록했다. 엔씨소프트는 '퓨저(FUSER)'를 선보이면서 북미·유럽 시장 공략에 나섰고, 올해 중 '프로젝트TL' 출시를 앞두고 있다. 넥슨도 '카트라이더 드리프트'를 출시할 예정이다.

이와 같이 국내 게임 시장은 모바일 위주 성장에서 코로나19 이후 PC·콘솔 라인업이 많아졌으며 현재 국내 대부분의 게임사들이 크로스플레이 염두에 둔 콘텐츠 개발에 집중하고 있다.108)

---

108) '언택트 수혜' 잘 나가는 게임업계…내년도 성장 '박차'/일요경제

나. 세계시장에서의 점유율[109]

(단위: 억 원, %)

구분	2018년 매출액	2018년 성장률	2019년 매출액	2019년 성장률	2020년(E) 매출액	2020년(E) 성장률	2021년(E) 매출액	2021년(E) 성장률	2022년(E) 매출액	2022년(E) 성장률
PC 게임	50,236	10.6	48,058	-4.3	48,779	1.5	48,827	0.1	49,306	1.0
모바일 게임	66,558	7.2	77,399	16.3	93,926	21.4	100,181	6.7	110,024	9.8
콘솔 게임	5,285	41.5	6,946	31.4	8,676	24.9	12,037	38.7	13,541	12.5
아케이드 게임	1,854	3.1	2,236	20.6	766	-65.7	1,503	96.2	2,382	58.5
PC방	18,283	3.9	20,409	11.6	17,641	-13.6	19,605	11.1	23,146	18.1
아케이드 게임장	686	-12.0	703	2.4	303	-56.9	532	75.4	726	36.6
합계	142,902	8.7	155,750	9.0	170,093	9.2	182,683	7.4	199,125	9.0

[그림 118] 게임 유형별 성장률과 매출액 추이/2020대한민국 게임백서

한국콘텐츠진흥원은 PC게임 지식재산권(IP)를 기반으로 하는 모바일 MMORPG 흥행에 힘입어 내수시장이 확대되고 있으며 아시아권을 중심으로 수출 시장에서도 좋은 성과가 나타났다고 2020년 모바일게임 시장을 분석했으며 아울러 앞으로도 모바일게임 시장이 큰 폭의 성장세를 기록할 것으로 예상했다.

콘솔게임 시장은 성장세만 놓고 본다면 국내 게임 산업에서 가장 높은 성장세를 기록하고 있는 부문이다. 2018년 41.5%의 성장률을 기록한 콘솔게임 시장은 2019년과 2020년에 각각 31.4%, 24.9%의 성장률을 보였다.

반면 아케이드게임, PC방, 아케이드 게임장 등의 부문은 코로나19로 인해 큰 타격을 받았다. PC방 시장은 전년대비 -13.6%, 아케이드게임과 아케이드 게임장은 각각 -65.7%, -56.9의 성장률을 기록했다. 특히 2019년 처음으로 연간 매출액 2조 원을 넘어섰던 PC방 시장은 올해 1조7천641억 원의 매출을 올리며 2018년보낮은 매출을 올렸다.

하지만 최근 세계 게임 시장에서 중국 게임이 글로벌 시장에서 계속해 성장하며 한국 게임의 위상이 뒷걸음치고 있다. 중화권과 아시아, 북미 등에서 한국 게임을 이용할 때 가장 불편한 점으로 서버속도가 느린 것을 우선으로 꼽았다. 영국과 이탈리아에서는 그래픽 수준이 떨어진다고 평가했으며 스페인에서는 높은 사양의 디바이스가 필요해 게임을 즐기지 않는다고 답했다. 러시아에서는 자국어 지원이 되지 않아 한국 게임을 즐기지 않는다고 응답했다.

---

109) 『2019 대한민국 게임백서』 국내 게임산업 동향 45p-46p/한국콘텐츠진흥원

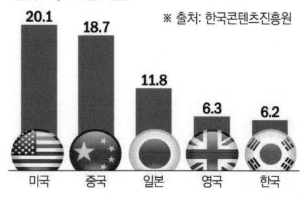

주요 국가별 게임산업 점유율
(단위: %, 2019년 기준)

※ 출처: 한국콘텐츠진흥원

20.1 미국
18.7 중국
11.8 일본
6.3 영국
6.2 한국

특히 대부분의 국가 응답자들은 주변에 같이 즐길 수 있는 사람이 없어 한국 게임을 즐기지 않는다고 답했다. 다만 게임 자체가 이용하기에 흥미롭고 재미있어서 즐긴다는 답변도 상당수를 차지했다.

해외 시장에서의 한국 게임에 대한 위상은 갈수록 하락하고 있다. 대한민국 게임백서에 따르면 세계 게임 시장에서 한국의 점유율은 2018년 6.3%로 4위에 올랐지만 2019년에는 6.2%로 5위로 밀려났다. 이는 미국, 중국, 일본, 영국의 뒤를 잇는 규모다. PC 시장에서는 3위, 모바일 게임 시장에서는 4위의 점유율을 갖고 있다.

전문가들은 중국의 글로벌 시장 점유율이 증가하며 한국 게임의 입자가 좁아진다는 분석이다. 이는 중국이 대규모 자본을 기반으로 한 대대적인 마케팅과 홍보를 통해 공격적으로 시장을 공력하고 있기 때문이다. 특히 중국 내에서 개발하는 중국 게임들은 한국 게임보다 사양이 낮은 것이 특징인데 고사양 고퀄리티를 추구하는 국내와 달리 저가 스마트폰에서도 구동이 가능하기 때문에 개발도상국에서 국내 게임보다 경쟁력이 있는 것으로 보인다.

국내 게임업계에서도 이를 인지하고 시장경쟁력을 높이기 위한 준비를 하고 있다. 국내 시장에 이미 출시해 서비스하고 있는 게임들은 리뉴얼 과정을 거쳐 현지에 최적화를 진행해 해외 진출을 위한 준비를 진행할 예정이다.110)

---

110) 한국게임 순위 세계 5위로 밀려/ 이투데이

다. 국내 게임정책
1) 새로운 게임법 개정안

문화체육관광부가 '게임법(게임산업진흥에 관한 법률)'을 새롭게 개정하여 2020년 7월경 초안을 발표할 예정이라고 밝혔다. 앞서 공개한 전부 개정안의 경우, 규제 강화 및 실효성 문제 등으로 논란이 된 바 있어 실질적인 법안 개선 여부가 주목되고 있는 실정이다.

문체부는 2019년 게임법 전부 개정 계획을 밝힌 이후 관련 연구용역을 진행하였으며 2020년도 초 게임법 전부 개정안을 공개한 바 있다.

그러나 이를 놓고 산업 진흥·육성보다는 규제 쪽에 초점이 맞춰진 데다 해외 사업자 제재 등 실효성이 낮다는 비판이 제기 되었다.

이에 따라 문체부는 현재 '게임산업법 개정 관련 전담팀'을 운영하며 두 차례 비공개 회의를 마치고 기존 게임법 전부 개정안 연구에 관한 2~3개 쟁점을 묶어서 분야별 전문가 3~4인의 자문과 토론을 거쳤다고 밝혔다. '게임산업법 개정 관련 전담팀'은 문체부가 총괄을 맡은 가운데 게임물관리위원회, 한국콘텐츠진흥원, 연구진, 자문단 등이 참여 중이다.

게임법에 관련한 쟁점은 ▲게임 정의 재정비 ▲온라인게임제공사업 신설 ▲게임문화·게임산업 진흥 정책 확대 ▲자율규제 근거 마련 및 확대 ▲내용수정 신고제도 개선 ▲확률형 아이템 관련 정보 공개 ▲게임의 사행성 판단기준 및 사행적 이용 금지 방안 ▲불법 광고에 대한 규제 근거 마련 ▲국내대리인제도 도입 필요성 및 문제점 ▲게임기기 안전성 확보 방안 ▲자율적 분쟁조정제도 도입 등이 있다.

이를 토대로 문체부는 2020년 7월 중 게임법 전부 개정안 초안을 마련할 예정이며 8~9월에는 개정안 설명자료 및 하위법령안도 만든다는 방침을 밝혔다.[111]

2) 등급분류제도[112]

「게임산업진흥에 관한 법률」에 따르면 '등급분류제도'가 있다. 최근 이를 두고 게임물관리위원회와 게이머들 사이에서 논란이 되었던 쟁점이 있었기에 이 부분에 대해 먼저 살펴보고자 한다. 게임물관리위원회는 '등급분류제도'에 대해 다음과 같이 밝히

---

111) 문체부, 새로운 게임법 전부 개정안 7월 마련한다/아이뉴스24
112) 게임물관리위원회
https://www.grac.or.kr/Institution/EtcForm01.aspx

고 있다.

가) 등급분류 대상 게임물

「게임산업진흥에 관한 법률」(이하 게임법) 제2조 제1호와 제21조에 규정되어 있는 바와 같이 "컴퓨터프로그램 등 정보처리기술이나 기계장치를 이용하여 오락, 여가선용, 학습 및 운동효과 등을 높일 수 있도록 제작된 영상물 또는 그 영상물과 관계된 기기 및 장치"는 모두 게임물관리위원회(이하 게임위)의 등급분류를 받아야 한다. 즉, 게임물을 유통시키거나 이용에 제공할 목적으로 게임물을 제작 또는 배급하고자 하는 사람은 당해 게임물을 제작 또는 배급하기 전에 게임위로부터 등급분류를 받아야 한다.

나) 등급분류 예외 게임물

중앙행정기관의 장이 추천하는 게임대회 또는 전시회 등에 이용·전시할 목적으로 제작·배급하는 게임물이나 국가, 지방자치 단체, 교육기관, 종교기관 등이 교육·학습·종교 또는 공익적 홍보활동(비영리 목적) 등의 용도로 제작·배급하는 게임물, 시험용 게임물은 등급분류를 받지 않아도 된다. 당해 게임물이 등급분류 예외 게임물에 해당하는지 여부는 미리 게임위에 확인 받을 수 있다. <게임법 제21조>

다) 등급분류심의기준

콘텐츠 중심성	콘텐츠 이외의 부분에 대해서는 등급분류 대상에서 제외
맥락성	전체적인 게임물의 맥락, 상황을 보고 등급을 결정
보편성	사회적 통념에 부합하는 등급을 결정
국제적	통용성 범세계적인 일반성을 갖도록 등급을 결정
일관성	동일 게임물은 심의시기, 심의주체가 바뀌어도 동일한 등급결정

3) 규제 정책
가) 셧다운제

2011년 도입된 '**셧다운제**'는 당시 가장 뜨거운 이슈였다. 셧다운제는 자정부터 새벽 6시까지 만 16세 미만 청소년들의 온라인 게임 접속을 차단하는 것을 주요 골자로 하며, 수면권을 보장하고 게임 중독을 막는다는 취지로 도입된 제도다. 그러나 실제 셧다운제의 정책효과를 분석해보니 해당 연령대 청소년의 주중 하루 평균 게임 이용 시간은 18분, 주말에는 20분가량 소폭 감소했다. 셧다운제는 사실상 통계적 유의성을 확보하지 못했다. 반면, 한국경제연구원이 2015년 발표한 '셧다운제 규제의 경제적 효과 분석 보고서'에서는 셧다운제 시행 이후 국내 게임 산업의 규모가 1조 1천600억 원가량 감소한 것으로 나타났다.

나) 게임 중독법

이외에도 '게임 중독법', '게임 심의 기준' 등 게임과 같은 규제안은 계속 발표됐다. 이는 단순히 산업 성장을 저해하는 데 그치지 않고 게임에 대한 부정적 인식을 키우고 있다. 2014년까지 많은 게임 개발자들이 산업의 성장을 보조해주지 못하고 방해만 되는 게임 산업 규제 때문에 업종을 옮겼다.

게임 산업을 둘러싼 정부 부처 간 의견 대립 역시 게임 산업의 큰 어려움이다. 국내 게임 산업이 정부의 산업 진흥책이나 규제책에 크게 영향을 받을 수밖에 없는 현실에서 각 부처 간 게임 산업에 대한 시선 차가 존재한다. 문제는 그 시선 차가 상호 조정되지 않은 채 게임 산업 정책에 반영돼 발표되고 있다는 점이다.[113]

이에 대하여 서울 세종대로 대한상공회의소에서 열린 '게임 이용 장애 질병 분류의 경제적 효과 분석 연구결과 발표 및 토론회'에서는 게임 이용 장애가 질병으로 분류되면 3만4000명의 젊은이들이 일자리를 잃게 된다는 의견이 모아졌다.

또한 'ICD-11 게임이용 장애 질병 분류의 경제적 효과 분석 연구'를 통해 게임이용 장애의 질병 분류가 게임 이용자, 게임 산업 전반, 전체 산업에 미치는 경제적 효과를 추정했다.

그 결과, 총 생산 감소효과는 5조2526억원인데 사회적 비용이 고려되지 않아 산업적 피해는 더 클 수 있다는 분석이 제기되었다. 관련 전문가는 이에 대하여 개인의 보호 논리에 치우쳐 산업적 피해가 얼마나 클 수 있는지 간과되어서는 안된다고 덧붙였다.

더불어 현재 코로나19 사태로 모바일 시장과 게임 시장이 급성장하고 있는 상황에서 어떤 산업 정책을 도입해야하는지 고려해야 한다고 전했다.[114]

다) 게임위, '스팀규제' 논란

게임물관리위원회가 최근 등급분류를 받지 않은 '스팀 게임'에 대한 단속을 강화하면서 '스팀규제'에 대한 논란이 일었다.

---

113) '게임중독=질병' 낙인 우려까지…게임산업 죽을맛/중앙일보
114) "게임 질병 분류되면 3만4천개 일자리 잃는다"/파이낸셜 뉴스 20th

게임위는 '스팀에서 국내 시장 유통을 목적으로 한 게임'을 서비스하는 회사들에게 등급 분류를 받지 않고 서비스하는 것이 한국 현행 게임산업법 위반이라는 것에 대한 메시지를 전달했다. 한국에서 스팀 게임을 서비스하는 해외 게임사들이 이러한 메시지를 받은 것으로 확인되었으며, 대상이 되는 게임의 개수는 수십여 개며, 지명도 높은 게임도 일부 포함된 것으로 알려졌다.

　실제로 게임산업법 제32조에 따르면, 등급분류를 받지 않고 서비스되는 게임은 '불법게임물'로 규정된다. 따라서 게임물관리위원회의 취지는 해외 게임사가 직접 등급 분류를 할 수 있도록 문을 열었으니 현행 법을 준수하라는 것이다.

　업계 전문가들은 위원회의 이번 조치가 판매 자체를 걸어 잠그는 방식으로 이루어진다면 2014년보다 더 강력한 제재가 될 것이라며 전망했다. 한국에 스팀 게임을 서비스하려는 해외 게임사 입장에서는 현지화에 복잡다단한 심의 과정까지 추가된 것이다. 많은 게임사가 한국 시장에만 적용되는 행정상 번거로움을 피한다면, 이용자 입장에서는 앞으로 스팀에서 한국어로 만나는 게임이 줄어들 수 있다.115)
　이에 대하여 많은 게이머들은 게임위가 과도한 게임 규제와 게임 탄압을 초래한다며 국민청원까지 나섰다. 게이머들은 스팀을 통해 서비스하는 해외 게임사에 등급 분류를 강제로 받으라고 할 경우, 해외 게임사 다수가 한국 시장을 포기해버릴 것이라고 생각했다.

　이와 같이 게이머들이 올린 국민청원에는 "게임위가 심의 받지 않은 스팀 내 게임을 단속하려 나섰다"며 "이러한 단속 행위는 한국 게임 문화발전에 도움이 되지 않는다"는 내용이 담겼다. 청원에 참여한 국민 수는 무려 4만6648명에 달했다.116)

　그러나 게임위가 스팀을 돌연 규제하려는 것이 아니라 해외 게임사들에 국내법을 따를 방법을 새로 안내했다는 의도를 밝히며 논란은 종결됐다.

　스팀은 미국 게임사 '밸브 코퍼레이션'이 운영하는 플랫폼이고, 전 세계의 개발사가 스팀을 통해 1만개가 넘는 게임을 유통하기 때문에 해당 법 조항 적용에 한계가 있었다.

　게임위는 스팀을 통해 국내에 유통되는 게임도 법에 따라 등급 분류를 받을 수 있도록 밸브와 논의했을 뿐, 게임 유통을 차단하려고 한 의도가 아니라고 해명했다.

---

115) 게임물관리위원회, 등급분류 하지 않은 스팀 게임 제재 나서/THIS IS GAME
116) 뿔난 게이머 "게임위는 스팀 탄압 멈춰라"/!T Chosun

또한 국내 등급 분류 제도를 모르거나 까다로워했던 해외 게임사들이 등급 분류를 쉽게 받을 수 있도록 영문 접수 절차를 개선했는데, 스팀으로 게임을 유통하던 해외 게임사들에 이를 안내한 것이 오해를 일으켰다는 게 게임위 측 해명이다.[117)]

4) 진흥 정책
가) 게임, '문화예술'에 포함

정부가 '제105회 국정현안점검조정회의'를 주재해 '게임산업 진흥 종합계획'에 대해 밝혔다는 소식이 전해졌다. 이번 '문화예술진흥법'에서 크게 주목할만한 점은, 게임을 '문화예술' 범위에 포함시킨다는 내용이었다.

정부는 게임 산업을 코로나19 사태 이후 새로운 경제 성장 동력으로 지목했으며 문화체육관광부는 게임 산업을 집중적으로 육성하겠다는 취지이다. 이번 계획안에는 그동안 게임 업계의 성장을 가로막았던 규제를 완화하고, 중소 게임 기업에 대한 단계적 지원을 강화하는 등 산업 현장의 목소리를 반영했다. 이 진흥 계획은 2024년까지 국내 게임 산업매출액을 19조 9000억 원, 수출액을 11조 5000억 원으로 확대하고, 일자리를 10만 2000개로 늘릴 것을 목표로 한다.

게임은 이미 북미, 유럽, 일본 등 여러 국가에서 문화 예술로 인정되고 있었다. 이러한 세계적인 추세에 발맞추어 문화부는 다양한 지원책을 마련하고, 게임을 건전한 여가문화로 정착시켜 나갈 것이라고 언급했다. 또한 자신에게 알맞은 게임을 통해 여가문화를 즐기면 과몰입에 따른 사회적 부작용도 최소화 할 수 있을 것이라고 덧붙였다.

이에 따라 문화부는 BIC 인디 페스티벌, 구글페스티벌과 같은 다양한 행사와 게임 개발을 지원한다는 방침도 밝혔다. 특히 '예술게임'에 대한 지원과 제작을 늘릴 예정이라고 덧붙였다.

한편, 문화부는 게임의 규제 개선 및 지원 강화 정책으로, 게임이용자의 권익 보호 및 게임이용자의 게임 향유권, 게임사업자의 이용자 보호 의무 등을 법률에 명시하고 국내 법인이 없는 해외 게임사업자의 국내 대리인 지정 제도를 도입한다고 밝혔다. 특히 '확률형 아이템'에 대해 아이템 종류, 확률정보 등 표시 의무 부과 근거를 마련하고 지나친 선정성 등 올바른 게임 이용을 해치는 게임광고도 제한해 나간다는 계획이다.

또한 제작 지원 측면에서는 온라인·모바일 외에 다양한 플랫폼 및 VR·블록체인·클라

---

117) '게임위가 스팀 규제?' 해프닝 종결…등급분류제 개정은 탄력/연합뉴스

우드 등 신기술을 기반으로 한 신성장 게임을 집중 육성한다고 밝혔다. 더불어 기능성 게임과 인디게임 등 제작 지원을 통해 게임생태계 다양성을 제고하는 것을 목표로 하고 있다.

'게임에 대한 인식 제고'를 위해서는 가족 중심의 게임문화 축제를 개최하고 게임 과몰입 치유를 위한 기반시설의 기능을 강화한다는 방침도 제시했다. 게임 이용문화 교육 대상의 경우 기존 청소년 위주에서 고령층, 개발자, 유튜버 등으로 확대한다는 내용이다.[118]

코로나19 사태를 겪으면서 국가적 차원의 언택트 산업 육성의 필요성이 어느 때보다 높아지고 있어 이에 4대 핵심전략과 16개 역점 추진과제를 통해 정부는 게임이 비대면 시대와 4차 산업혁명을 선도하는 핵심 산업으로 성장할 수 있도록 지원하고 있다.

나) 게임전문펀드 확대 방침

정부가 게임 산업 육성 정책의 일환으로, 게임전문펀드를 확대한다는 방침을 발표했다. 문화체육관광부의 게임전문펀드 확대 방침에 더해 중소벤처기업부까지 별도 게임전문펀드 조성을 추진하기로 하면서 업계 기대감도 커지는 분위기다.

정부의 이 같은 발표에 중소개발사들을 중심으로 게임업계는 우호적인 반응을 보이고 있다. 현재 게임업계는 전체 투자액 감소로 인한 중소개발사 자금부족 현상이 심화되고 있기 때문이다. 한국벤처캐피탈협회에 따르면 2014년 1천762억에 달했던 게임산업 투자액은 2019년 1천192억원으로 5년새 약 32% 감소했다.

한편, 중기부의 제3차 추가경정예산안에 따르면 중기부는 추경 2천억원에 기존 모태펀드 전환액 2천억원을 더한 총 4천억원을 출자해 하반기 1조원 규모의 '스마트 대한민국 펀드'를 신규 조성하기로 했다.

펀드 기금은 민간과 정부가 6대 4로 출자하며, 이 안에는 별도 게임전문펀드가 신설될 전망이다. 또한 문체부는 성장이 유망한 중소게임기업의 자금 지원을 위해 모태펀드 문화계정 내 게임전문펀드의 정부 출자 비중을 기존 60%에서 70% 이상으로 높이는 방안을 추진한다고 덧붙였다.

중소게임기업 육성 펀드를 조성하는 방안과 더불어 모험펀드를 통한 인디게임 등 소외 장르 및 제작 초기 단계 지원 확대 등도 검토할 예정이다. 중소게임사들의 운전자

---

118) 게임산업 진흥종합계획 뭘 담았나?/더게임스데일리

금 및 해외진출 준비금 등에 대한 융자 등도 지원한다.

이에 대하여 게임업계 관계자들은 5~6년 전만 해도 모바일 게임 개발에 15~30억원이 필요했다고 한다면, 이제 글로벌에서 경쟁하기 위해서는 100억원 수준이 필요하다면서 게임전문펀드를 통해 중소·중견 게임 개발사들에 더 많은 자금이 지원될 수 있길 바란다고 기대감을 전했다. 또한 정부에서 펀드 및 생태계 조성을 위한 정책 등을 펼쳐줄 경우 스타트업과 메이저 회사가 협업할 수 있는 접점도 만들어질 것이라고 예측했다.119)

다) 콘솔-아케이드 지원 강화

정부가 코로나19 이후 새로운 변화의 시기를 마주한 국내 게임 산업에 대한 새로운 지원을 약속했다. 특히 콘솔과 아케이드 시장에 대한 지원을 강화하겠다고 밝혀 눈길을 끌었다.

문화체육관광부 오 차관은 게임 산업에 대한 지속적인 지원을 이어가겠다는 계획을 밝히며 "게임산업도 비대면 환경에서 많은 어려움이 있었지만 이를 기회로 활용해 큰 성과를 거뒀다. 33개 상장 게임기업의 매출은 24%가 성장했고 영업이익도 94% 증가했다"라며 "사회적 거리두기 이후 다소 멀어질 수 있는 국민들을 이어줄 수 있는 대표 콘텐츠는 게임이라 할 수 있다"라고 말했다.

더불어 "정부는 게임 산업 지원정책을 확대하고 건전한 생태계 조성을 위한 제도 개선에 최선을 다하겠다." 라며 "예비창업자와 인디게임사의 창의적인 아이디어가 게임으로 만들어질 수 있도록 지원 사업을 준비하겠다. 특히 인공지능, 가상현실 등 신기술 기반 게임이 개발되고 해외시장에 진출할 수 있도록 지원해 우리 게임이 세계시장을 선도하도록 하겠다." 라고 덧붙였다.

콘솔과 아케이드 시장에 대한 지원을 강화하겠다는 이야기도 이어지며 PC와 모바일 플랫폼으로 출시된 게임이 콘솔로 다시 제작되어 출시될 수 있도록 지원사업도 펼치겠다고 말하며 "아케이드 게임도 가족중심 게임이 만들어질 수 있도록 지원하고 사행성 논란에서 벗어나 잠재적 수요를 창출할 수 있도록 노력을 기울이겠다"라고 덧붙였다.

정부는 2021년은 게임 산업이 재도약하는 기회가 될 것으로 보고 비대면으로 급변하는 사회 속에서 게임 산업이 국가성장을 주도할 수 있도록 지원할 것을 약속한다는 입장이다.

---

119) 정부, 게임펀드 힘 싣는다…추진 나선 문체·중기/아이뉴스24

3. 게임산업관련 추천 기업

가. 엔씨소프트

[그림 120] 엔씨소프트 로고

1) 기업 소개

1997년 설립된 엔씨소프트는 주로 온라인 및 모바일 게임 개발을 수행하는 기업이다. 당사는 2000년 미국 법인을 설립하여 북미, 유럽, 일본, 대만 등에 글로벌 네트워크를 구축했으며, 2015년에는 '세븐나이츠'를 글로벌 시장에 성공적으로 출시하여 태국, 대만, 홍콩, 인도네시아, 싱가포르 앱스토어에서 최고 매출 1위를 기록하는 등의 성과를 얻었다.

주요 사업인 게임 개발 분야에서 엔씨소프트는 2023년 8월 기준 '리니지', '아이온', '블레이드&소울', '길드워', '트릭스터' 등 18개의 게임을 개발하고 선보였다. 그 중, 엔씨소프트의 주력 게임인 '리니지'는 1998년에 출시된 중세 판타지 시대 배경의 MMORPG로, 2008년에는 단일 게임 최초로 누적 매출 1조원을 돌파하여 국내에서 막강한 영향력을 지니며 대한민국을 대표하는 온라인 문화 콘텐츠로 자리매김했다. 당사는 이를 기반으로 '리니지 2', '리니지 M', '리니지 2M', '리니지W' 등의 후속작도 출시하였는데, '리지니W'의 글로벌 사전예약자가 프로모션 시작 15시간 만에 200만 명을 넘어서며 MMORPG 장르 중 역대 최단 기록을 세워 인기를 입증했다.

2023년 8월, 엔씨소프트는 국내 게임사 최초로 자체 개발한 인공지능 언어모델 'VARCO LLM'을 공개했다. 'VARCO'는 'AI를 통해 당신의 독창성을 실현하세요(Via AI, Realize your Creativity and Originality)'라는 의미의 브랜드 명칭으로, 기초모델, 인스트럭션 모델, 대화형 모델, 생성형 모델 등 다양한 종류의 자체 언어모델을 제공한다. 또한, 한국어와 영어를 모두 지원하는 이중언어 모델도 출시할 계획이며, 이후에는 규모 별 언어모델을 순차적으로 공개할 예정이다.

2) 주식 정보

상장일	1997.3.11		
시가총액	5조 714억		
시가총액순위	코스피 61위		
외국인 지분율	41.84%		
액면가	500원		
거래량	16,074주		
최고 주가 (52주)	481,000	최저 주가 (52주)	212,500

(2023. 10. 31 기준)

[표 104] 엔씨소프트 증권정보

가) 분기별 Financial Summary
(1) Key Ratio (단위: 억 원, 배, %)

	2020/12	2021/12	2022/12	2023/12(E)
EPS	26,756	18,078	19,847	8,968
PER	34.80	35.57	22.57	25.65
BPS	152,449	155,059	157,391	159,328
PBR	6.11	4.15	2.85	1.44
EV/EBITDA	20.95	27.36	12.07	14.01

[표 105] 엔씨소프트 Key Ratio

(2) 재무상태 요약 (단위: 억 원)

	2020/12	2021/12	2022/12	2023/12(E)
유동자산	23,022	22,873	25,215	-
자산총계	40,812	45,819	44,376	45,094
유동부채	4,027	5,987	4,340	-
부채총계	31,447	31,512	31,985	32,359
자본금	110	110	110	110
자본총계	31,447	31,512	31,985	32,359

[표 106] 엔씨소프트 재무상태 요약

(3) 손익 계산서 요약 (단위: 억 원)

	2020/12	2021/12	2022/12	2023/12(E)
당기순이익	5,866	3,957	4,360	1,989
매출액	24,162	23,088	25,718	18,234
영업이익	8,248	3,752	5,590	1,608
영업이익률	34.14	16.25	21.74	8.82
순이익률	24.28	17.14	16.95	10.91

[표 107] 엔씨소프트 손익 계산서 요약

(4) 현금 흐름표 요약 (단위: 억 원)

	2020/12	2021/12	2022/12	2023/12(E)
영업활동	7,076	3,911	7,360	3,266
투자활동	-6,956	-1,881	-3,922	32
재무활동	-1,593	-1,124	-3,037	-1,490
CAPEX	644	2,866	2,497	1,787

[표 108] 엔씨소프트 현금 흐름표 요약

(5) 기타지표 (단위: 억 원, %)

	2020/12	2021/12	2022/12	2023/12(E)
ROE	20.83	12.62	13.73	6.12
ROA	15.79	9.14	9.67	4.45
자본유보율	29,973	31,929	35,008	-
부채비율	30	45	39	39

[표 109] 엔씨소프트 기타지표

나. 넷마블

netmarble

1) 기업 소개

[그림 121] 넷마블 로고

2011년에 설립된 넷마블은 유선 온라인 게임 소프트웨어 개발 및 공급업을 영위하는 기업이다. 게임의 주요 라인업으로는 '모두의마블', '스톤에이지 월드' , '세븐나이츠', '몬스터길들이기' 등이 있다. MMORPG부터 캐쥬얼 장르까지 다양한 라인업을 갖추었으며, 구글플레이, 애플 앱스토어 등 마켓에서 높은 순위를 보이는 게임을 다수 보유하고 있다. 마블 IP 최초의 모바일 오픈월드 액션 RPG <마블 퓨처 레볼루션>은 사전 다운로드만으로 한국과 미국, 일본 등 글로벌 78개국 앱스토어에서 인기 순위 1위를 달성했다.

또한 넷마블은 2022년 상반기에 '세븐나이츠 레볼루션'과 'BTS드림 타이니탄 하우스'를 국내와 글로벌 시장에 선보여 게임 유저들을 공략할 예정이다. 그리고 스튜디오 드래곤과 지식재산권(IP) 공동 개발을 위한 업무협약(MOU)을 체결하여 IP 초기 기획 단계부터 세계관, 시나리오 등을 공동 개발해 각각 게임과 드라마로 제작할 계획이다. 최근에는 메타버스 플랫폼 '게더타운'을 통해 게임콘서트를 개최하며 게임과 모든 산업을 연계한 최신 정보를 제공하고 전문가들의 게임산업 트렌드와 비전을 공유했다.

2) 주식 정보

상장일	2017.05.12	
시가총액	3조 3,221억	
시가총액순위	코스피 91위	
외국인 지분율	22.89%	
액면가	100원	
거래량	49,530주	
최고 주가 (52주)	73,300	최저 주가 (52주)	36,750

(2023. 11. 01 기준)

[표 110] 넷마블 증권정보

가) 분기별 Financial Summary
(1) Key Ratio (단위: 억 원, 배, %)

	2020/12	2021/12	2022/12	2023/12(E)
EPS	3,647	2,795	-9,531	-1,545
PER	36.05	44.71	N/A	N/A
BPS	66,080	70,683	66,649	63,803
PBR	1.99	1.77	0.91	0.60
EV/EBITDA	28.54	38.43	55.10	41.95

[표 111] 넷마블 Key Ratio

(2) 재무상태 요약 (단위: 억 원)

	2020/12	2021/12	2022/12	2023/12(E)
유동자산	4,574	8,095	2,517	-
자산총계	82,234	106,638	89,356	88,512
유동부채	7,004	23,048	19,434	-
부채총계	25,728	46,561	33,138	34,808
자본금	86	86	86	88
자본총계	56,506	60,077	56,218	53,704

[표 112] 넷마블 재무상태 요약

(3) 손익 계산서 요약 (단위: 억 원)

	2020/12	2021/12	2022/12	2023/12(E)
당기순이익	3,380	2,492	-8,864	-1,711
매출액	24,848	25,069	26,734	26,021
영업이익	2,720	1,510	-1,087	-668
영업이익률	10.95	6.02	-4.07	-2.57
순이익률	13.61	9.94	-33.16	-6.57

[표 113] 넷마블 손익 계산서 요약

(4) 현금 흐름표 요약 (단위: 억 원)

	2020/12	2021/12	2022/12	2023/12(E)
영업활동	3,723	1,375	-4,084	-659
투자활동	-15,291	-11,575	-404	1,517
재무활동	8,667	10,991	-5,490	636
CAPEX	2,104	864	387	456

[표 114] 넷마블 현금 흐름표 요약

(5) 기타지표 (단위: 억 원, %)

	2020/12	2021/12	2022/12	2023/12(E)
ROE	6.35	4.29	-14.56	-2.48
ROA	4.82	2.64	-9.04	-1.92
자본유보율	59,560	71,333	61,367	-
부채비율	45.33	77.50	58.95	64.81

[표 115] 넷마블 기타지표

다. 펄어비스

PEARL ABYSS

[그림 122] 펄어비스 로고

1) 기업 소개

2010년에 설립된 펄어비스는 게임소프트웨어의 개발 및 퍼블리싱 사업 등을 영위하는 기업이다. '검은사막' 및 '섀도우 아레나', '검은사막 모바일', '검은사막 콘솔', 'EVE Online'을 지역별로 직접 또는 퍼블리셔를 통해 서비스하고 있다.

2020년 4월 일본 지역 서비스를 직접 서비스로 전환하고 5월 '섀도우 아레나' 얼리 액세스(Early Access) 글로벌 서비스를 시작했다. 당사의 '검은사막 모바일'은 한한령 이후 5년만에 중국에 출시한 첫 국산 게임으로 2022년 4월에 중국 공개 테스트를 시작했다. 출시 직후에는 중국 애플 앱스토어 인기 순위 1위와 텐센트 앱마켓 탭탭의 인기 순위 1위에 오르는 성과를 냈다.

펄어비스는 국내 최고 수준의 모션 캡처 스튜디오와 3D 스캔 스튜디오, 폴리 레코딩을 갖춘 오디오실을 운영하며 게임 기술 투자에 적극적인 회사로 2022년 상반기 준공 목표로 국내 게임업계에서 가장 큰 규모의 '펄어비스 아트센터'를 설립할 계획이다.

2) 주식 정보

상장일	2017.09.14		
시가총액	3조 550억		
시가총액순위	코스닥 9위		
외국인 지분율	13.31%		
액면가	100원		
거래량	84,366주		
최고 주가 (52주)	59,800	최저 주가 (52주)	39,550

(2023. 11. 02 기준)

[표 116] 펄어비스 증권정보

가) 분기별 Financial Summary
(1) Key Ratio (단위: 억 원, 배, %)

	2020/12	2021/12	2022/12	2023/12(E)
EPS	1,543	897	-662	235
PER	33.73	154.13	-63.36	202.52
BPS	10,583	11,757	11,412	11,563
PBR	4.92	11.76	3.68	4.12
EV/EBITDA	17.34	132.94	60.38	173.49

[표 117] 펄어비스 Key Ratio

(2) 재무상태 요약 (단위: 억 원)

	2020/12	2021/12	2022/12	2023/12(E)
유동자산	3,714	6,019	4,558	-
자산총계	8,972	13,566	12,226	12,725
유동부채	880	2,035	1,831	-
부채총계	2,603	6,376	5,233	5,623
자본금	65	66	66	67
자본총계	6,369	7,190	6,993	7,102

[표 118] 펄어비스 재무상태 요약

(3) 손익 계산서 요약 (단위: 억 원)

	2020/12	2021/12	2022/12	2023/12(E)
당기순이익	1,009	594	-430	152
매출액	4,888	4,038	3,857	3,546
영업이익	1,573	430	164	-93
영업이익률	32.18	10.64	4.25	-2.62
순이익률	20.63	14.70	-11.15	4.27

[표 119] 펄어비스 손익 계산서 요약

(4) 현금 흐름표 요약 (단위: 억 원)

	2020/12	2021/12	2022/12	2023/12(E)
영업활동	1,574	644	476	49
투자활동	-704	-2,377	-1,080	74
재무활동	-557	2,110	-226	11
CAPEX	267	474	939	222

[표 120] 펄어비스 현금 흐름표 요약

(5) 기타지표 (단위: 억 원, %)

	2020/12	2021/12	2022/12	2023/12(E)
ROE	16.45	8.76	-6.06	2.14
ROA	11.43	5.27	-3.33	1.21
자본유보율	10,586	11,488	10,545	-
부채비율	40.87	88.68	74.83	79.17

[표 121] 펄어비스 기타지표

라. 카카오

kakao

[그림 123] 카카오 로고

1) 기업 소개

1995년에 설립된 카카오는 국내 1위 메신저인 카카오톡을 포함한 다양한 모바일 서비스를 제공 중이며, 커머스, 모빌리티, 페이, 게임, 뮤직, 콘텐츠 등 다양한 영역에서 사업을 영위하고 있는 온라인 플랫폼 기업이다. 대표적인 사업인 카카오톡은 2010년에 론칭되어 대한민국에서의 점유율 94.4%를 차지하고 있는 메신저 플랫폼이다.

카카오는 콘텐츠와 기술을 바탕으로 글로벌 비즈니스를 적극적으로 강화해나갈 예정이다. 당사의 해외진출은 웹툰·웹소설을 비롯한 콘텐츠, 게임 등 엔터테인먼트, 블록체인 사업을 중심으로 이뤄질 것으로 전망된다. 특히 일본·태국 시장에서 1위를 석권한 카카오웹툰은 북미 웹툰 플랫폼 '타파스'와 웹소설 플랫폼 '래디쉬'를 인수해 북미 시장을 공략 중이다. 연내에는 해외 진출 범위를 유럽과 중화권 등으로 확대할 계획이다.

블록체인은 카카오가 글로벌 진출 핵심 전략으로 꼽은 또 하나의 주력 사업이다. 카카오는 2021년 싱가포르에 자회사 '크러스트'를 설립하고, 비영리 법인 '클레이트 재단'을 공식 출범을 통해 총 3억달러에 달하는 '클레이튼 성장 펀드(KGF)'를 앞세워 전 세계 블록체인 관련 스타트업과 사업에 투자한다는 계획이다.

2) 주식 정보

상장일	2017.07.10	
시가총액	17조 905억	
시가총액순위	코스피 18위	
외국인 지분율	25.63%	
액면가	100원	
거래량	656,297주	
최고 주가 (52주)	71,300	최저 주가 (52주)
		37,300

(2023. 11. 02 기준)

[표 122] 카카오 증권정보

가) 분기별 Financial Summary
(1) Key Ratio (단위: 억 원, 배, %)

	2020/12	2021/12	2022/12	2023/12(E)
EPS	355	3,132	3,037	775
PER	219.25	35.92	17.48	48.49
BPS	14,647	23,018	22,893	24,209
PBR	5.32	4.89	2.32	1.55
EV/EBITDA	43.87	48.43	18.30	12.81

[표 123] 카카오 Key Ratio

(2) 재무상태 요약 (단위: 억 원)

	2020/12	2021/12	2022/12	2023/12(E)
유동자산	17,824	24,128	23,349	-
자산총계	119,540	227,796	229,635	252,100
유동부채	14,216	22,991	21,835	-
부채총계	45,262	91,896	94,316	103,750
자본금	443	446	446	445
자본총계	74,277	135,900	135,319	148,349

[표 124] 카카오 재무상태 요약

(3) 손익 계산서 요약 (단위: 억 원)

	2020/12	2021/12	2022/12	2023/12(E)
당기순이익	1,734	16,462	10,626	3,556
매출액	41,568	61,367	71,068	83,388
영업이익	4,559	5,949	5,803	4,691
영업이익률	10.97	9.69	8.17	5.63
순이익률	4.17	26.82	14.95	4.26

[표 125] 카카오 손익 계산서 요약

(4) 현금 흐름표 요약 (단위: 억 원)

	2020/12	2021/12	2022/12	2023/12(E)
영업활동	9,711	13,066	6,784	16,299
투자활동	-12,607	-33,410	-15,741	-19,655
재무활동	13,054	44,412	4,118	5,496
CAPEX	1,831	2,162	4,529	4,652

[표 126] 카카오 현금 흐름표 요약

(5) 기타지표 (단위: 억 원, %)

	2020/12	2021/12	2022/12	2023/12(E)
ROE	2.70	17.10	13.54	3.35
ROA	1.68	9.48	4.65	1.48
자본유보율	13,881	21,260	25,032	-
부채비율	60.94	67.62	69.70	69.94

[표 127] 카카오 기타지표

마. LG전자

[그림 124] LG전자 로고

1) 기업 소개

LG전자는 헤드램프기업인 ZKW를 인수하면서 사실상, 타이어와 샤시를 제외한 모든 전장부품 생산능력을 갖추는 등 빠르게 투자가 이루어지고 있지만, 실질적으로 국내 전장분야 반도체매출의 대부분은 '만도'와 '현대모비스'가 액츄레이터 분야에서 차지하고 있는 것으로 나타났다.

LG전자는 자사의 배터리 경쟁력과 실리콘웍스를 기반으로 EV 및 ESS용 전력용 반도체와 배터리관리시스템(BMS)분야 그리고 센서, 조명 반도체에 집중하고 있다.

또한 LG전자는 2013년부터 자동차부품(VC)사업본부를 신설해 AVN 등 자동차용 인포테인먼트 제품과 전기차 구동부품, 자율주행부품 등을 생산하고 있다. 다양한 분야에서 약진이 눈에 띄는데, 특히 텔레매틱스와 AVN 분야는 글로벌 최고 수준의 경쟁력을 보유했다고 평가 받는다.

LG전자는 2021년 5일 독일 시험·인증 전문기관 TUV 라인란드로부터 'ISO 26262' 인증을 받아 마이크로컨트롤러(MCU), 전력관리반도체(PMIC), 전자제어장치(ECU) 등 차량용 반도체 개발 프로세스를 구축했다고 밝혔다.

ISO 26262는 ISO(국제표준화기구)가 차량에 탑재되는 전기·전자 장치의 시스템 오류로 인한 사고를 방지하기 위해 제정한 자동차 기능안전 국제표준규격이다. LG전자는 ISO 26262의 자동차 기능안전성 등급 중에서 최고 수준인 ASIL(자동차안전무결성수준) D등급을 받았다.

LG전자는 그간 자동차 인포테인먼트와 ADAS(첨단운전자지원시스템) 카메라용 반도체를 완성차 업체에 공급해 왔다. 또 LG전자는 냉장고, TV 등 가전제품용 MCU를 자체적으로 개발해 온 경험이 있다. 이는 차량용 반도체 시장 진출에 앞서 고객사 확보와 제품 개발에 발판이 될 것으로 보인다.[120]

---

120) 車 반도체 개발 나선 LG전자...전장사업 시너지 모색/지디넷코리아

2) 주식 정보

상장일	2009.07.30	
시가총액	1,619억	
시가총액순위	코스닥 483위	
외국인 지분율	4.53%	
액면가	500원	
거래량	9,827주	
최고 주가 (52주)	55,500	최저 주가 (52주)	22,650

(2023. 11. 02 기준)

[표 128] 컴투스 홀딩스 증권성보

가) 분기별 Financial Summary

(1) Key Ratio (단위: 억 원, 배, %)

	2020/12	2021/12	2022/12	2023/12(E)
EPS	3,067	4,484	-8,331	-2,305
PER	12.01	52.97	N/A	N/A
BPS	42,823	55,632	45,693	43,382
PBR	0.86	4.27	0.85	0.55
EV/EBITDA	11.61	39.36	-195.60	119.15

[표 129] 컴투스 홀딩스 Key Ratio

(2) 재무상태 요약 (단위: 억 원)

	2020/12	2021/12	2022/12	2023/12(E)
유동자산	160	199	204	-
자산총계	4,330	5,752	5,891	5,911
유동부채	1,019	1,344	1,549	-
부채총계	2,788	3,757	2,911	2,740
자본금	33	33	33	33
자본총계	2,788	3,757	2,911	2,740

[표 130] 컴투스 홀딩스 재무상태 요약

(3) 손익 계산서 요약 (단위: 억 원)

	2020/12	2021/12	2022/12	2023/12(E)
당기순이익	201	298	-706	-172
매출액	1,338	1,416	1,162	1,538
영업이익	237	378	-76	-36
영업이익률	17.70	26.71	-6.54	-2.34
순이익률	15.05	21.05	-60.75	-11.18

[표 131] 컴투스 홀딩스 손익 계산서 요약

(4) 현금 흐름표 요약 (단위: 억 원)

	2020/12	2021/12	2022/12	2023/12(E)
영업활동	137	3	-59	-9
투자활동	-207	-429	-470	-221
재무활동	89	506	441	82
CAPEX	6	9	18	60

[표 132] 컴투스 홀딩스 현금 흐름표 요약

(5) 기타지표 (단위: 억 원, %)

	2020/12	2021/12	2022/12	2023/12(E)
ROE	7.68	9.22	-16.49	-5.18
ROA	4.84	5.91	-12.13	-2.92
자본유보율	8,299	9,731	8,396	-
부채비율	55.28	53.11	102.36	115.73

[표 133] 컴투스 홀딩스 기타지표

바. 네오위즈

[그림 125] 네오위즈 로고

1) 기업 소개

2007년 설립된 네오위즈는 게임 소프트웨어 개발 및 공급업체이며 캐주얼 게임, 웹 보드 개발을 영위하고 있다. 게임 포털 사이트 '피망' 운영으로 대중들에게 많이 알려져 있다. 당사는 게임포털 피망을 통해 FPS, Sprts, RPG 등 다양한 장르의 게임을 서비스하고 있다. 현재는 자체 개발을 통한 우수 IP 확보와 이를 활용한 해외시장 개척에 집중하고 있으며 잠재력 있는 개발사와의 협업을 통해 다양한 장르의 온라인 및 모바일 게임을 선보이고 있다. 2021년 11월에는 동남아 8개국 1위 모바일 게임 개발사 (주)하이디어를 인수하여 자회사로 편입하면서 모바일 게임 라인업과 IP를 확보하는 동시에 글로벌 경쟁력을 한층 강화시켰다.

당사는 PC와 더불어 모바일로도 안정적인 서비스를 이어나가고 있는 가운데, 2022년 4월에는 자사의 첫 블록체인 기반의 모바일 게임 '골프 임팩트' 애플리케이션을 출시했다. 게임은 블록체인 오픈 플랫폼 '네오핀'을 통해 글로벌 시장에서 서비스가 이루어질 예정이다. 네오위즈는 앞으로도 자체 지식재산권들의 가치 강화를 위해 해외 진출 확대를 적극 모색할 계획이다.

2) 주식 정보

상장일		2007.07.02	
시가총액		6,346억	
시가총액순위		코스닥 101위	
외국인 지분율		7.66%	
액면가		500원	
거래량		457,785주	
최고 주가 (52주)	53,000	최저 주가 (52주)	23,350

(2023. 11. 03 기준)

[표 134] 네오위즈 증권정보

가) 분기별 Financial Summary
(1) Key Ratio (단위: 억 원, 배, %)

	2020/12	2021/12	2022/12	2023/12(E)
EPS	2,747	2,577	593	3,756
PER	8.17	14.01	62.30	7.36
BPS	17,983	21,629	21,772	25,563
PBR	1.25	1.67	1.70	1.08
EV/EBITDA	4.07	17.53	16.22	4.84

[표 135] 네오위즈 Key Ratio

(2) 재무상태 요약 (단위: 억 원)

	2020/12	2021/12	2022/12	2023/12(E)
유동자산	1,493	1,456	1,449	-
자산총계	4,794	5,747	5,601	6,558
유동부채	439	477	394	-
부채총계	837	1,058	1,013	1,165
자본금	110	110	110	110
자본총계	3,956	4,689	4,588	5,393

[표 136] 네오위즈 재무상태 요약

(3) 손익 계산서 요약 (단위: 억 원)

	2020/12	2021/12	2022/12	2023/12(E)
당기순이익	622	567	132	818
매출액	2,896	2,612	2,946	3,918
영업이익	603	212	196	628
영업이익률	20.83	8.13	6.64	16.03
순이익률	21.47	21.69	4.48	20.88

[표 137] 네오위즈 손익 계산서 요약

(4) 현금 흐름표 요약 (단위: 억 원)

	2020/12	2021/12	2022/12	2023/12(E)
영업활동	764	287	432	733
투자활동	136	-646	-291	-128
재무활동	-34	-225	-321	-121
CAPEX	42	10	18	71

[표 138] 네오위즈 현금 흐름표 요약

(5) 기타지표 (단위: 억 원, %)

	2020/12	2021/12	2022/12	2023/12(E)
ROE	16.95	13.41	2.88	17.06
ROA	14.17	10.75	2.33	13.46
자본유보율	4,000	4,502	4,638	-
부채비율	21.17	22.57	22.09	21.60

[표 139] 네오위즈 기타지표

사. 컴투스

com2⌣s

[그림 126] 컴투스 로고

1) 기업 소개

컴투스는 1998년에 설립되어 1999년에 대한민국 최초로 모바일 게임 서비스를 시작한 한국의 모바일 게임 기업이다. 주요사업은 모바일게임, 모바일 컨텐츠개발이며 대표적인 것으로는 '홈런배틀', '타이니팜', '말랑말랑목장', '컴투스프로야구' 시리즈 등이 있다. 또한 컴투스는 소셜 허브를 바탕으로 컴투스 게임을 즐기는 사용자들을 한데 묶어 세계 시장을 아우르는 모바일 게임 네트워크를 구현하며 기존 모바일 소셜 플랫폼과 달리 차별성을 지녔다.

여러 기업과 협약을 체결하고 있는 컴투스는 2021년 데브시스터브의 인기작 '쿠키런: 킹덤'의 유럽 내 시장 경쟁력 강화를 위해 서비스 지원 및 마케팅 업무를 총괄 수행하기로 했다. 이에 2022년 5월 유럽 시장 공략을 본격적으로 시작했으며, 독일, 프랑스 등 유럽 24개국을 대상으로 라이브 서비스와 언어 서비스를 지원한다. 나아가 공간 음향 분야 기업 '오디오퓨처스'에 투자하여 게임을 포함한 모든 디지털 콘텐츠의 필수 요소인 오디오 기술에 대한 연구를 확대할 계획이다. 특히, 메타버스 플랫폼과 기술 연계를 실현하여 현실감있는 가상 도시 구축을 목표로 하고 있다. 컴투스는 다양한 관련 기업들과 제휴하고 협력하여 자사 경쟁력도 같이 제고하며 업계를 선도하고 있다.

2) 주식 정보

상장일	2007.07.06		
시가총액	5,738억		
시가총액순위	코스닥 108위		
외국인 지분율	10.35%		
액면가	500원		
거래량	37,891주		
최고 주가 (52주)	79,700	최저 주가 (52주)	40,000

(2023. 11. 03 기준)

[표 140] 컴투스 증권정보

가) 분기별 Financial Summary
(1) Key Ratio (단위: 억 원, 배, %)

	2020/12	2021/12	2022/12	2023/12(E)
EPS	6,246	10,060	2,593	3,879
PER	25.50	15.72	22.98	11.24
BPS	80,929	98,792	96,019	105,635
PBR	1.97	1.60	0.62	0.41
EV/EBITDA	11.48	27.00	42.88	42.08

[표 141] 컴투스 Key Ratio

(2) 재무상태 요약 (단위: 억 원)

	2020/12	2021/12	2022/12	2023/12(E)
유동자산	7,018	1,292	3,882	-
자산총계	10,491	18,588	19,084	20,941
유동부채	631	669	1,229	-
부채총계	720	4,459	5,760	7,013
자본금	64	64	64	62
자본총계	9,771	14,129	13,323	13,928

[표 142] 컴투스 재무상태 요약

(3) 손익 계산서 요약 (단위: 억 원)

	2020/12	2021/12	2022/12	2023/12(E)
당기순이익	764	1,215	-93	376
매출액	5,090	5,587	7,171	8,687
영업이익	1,141	526	-167	-216
영업이익률	22.42	9.42	-2.33	-2.48
순이익률	15.02	21.75	-1.30	4.32

[표 143] 컴투스 손익 계산서 요약

(4) 현금 흐름표 요약 (단위: 억 원)

	2020/12	2021/12	2022/12	2023/12(E)
영업활동	1,025	902	-50	914
투자활동	-446	-522	-1,218	-764
재무활동	-350	1,563	471	633
CAPEX	23	66	133	169

[표 144] 컴투스 현금 흐름표 요약

(5) 기타지표 (단위: 억 원, %)

	2020/12	2021/12	2022/12	2023/12(E)
ROE	8.49	12.06	2.89	4.26
ROA	7.44	8.36	-0.50	1.88
자본유보율	16,183	17,928	18,253	-
부채비율	7.37	31.56	43.23	50.35

[표 145] 컴투스 기타지표

아. 골프존

GOLFZON

[그림 127] 골프존 로고

1) 기업 소개

2000년에 설립된 골프존은 스크린골프 시스템과 플랫폼을 개발하여 골프 대중화를 주도한 기업이다. 주요사업으로 스크린골프 시스템 판매와 가맹사업을 영위하고 있으며 주요사업을 중심으로 골프아카데미, 골프방송/광고사업, 골프대회운영, 골프존 멤버십 등을 전개하고 있다.

골프존은 2009년 일본 현지법인 설립을 시작으로 중국, 미국, 홍콩 등에 법인을 설립하며 글로벌 시장으로의 진출을 도모했다. 특히 최근 골프존의 미국 법인인 '골프존 아메리카'가 글로벌 골프 매니지먼트 기업인 '트룬'과 함께 미국 실내 골프 엔터테인먼트 산업 확대에 나서며 복합 골프 문화공간인 '지스트릭트'(ZSTRICT)' 사업을 본격적으로 전개할 방침이다. 현재 해외사업은 스크린골프장 운영보다는 하드웨어 판매가 주를 이루고 있으며, 당사는 파트너와의 제휴, 사업다각화 등 현지 맞춤 사업전개를 이어나갈 예정이라고 밝혔다.

또 지난 1월 대구시와 투자협약을 맺고 수성 알파시티내 부지 1039㎡에 337억 원을 투자해 대구연구소를 건립할 계획이다. 연구소 준공은 2025년 8월 예정이며, 준공 이전까지는 대구테크노파트 내에 임시연구소를 설치해 올해 3월부터 운영한다.[121]

---

121) 토종 팹리스 기업 텔레칩스, 차량용 반도체 타고 '훨훨'/블로터

2) 주식 정보

상장일	2015.04.03		
시가총액	5,510억		
시가총액순위	코스닥 114위		
외국인 지분율	15.47%		
액면가	500원		
거래량	13,476주		
최고 주가 (52주)	147,000	최저 주가 (52주)	85,500

(2023. 11. 03 기준)

[표 146] 골프존 증권정보

가) 분기별 Financial Summary
(1) Key Ratio (단위: 억 원, 배, %)

	2020/12	2021/12	2022/12	2023/12(E)
EPS	6,098	12,161	18,123	14,448
PER	11.36	14.37	6.22	6.05
BPS	35,801	45,891	59,058	68,400
PBR	1.94	3.81	1.91	1.28
EV/EBITDA	4.99	6.81	3.01	2.36

[표 147] 골프존 Key Ratio

(2) 재무상태 요약 (단위: 억 원)

	2020/12	2021/12	2022/12	2023/12(E)
유동자산	1,048	2,028	2,316	-
자산총계	3,673	4,836	5,895	6,590
유동부채	711	1,179	1,201	-
부채총계	1,417	1,917	2,164	2,277
자본금	31	31	31	31
자본총계	2,256	2,919	3,732	4,313

[표 148] 골프존 재무상태 요약

(3) 손익 계산서 요약 (단위: 억 원)

	2020/12	2021/12	2022/12	2023/12(E)
당기순이익	375	764	1,116	896
매출액	2,985	4,403	6,175	6,985
영업이익	516	1,077	1,487	1,288
영업이익률	17.28	24.45	24.08	18.43
순이익률	12.56	17.36	18.07	12.82

[표 149] 골프존 손익 계산서 요약

(4) 현금 흐름표 요약 (단위: 억 원)

	2020/12	2021/12	2022/12	2023/12(E)
영업활동	874	1,361	1,339	1,059
투자활동	-526	-637	-599	-308
재무활동	-253	-296	-538	-323
CAPEX	153	125	296	350

[표 150] 골프존 현금 흐름표 요약

(5) 기타지표 (단위: 억 원, %)

	2020/12	2021/12	2022/12	2023/12(E)
ROE	18.02	29.79	35.00	23.21
ROA	11.03	17.97	20.79	14.35
자본유보율	7,055	8,987	11,907	-
부채비율	62.83	65.67	57.98	52.79

[표 151] 골프존 기타지표

자. 위메이드플레이

WEMADE PLAY

1) 기업 소개

위메이드플레이는 2009년에 설립되어 싸이월드 앱스토어를 통해 '애니팡', '사천성' 등의 소셜 게임을 개발한 캐주얼게임 개발회사이다. 2012년 출시한 모바일게임 '애니팡'이 흥행하며 본격적으로 모바일 게임 산업에 진출하기 시작했으며 현재 애니팡 IP를 활용한 모바일 게임뿐만 아니라 디즈니픽사, 카툰네트워크 등 해외 콘텐츠 기업들과 제휴해 유명 캐릭터 IP들을 활용한 모바일 게임들을 출시하고 있다. 또한 소셜 카지노 개발사 링스게임즈를 흡수합병한 뒤 2021년에 신설 자회사 플레이링스를 설립해 '슬롯메이트' 등을 페이스북 인스턴트 게임으로 서비스하고 있다. 최근에는 자회사 플레이링스와 플라이셔를 합병해 소셜카지노 장르 공략에 더욱 박차를 가하고 있다.

2022년 5월에는 애니팡의 IP를 활용해 NFT사업에 진출했다. 애니팡의 IP를 활용한 신작 '애니팡 매치'와 '애니팡 블라스트'를 자사의 자체 가상화폐인 위믹스와 연동하여 해외에 선보일 예정이다. 애니팡 NFT 사업은 멤버십인 '애니팡 클럽'을 기반으로 운영되며, 애니팡 클럽은 회사의 블록체인 게임의 혜택은 물론 다양한 디지털 콘텐츠를 제공하는 플랫폼이 될 것이다.

2) 주식 정보

상장일		2010.11.10	
시가총액		1,055억	
시가총액순위		코스닥 758위	
외국인 지분율		2.58%	
액면가		500원	
거래량		145,700주	
최고 주가 (52주)	22,900	최저 주가 (52주)	7,110

(2023. 11. 06 기준)

[표 152] 위메이드플레이 증권정보

가) 분기별 Financial Summary
(1) Key Ratio (단위: 억 원, 배, %)

	2020/12	2021/12	2022/12
EPS	1,530	1,488	-34
PER	13.92	23.09	N/A
BPS	16,665	18,577	20,481
PBR	1.28	1.85	0.61
EV/EBITDA	4.86	17.41	19.85

[표 153] 위메이드플레이 Key Ratio

(2) 재무상태 요약 (단위: 억 원)

	2020/12	2021/12	2022/12
유동자산	1,332	1,019	406
자산총계	1,652	1,912	4,041
유동부채	143	107	141
부채총계	207	257	1,818
자본금	48	48	57
자본총계	1,446	1,655	2,223

[표 154] 위메이드플레이 재무상태 요약

(3) 손익 계산서 요약 (단위: 억 원)

	2020/12	2021/12	2022/12
당기순이익	146	142	-5
매출액	1,062	1,057	1,340
영업이익	130	85	9
영업이익률	12.23	8.02	0.57
순이익률	13.79	13.40	-0.40

[표 155] 위메이드플레이 손익 계산서 요약

(4) 현금 흐름표 요약 (단위: 억 원)

	2020/12	2021/12	2022/12
영업활동	178	102	93
투자활동	103	92	-2,143
재무활동	-85	-62	2,032
CAPEX	12	13	3

[표 156] 위메이드플레이 현금 흐름표 요약

(5) 기타지표 (단위: 억 원, %)

	2020/12	2021/12	2022/12
ROE	10.42	9.2	-0.21
ROA	9.13	7.95	-0.18
자본유보율	3,287	3,516	394
부채비율	14.29	15.51	81.78

[표 157] 위메이드플레이 기타지표

차. 웹젠

[그림 129] 웹젠 로고

1) 기업 소개

2000년 설립된 웹젠은 국내 최초 Full 3D 온라인 게임 '뮤 온라인'을 시작으로, 'R2(Reign of Revolution)' 등 다수의 PC 온라인 RPG (Role Playing Game)와 모바일게임 등 다양한 게임을 개발, 퍼블리싱하고 있는 게임 전문 개발 및 서비스 업체이다. 이후에도 Metin2, 샷온라인 등의 자체 개발 온라인게임과 '뮤 온라인'에 기반한 뮤오리진1(MU IP), 뮤오리진2(MU IP), 마스터탱커와 같은 모바일게임, 웹게임인 뮤이그니션(MU IP), 뮤템페스트(MU IP)를 주요 서비스로 제공하고 있다.

국내뿐만 아니라 북미/유럽을 중심으로 전 세계 5,000만명의 회원을 보유한 글로벌 게임포털 '지포테이토(gPotato)'와 자체 운영중이던 'WEBZEN.com'을 통합해 WEBZEN.com'의 단일 브랜드로 글로벌 게이머들에게 자사의 게임들을 서비스하고 있다. 특히, 북미, 유럽, 남미를 전체적으로 아울러 쌓아온 게임 서비스 경험을 바탕으로 지역별 성공 노하우 등을 개발사에 공유하면서, 파트너사와 함께 성장하는 퍼블리싱 모델을 지향하고 있다. 또한, 게임 운영에 최적화된 전용 백오피스(웹젠 통합플랫폼, 안정적인 시스템과 보안, 글로벌 빌링 시스템)를 제공하고 있으며, 제한없는 다양한 협업모델(퍼블리싱/공동개발/투자/IP제휴 등)로 파트너사들의 성공을 견인하고 있다.

최근 웹젠은 임직원을 대상으로 신작 '뮤오리진3(MU Origin 3)'의 사내 테스트(IBT, Internal Beta Test)를 진행했으며 다음 해인 2022년 1월 중에는 정식서비스를 목표로 사전예약도 시작할 계획이다. 스테디셀러인 전작들의 뒤를 잇는 '뮤오리진3'는 '언리얼 엔진4'를 기반으로 제작됐다. 모바일 환경에 맞게 콘텐츠와 게임성을 최적화하는 한편, 언리얼 엔진을 사용한 그래픽 품질도 크게 향상됐다.

2) 주식 정보

상장일	2003.05.23		
시가총액	4,984억		
시가총액순위	코스닥 129위		
외국인 지분율	28.64%		
액면가	500원		
거래량	20,865주		
최고 주가 (52주)	19,870	최저 주가 (52주)	12,070

(2023. 11. 06 기준)

[표 158] 웹젠 증권정보

가) 분기별 Financial Summary
(1) Key Ratio (단위: 억 원, 배, %)

	2020/12	2021/12	2022/12	2023/12(E)
EPS	2,441	2,460	2,050	1,429
PER	14.17	11.75	7.44	9.78
BPS	14,184	16,832	19,416	20,851
PBR	2.44	1.72	0.79	0.67
EV/EBITDA	8.19	6.54	2.38	2.68

[표 159] 웹젠 Key Ratio

(2) 재무상태 요약 (단위: 억 원)

	2020/12	2021/12	2022/12	2023/12(E)
유동자산	3,113	3,261	3,423	-
자산총계	5,427	6,153	6,469	6,944
유동부채	908	946	620	-
부채총계	1,080	1,094	725	778
자본금	177	177	177	178
자본총계	4,347	5,059	5,744	6,166

[표 160] 웹젠 재무상태 요약

(3) 손익 계산서 요약 (단위: 억 원)

	2020/12	2021/12	2022/12	2023/12(E)
당기순이익	863	869	724	500
매출액	8,941	2,848	2,421	1,834
영업이익	1,083	1,030	830	440
영업이익률	36.81	36.17	34.28	24.00
순이익률	29.33	30.50	29.90	27.26

[표 161] 웹젠 손익 계산서 요약

(4) 현금 흐름표 요약 (단위: 억 원)

	2020/12	2021/12	2022/12	2023/12(E)
영업활동	1,354	882	394	575
투자활동	-860	-821	-484	25
재무활동	-85	-210	-116	-146
CAPEX	11	28	16	34

[표 162] 웹젠 현금 흐름표 요약

(5) 기타지표 (단위: 억 원, %)

	2020/12	2021/12	2022/12	2023/12(E)
ROE	21.83	18.51	13.45	8.43
ROA	18.03	15.00	11.47	7.46
자본유보율	2,677	3,164	3,586	-
부채비율	24.85	21.62	12.62	12.62

[표 163] 웹젠 기타지표

카. 플레이위드

[그림 130] 플레이위드 로고

1) 기업 소개

"EXPERIENCE THE WORLD WITH PLAYWITH"
플레이위드는 한국은 물론 대만, 동남아, 미주권 등에 로한, 씰, 로한M등 인기
MMORPG 게임을 서비스하고 있습니다. 이러한 인기게임들을 다년간 서비스한 노하
우를 바탕으로 2022년 현재 대만 현지에 씰M을 출시, 애플스토어 1위에 등극하는 등
많은 사랑을 받고 있으며 향후 동남아로 그 서비스를 확대할 계획 입니다.

　플레이위드는 이러한 게임 컨텐츠 사업뿐만 아니라, 무료로 스팀게임을 즐길 수 있
는 스팀PC카페를 2021년 국내 최초로 선보여 많은 인기를 끌고 있으며, 유망산업으
로 각광받고 있는 블록체인/ NFT 사업을 시작하여 글로벌 히든챔피언으로 성장하기
위하여 노력하고 있습니다.

2) 주식 정보

상장일	2015.04.03	
시가총액	499억	
시가총액순위	코스닥 1,305위	
외국인 지분율	3.44%	
액면가	500원	
거래량	40,903주	
최고 주가 (52주)	9,390	최저 주가 (52주)	4,530

(2023. 11. 06 기준)

[표 164] 플레이위드 승권정보

가) 분기별 Financial Summary
(1) Key Ratio (단위: 억 원, 배, %)

	2020/12	2021/12	2022/12
EPS	1,552	212	-345
PER	5.93	60.39	N/A
BPS	3,798	3,441	3,215
PBR	2.42	3.72	1.98
EV/EBITDA	3.97	90.19	-6.63

[표 165] 플레이위드 Key Ratio

(2) 재무상태 요약 (단위: 억 원)

	2020/12	2021/12	2022/12
유동자산	271	864	188
자산총계	1,085	1,031	339
유동부채	750	727	35
부채총계	755	742	68
자본금	44	44	44
자본총계	331	289	271

[표 166] 플레이위드 재무상태 요약

(3) 손익 계산서 요약 (단위: 억 원)

	2020/12	2021/12	2022/12
당기순이익	134	18	-30
매출액	430	133	145
영업이익	136	5	-72
영업이익률	31.75	3.58	-49.53
순이익률	31.08	13.91	-20.78

[표 167] 플레이위드 손익 계산서 요약

(4) 현금 흐름표 요약 (단위: 억 원)

	2020/12	2021/12	2022/12
영업활동	63	23	-32
투자활동	21	13	47
재무활동	-83	-63	-6
CAPEX	4	4	2

[표 168] 플레이위드 현금 흐름표 요약

(5) 기타지표 (단위: 억 원, %)

	2020/12	2021/12	2022/12
ROE	52.24	5.95	-10.75
ROA	11.55	1.74	-4.40
자본유보율	683	664	611
부채비율	228	256	25

[표 169] 플레이위드 기타지표

타. NHN

[그림 131] NHN 로고

1) 기업 소개

NHN은 2013년 'NHN엔터테인먼트'라는 사명으로 설립되어, 2019년 다시 현재의 사명인 NHN으로 변경하였다. 당사는 게임, 결제, 엔터테인먼트, IT, 광고 등 IT를 기반으로 하는 다양한 사업 분야에 진출해있으며 그중에서도 클라우드, 커머스, 콘텐츠, 페이먼트를 4대 핵심사업으로 영위하고 있다.

NHN이 제공하는 게임으로는 감동 RPG 게임인 '크루세이더 퀘스트', 1000만 다운로드를 기록한 '프렌즈팝', 삼국지 RPG '킹덤스토리' 등이 있으며, 페이먼트 서비스로는 2015년 출시한 '페이코'와 'NHN KCP'가 있다. 주력하고 있는 IT 서비스로는 통합 클라우드 솔루션인 'NHN 클라우드', 올인원 통합 협업 플랫폼인 'NHN 두레이', 통합 접근제어 솔루션 '피앤피시큐어' 등이 있다.

최근에는 미래 세대의 플랫폼으로 주목받고 있는 '메타버스'를 활용한 교육 사업 또한 추진하고있으며, 자체 AI 기술을 활용한 'AI 패션' 서비스를 정식으로 출시하기도 하였다. 추가로 AI가 커머스 사이트의 구매 데이터를 분석 및 예측하여 고객의 특성을 진단하는 '다이티 AI박스' 솔루션을 선보였다. 이렇듯 NHN은 AI를 비롯한 IT 기반의 다양한 서비스를 제공하기 위해 다방면으로 노력하고 있다.

2) 주식 정보

상장일	2015.04.03
시가총액	7,948억
시가총액순위	코스피 254위
외국인 지분율	11586.47%
액면가	500원
거래량	26,377주
최고 주가 (52주)	30,000
최저 주가 (52주)	20,000

(2023. 11. 06 기준)

[표 170] NHN 증권정보

가) 분기별 Financial Summary
(1) Key Ratio (단위: 억 원, 배, %)

	2020/12	2021/12	2022/12	2023/12(E)
EPS	572	3,115	-869	1,842
PER	68.08	14.45	N/A	12.13
BPS	43,749	51,087	49,179	51,260
PBR	0.89	0.88	0.51	0.44
EV/EBITDA	5.81	5.26	2.07	2.07

[표 171] NHN Key Ratio

(2) 재무상태 요약 (단위: 억 원)

	2020/12	2021/12	2022/12	2023/12(E)
유동자산	914	2,602	1,940	-
자산총계	25,509	30,272	30,252	32,838
유동부채	676	1,197	648	-
부채총계	7,068	9,286	10,328	12,209
자본금	98	98	188	186
자본총계	18,442	20,986	19,924	20,629

[표 172] NHN 재무상태 요약

(3) 손익 계산서 요약 (단위: 억 원)

	2020/12	2021/12	2022/12	2023/12(E)
당기순이익	280	1,297	-318	697
매출액	16,412	19,237	21,149	23,168
영업이익	857	979	391	888
영업이익률	5.22	5.09	1.85	3.83
순이익률	1.70	6.74	-1.50	3.01

[표 173] NHN 손익 계산서 요약

(4) 현금 흐름표 요약 (단위: 억 원)

	2020/12	2021/12	2022/12	2023/12(E)
영업활동	1,413	2,264	259	1,816
투자활동	32	-1,738	114	-2,164
재무활동	-652	77	12	1,238
CAPEX	457	730	1,302	2,159

[표 174] NHN 현금 흐름표 요약

(5) 기타지표 (단위: 억 원, %)

	2020/12	2021/12	2022/12	2023/12(E)
ROE	1.35	6.81	-1.82	3.79
ROA	1.11	4.65	-1.05	2.21
자본유보율	17,089	19,336	9,640	-
부채비율	38.32	44.25	51.84	59.18

[표 175] NHN 기타지표

파. 더블유게임즈

[그림 132] 더블유게임즈 로고

1) 기업 소개

2012년에 설립된 더블유게임즈는 세계적으로 가장 인기 있는 게임 장르 중 하나인 소셜카지노게임 "더블유카지노"를 개발하여 페이스북을 기반으로 북미시장 뿐만 아니라 전 세계 120여 개국에 서비스를 하고 있는 글로벌 게임 기업이다. 온라인 게임 및 개발 서비스를 주사업목적으로 게임 등 소프트웨어 개발,게임 퍼블리싱, 캐릭터 및 디지털, 문화 컨텐츠 등을 영위하고 있다. 게임 포트폴리오 다각화 및 게임산업에서의 시장지배력 강화하는데 주력하고 있다. 경쟁사는 네오위즈가 있다.

올해 소셜카지노가 아닌 캐주얼 게임 시장에 진출해 추가 수익을 낸다는 계획이 있다. 현재 신작 '프로젝트H'와 보드게임 장르인 '프로젝트N', 캐주얼 슬롯 장르인 '프로젝트G' 3종을 준비 중에 있다. 이중 카드 수집형 역할수행게임의 재미를 강조한 '프로젝트H'가 이르면 올 상반기 북미 등 일부 지역에 소프트론칭될 예정이다.

2) 주식 정보

상장일	2019.03.12	
시가총액	8,286억	
시가총액순위	코스피 248위	
외국인 지분율	12.18%	
액면가	500원	
거래량	26,210주	
최고 주가 (52주)	51,200	최저 주가 (52주)	38,000

(2023. 11. 08 기준)

[표 176] 더블유게임즈 증권성보

가) 분기별 Financial Summary
(1) Key Ratio (단위: 억 원, 배, %)

	2020/12	2021/12	2022/12	2023/12(E)
EPS	6,127	6,828	-7,196	7,547
PER	9.82	8.48	N/A	5.87
BPS	39,966	49,639	43,878	51,827
PBR	1.51	1.17	1.08	0.85
EV/EBITDA	4.03	3.23	2.14	1.21

[표 177] 더블유게임즈 Key Ratio

(2) 재무상태 요약 (단위: 억 원)

	2020/12	2021/12	2022/12	2023/12(E)
유동자산	1,242	2,089	1,772	-
자산총계	10,232	13,819	12,356	13,731
유동부채	326	802	601	-
부채총계	953	1,971	2,293	1,997
자본금	92	92	92	91
자본총계	9,279	11,848	10,063	11,734

[표 178] 더블유게임즈 재무상태 요약

(3) 손익 계산서 요약 (단위: 억 원)

	2020/12	2021/12	2022/12	2023/12(E)
당기순이익	1,248	1,563	-2,211	1,771
매출액	6,582	6,241	6,173	5,913
영업이익	1,942	1,904	1,839	1,932
영업이익률	29.50	30.50	29.79	32.67
순이익률	18.96	25.04	-35.81	29.96

[표 179] 더블유게임즈 손익 계산서 요약

(4) 현금 흐름표 요약 (단위: 억 원)

	2020/12	2021/12	2022/12	2023/12(E)
영업활동	2,018	1,895	1,188	2,067
투자활동	-228	-1,840	861	271
재무활동	-1,648	1,183	-885	-855
CAPEX	5	6	11	30

[표 180] 더블유게임즈 현금 흐름표 요약

(5) 기타지표 (단위: 억 원, %)

	2020/12	2021/12	2022/12	2023/12(E)
ROE	16.94	16.50	-16.82	17.36
ROA	11.90	13.00	-16.89	13.58
자본유보율	7,861	9,162	7,593	-
부채비율	10.27	16.63	22.79	17.02

[표 181] 더블유게임즈 기타지표

하. 위메이드

WEMADE

[그림 133] 위메이드 로고

1) 기업 소개

2000년에 설립된 위메이드는 게임 개발과 유통 등을 주요사업으로 영위하고 있는 게임개발회사이다. 대표적인 게임으로는 미르, 이카루스 등이 있다. 특히 '미르의전설'은 중국시장 1등 지식재산(IP)이며, 이를 기반으로 지식재산사업을 확장하고 후속작인 '미르트릴로지'(미르4, 미르W, 미르M)를 출시했다. 2021년에 출시한 '미르4'는 글로벌 버전 동시접속자 수 100만명, 서버수 약 180만개를 돌파하는 등 국내외 흥행에 성공했다.

위메이드는 지난 2018년 블록체인 기술을 신사업으로 육성하며, 블록체인 자회사 '위메이드트리'를 설립했다. 또한 위메이드는 2022년 5월 블록체인에 대한 성장성이 높은 두바이 지사 설립 계획을 밝히며 블록체인 게임 플랫폼 '위믹스'의 자유로운 활동을 모색하고자 한다. 디지털 경제 발전과 가상자산, 인공지능을 바탕으로 중동 지역 게임 시장이 빠르게 성장하고 있기 때문이다. 당사는 새로운 시장 개척, NFT와 같은 신기술 접목 등 지속적으로 블록체인 경제 활성화에 기여할 계획이다.

2) 주식 정보

상장일		2009.12.18	
시가총액		1조 8,419억	
시가총액순위		코스닥 22위	
외국인 지분율		4.74%	
액면가		500원	
거래량		3,470,075주	
최고 주가 (52주)	64,200	최저 주가 (52주)	28,600

(2023. 11. 08 기준)

[표 182] 위메이드 증권정보

가) 분기별 Financial Summary
(1) Key Ratio (단위: 억 원, 배, %)

	2020/12	2021/12	2022/12	2023/12(E)
EPS	-209	9,217	-5,510	-1,331
PER	N/A	19.30	N/A	N/A
BPS	712	18,883	11,306	8,832
PBR	2.49	9.42	2.79	5.04
EV/EBITDA	-63.66	56.30	-13.98	-25.50

[표 183] 위메이드 Key Ratio

(2) 재무상태 요약 (단위: 억 원)

	2020/12	2021/12	2022/12	2023/12(E)
유동자산	332	755	1,443	-
자산총계	529	3,836	8,955	10,765
유동부채	2,000	646	1,006	-
부채총계	2,691	6,437	5,343	4,634
자본금	87	169	172	172
자본총계	2,691	6,437	5,343	4,634

[표 184] 위메이드 재무상태 요약

(3) 손익 계산서 요약 (단위: 억 원)

	2020/12	2021/12	2022/12	2023/12(E)
당기순이익	-180	3,081	-1,858	-443
매출액	1,267	3,350	4,635	6,250
영업이익	-125	974	-849	-800
영업이익률	22	410	1,735	-
순이익률	-14.19	91.97	-40.08	-7.09

[표 185] 위메이드 손익 계산서 요약

(4) 현금 흐름표 요약 (단위: 억 원)

	2020/12	2021/12	2022/12	2023/12(E)
영업활동	-149	944	-370	1,676
투자활동	141	831	-1,309	-557
재무활동	47	488	1,668	-303
CAPEX	9	14	40	114

[표 186] 위메이드 현금 흐름표 요약

(5) 기타지표 (단위: 억 원, %)

	2020/12	2021/12	2022/12	2023/12(E)
ROE	-2.81	69.74	-37.05	-13.35
ROA	-5.82	45.67	-15.12	-2.98
자본유보율	2,940	3,224	2,017	-
부채비율	19.64	59.59	167.59	232.29

[표 187] 위메이드 기타지표

거. 엠게임

[그림 134] 엠게임 로고

1) 기업 소개

2000년 설립된 엠게임은 개발 1세대 기업으로서 PC온라인게임, 모바일게임, VR게임 등 다양한 게임 개발과 게임 포털 서비스를 제공하고 있다. 당사는 현재 미국, 일본, 중국 등에 현지법인을 설립하여 글로벌네트워크를 구축하고 있으며 게임서비스 제공에 국한되지 않고 게임 개발 등을 위한 R&D에 적극 투자하고 있다. 또한 4차 산업혁명에 발맞춘 ICT분야로 진출하기 위해 노력하고 있다.

2021년 11월에는 엠게임의 모바일 신작 '이모탈'이 경쟁 PVP 콘텐츠와 풍성한 PVE 요소에서 호평을 받으며 구글 플레이 인기게임 1위를 달성한 바 있다. 현재 엠게임은 '이모탈'의 애플 앱스토어 버전도 출시되었으며 국내 출시를 시작으로 인도네시아, 태국 등 동남아시아 4개국의 출시도 계획되어있다. 최근 2022년에는 중국 자이언트편의 모바일 게임 '지첨영주'를 국내에 도입하는 계약을 체결했으며, 국내화 되어 하반기 중 출시 예정이다.

2) 주식 정보

상장일		2008.12.19	
시가총액		1,315억	
시가총액순위		코스닥 607위	
외국인 지분율		16.23%	
액면가		500원	
거래량		339,597주	
최고 주가 (52주)	6,740	최저 주가 (52주)	5,870

(2023. 11. 08 기준)

[표 188] 엠게임 증권정보

가) 분기별 Financial Summary
(1) Key Ratio (단위: 억 원, 배, %)

	2020/12	2021/12	2022/12
EPS	348	1,097	1,159
PER	15.31	11.12	6.35
BPS	2,441	3,765	4,868
PBR	2.18	3.24	1.51
EV/EBITDA	6.51	9.65	2.17

[표 189] 엠게임 Key Ratio

(2) 재무상태 요약 (단위: 억 원)

	2020/12	2021/12	2022/12
유동자산	274	553	865
자산총계	570	854	1,164
유동부채	65	80	173
부채총계	106	117	233
자본금	98	98	98
자본총계	464	737	931

[표 190] 엠게임 재무상태 요약

(3) 손익 계산서 요약 (단위: 억 원)

	2020/12	2021/12	2022/12
당기순이익	69	215	226
매출액	424	557	737
영업이익	106	184	302
영업이익률	24.99	33.00	40.93
순이익률	16.36	38.59	30.65

[표 191] 엠게임 손익 계산서 요약

(4) 현금 흐름표 요약 (단위: 억 원)

	2020/12	2021/12	2022/12
영업활동	124	168	371
투자활동	-71	93	-293
재무활동	-32	-2	-42
CAPEX	5	12	10

[표 192] 엠게임 현금 흐름표 요약

(5) 기타지표 (단위: 억 원, %)

	2020/12	2021/12	2022/12
ROE	15.71	35.74	27.18
ROA	13.15	30.18	22.37
자본유보율	397.59	655.78	887.20
부채비율	22.85	15.90	25.02

[표 193] 엠게임 기타지표

너. 바른손이앤에이

BarunsOn E&A

[그림 135] 바른손이앤에이 로고

1) 기업 소개

바른손이앤에이는 온라인 및 모바일 게임 개발업, 영화제작업 등을 주요 사업으로 영위하고 있으며, 동사의 주요 게임은 MMORPG '라그하임', '라스트카오스', PC MMORPG '아스텔리아' 등이 있다.

한편, 바른손이앤에이는 지난 2019년 5월 개봉해 국내에서 1000만명 이상의 관객을 동원하고 미국 아카데미 시상식 작품상, 칸 국제영화제 황금종려상 등을 받은 영화 '기생충'을 제작하였으며, 현재 영화 2편을 기획 중이다. 또한 2020년 중 작품 촬영을 시작할 계획이라고 밝혔다.

2) 주식 정보

상장일	1999.08.13
시가총액	479억
시가총액순위	코스닥 1333위
외국인 지분율	0.86%
액면가	500원
거래량	64,995주
최고 주가 (52주)	1,440
최저 주가 (52주)	607

(2023. 11. 08 기준)

[표 194] 바른손이앤에이 증권정보

가) 분기별 Financial Summary
(1) Key Ratio (단위: 억 원, 배, %)

	2020/12	2021/12	2022/12
EPS	-110	122	-178
PER	N/A	15.77	N/A
BPS	1,056	1,485	1,160
PBR	1.39	1.29	0.86
EV/EBITDA	-76.34	-206.74	-26.36

[표 195] 바른손이앤에이 Key Ratio

(2) 재무상태 요약 (단위: 억 원)

	2020/12	2021/12	2022/12
유동자산	84	123	99
자산총계	1,048	1,409	1,281
유동부채	27	190	171
부채총계	320	315	424
자본금	367	372	372
자본총계	729	1,094	857

[표 196] 바른손이앤에이 재무상태 요약

(3) 손익 계산서 요약 (단위: 억 원)

	2020/12	2021/12	2022/12
당기순이익	-76	85	-133
매출액	152	107	260
영업이익	-24	-13	-42
영업이익률	-15.76	-12.34	-16.22
순이익률	-49.78	79.67	-51.16

[표 197] 바른손이앤에이 손익 계산서 요약

(4) 현금 흐름표 요약 (단위: 억 원)

	2020/12	2021/12	2022/12
영업활동	22	-49	-51
투자활동	-13	17	-47
재무활동	55	1	116
CAPEX	6	0	4

[표 198] 바른손이앤에이 현금 흐름표 요약

(5) 기타지표 (단위: 억 원, %)

	2020/12	2021/12	2022/12
ROE	-10.52	9.55	-13.52
ROA	-7.28	6.95	-9.90
자본유보율	134.44	162.67	127.76
부채비율	43.87	28.79	49.50

[표 199] 바른손이앤에이 기타지표

4. 빅데이터 관련 주식

1. 빅데이터 산업 개요
가. 빅데이터의 개념

기관	정의
국가정보화전략위원회	대량으로 수집한 데이터를 활용·분석하여 가치 있는 정보를 추출하고 생성된 지식을 바탕으로 능동적으로 대응하거나 변화를 예측하기 위한 정보화 기술
삼성경제연구소	기존의 관리 및 분석 체계로는 감당할 수 없을 정도의 거대한 데이터의 집합을 지칭하며, 대규모 데이터와 관계된 기술 및 도구(수집·저장·검색·공유·분석·시각화 등)도 빅데이터의 범주에 포함됨
맥킨지	일반적인 데이터베이스 체계가 저장, 관리, 분석할 수 있는 범위를 초과하는 규모의 데이터
IDC(2011)	다양한 종류의 대규모 데이터로부터 저렴한 비용으로 가치를 추출하고 데이터의 초고속 수집, 발굴, 분석을 지원하도록 고안된 차세대 기술

[표 200] 주요 기관별 빅데이터 정의

빅 데이터는 어떻게 정의할 수 있을까? <SERI>에 의하면 빅데이터란 "기존의 관리 및 분석 체계로는 감당할 수 없을 정도의 거대한 데이터의 집합"을 지칭한다. 위키피디아(Wikipedia)에 따르면 빅데이터를 "기존 방식으로 저장/관리/분석하기 어려울 정도의 큰 규모의 자료"라고 정의하고 있다.

또한 세계적인 컨설팅 기관인 <McKinsey & Company>는 2011년에 발간한 보고서 "Big Data : The Next Frontier for Innovation, Competition, and Productivity"에서 "빅데이터의 정의는 기존 데이터베이스 관리 도구의 데이터 수집, 저장, 관리, 분석하는 역량을 넘어서는 데이터셋(Dataset) 규모로, 그 정의는 주관적이며 앞으로도 계속 변화될 것이며, 데이터량 기준에 대해 산업 분야에 따라 상대적이며 현재 기준에서는 몇 십 테라바이트에서 수 페타바이트까지가 그 범위이다"라고 설명한다.

국내 국가정보화전략위원회에 따르면 "대용량 데이터를 활용/분석하여 가치 있는 정보를 추출하고, 생성된 지식을 바탕으로 능동적으로 대응하거나 변화를 예측하기 위한 정보화 기술"이라고 정의하기도 한다.이처럼 빅데이터를 바라보는 다양한 시선에 따라 정의가 달라질 수 있으나, 결론적으로 넓은 의미의 빅데이터는 말

그대로 막대한 양의 데이터이며, 데이터 규모뿐 아니라 이질적 데이터를 결합하여 가치 있는 정보를 추출하고 그 정보의 활용까지 포괄하는 과정으로 정의할 수 있을 것이다. 또한 근래에는 특정 규모(big volume) 이상을 빅데이터로 칭하기보다는 원하는 가치(big value)를 얻을 수 있는 정도를 의미하는 상대적인 해석도 가능하다.

빅데이터에는 잠재적 가치와 잠재적 위험이 공존하며, 사회경제적으로는 승패를 좌우하는 핵심 원천이 될 것으로 평가되고 있다. <Tyler Bell>의 보고서에 따르면 빅데이터를 사회 경제적인 의미로 구분하고 있다.

구분	주요내용
천연자원 (Natural Resources)	• 데이터에 내포된 가치와 가능성에 내해 주목 • 사회적으로 현안과 위험을 해결할 수 있는 잠재력에 기대 • 새로운 경제적 가치의 원천으로 활용
새로운 재난 (Natural Disasters)	• 정보의 범람으로 기회를 파악하기가 모호해지고, 규정준수가 어려움 • 늘어나는 데이터로 인해 현 상태를 유지하는데 IT 예산이 사용되어 혁신을 위한 새로운 동력에 투자가 어려워짐 • 데이터의 처리의 낮은 응답속도가 기업의 생산성 저하로 이어질 우려가 있음
산업적 도구 (Industrial Devices)	• 데이터의 효율적인 관리와 분석을 통해 기업의 경쟁 우위 확보 • 데이터를 신속하게 처리해 실시간 의사결정을 지원 • 데이터 분석 역량이 기업의 경쟁력을 좌우

[표 201] 빅데이터의 사회경제적 의미

122)

---

122) Tyler Bell, "Big Data : As opportunity in search of a metaphor", 한국정보화진흥원

나. 빅데이터 구성 요소

빅데이터의 구성요소는 각 기관에 따라 3~4가지의 요소로 구분하고 있으나, 이들을 종합해보면 빅데이터는 규모, 다양성, 복잡성, 속도의 특성을 갖고 있으며 4개의 요소가 충족될수록 빅데이터에 적합하다고 볼 수 있다.

3V에 해당하는 규모(Volume), 다양성(Variety), 속도(Velocity)와 복잡성(Complexity)가 더해져 4가지 구성요소로 이루어지는데 가장 주목해볼만한 부분은 실시간 성(Velocity)이다.

데이터를 생성하거나 수집 및 통합하고 분석하고 활용하는 모든 단계에 있어서 속도가 중요하다. 궁극적으로 빅데이터에서는 분석 결과를 실시간으로 활용하는 것을 추구하며, 이것이야말로 과거의 유사한 기술 트렌드와 빅데이터를 구별하는 가장 큰 특징이라 할 수 있다.

구분	주요내용
규모 (Volume)	• 기술적인 발전과 IT의 일상화가 진행되면서 해마다 디지털 정보량이 기하급수적으로 폭증 → 제타바이트(ZB)의 시대로 진입
다양성 (Variety)	• 로그기록, 소셜, 위치, 소비, 현실데이터 등 데이터 종류의 증가 • 텍스트 이외의 멀티미디어 등 비정형화된 데이터 유형의 다양화
복잡성 (Complexity)	• 구조화되지 않은 데이터, 데이터 저장방식의 차이, 중복성 문제 등 • 데이터 종류의 확대, 외부 데이터의 활용으로 관리대상의 증가 • 데이터 관리 및 처리의 복잡성이 심화되고 새로운 기법 요구
속도 (Velocity)	• 사물정보(센서, 모니터링), 스트리밍 정보 등 실시간성 정보 증가 • 실시간성으로 인한 데이터 생성, 이동 속도의 증가 [123] • 대규모 데이터 처리 및 가치있는 실시간 활용을 위해 데이터 처리 및 분석 속도가 중요

[표 202] 빅데이터의 4가지 구성요소

---

123) 한국정보화진흥원

다. 빅데이터 산업의 특징

빅데이터는 크게 4가지의 특성을 가진다. 빅데이터의 정의에서도 여러 번 언급했던 것처럼 첫 번째 특성은 크기(Huge Seal)다. 빅데이터에서의 크기는 규모 면에서 기존의 방식으로 처리할 수 없을 만큼의 거대한 크기를 가지고 있는 것을 뜻한다.

두 번째 특성은 현실성(Reality)으로, 사회일상에서 축적되는 데이터의 기록물은 상상할 수 없을 만큼 급증하고 있으며, 여기에는 개인의 경험이나 인식, 선호 등의 인지적인 정보의 유통까지 증가하고 있다. 또한 과거, 현재, 미래의 모든 시간 흐름상의 추세분석이 가능한 시계열성(Trend)의 특성도 가지고 있으며, 기존의 데이티에시 진보한 빅데이터의 특성인 결합성(Combination)을 바탕으로 실생활의 저용이 빠르게 확산될 수 있을 것으로 보인다.

빅데이터의 특성	효과
대규모 (Huge Seale)	• 기술 발전으로 데이터를 수집, 저장, 처리 능력 향상 • 현실세계 데이터를 기반으로 한 정교한 패턴분석 가능 • 데이터가 많을수록 유용한 데이터, 전혀 새로운 패턴의 정보를 찾아낼 수 있는 확률도 증가
현실성 (Reality)	• 우리사회 일상에서의 데이터 기록물의 증가 등 현실정보, 실시간 정보의 축적이 급증될 전망 • 개인의 경험, 인식, 선호 등 인지적인 정보 유통 증가
시계열성 (Trend)	• 현시점 뿐만 아니라 과거 데이터의 유지로 시계열적인 연속성을 갖는 데이터의 구성 • 과거, 현재, 미래 등 시간 흐름상의 추세 분석 가능
결합성 (Combination)	• 의료, 범죄, 환경, 안보 등 타분야, 이종 데이터간의 결합으로 새로운 의미의 정보 발전 • 실제 물리적인 결합 이전에 데이터의 결합을 통한 사전 시뮬레이션, 안정성 검증 분야 발전 가능 [124]

[표 203] 빅데이터의 특성과 효과

---

124) Chris Anderson , "The End of Theory: The Data Deluge Makes the Scientific Method Obsolete ", WIRED MAGAZINE : 16.07, 한국정보화진흥원

2. 빅데이터 관련 기술동향[125)]

가. 데이터 생산 및 수집 기술

1) 데이터 생산

가) 데이터 입력 방식

데이터를 입력해 생산하는 방식에는 조직 내에서 자체적으로 개발한 업무용 애플리케이션을 통해 생산되는 정형 데이터를 이용하는 방식과 SNS나 블로그 등과 같이 개인이 생산하는 비정형 데이터를 이용하는 방식이 있다.

조직 내에서 데이터가 생산되는 환경에서는 데이터 생산 시점부터 완료 시점까지 정합성 보장을 위한 트랜잭션 관리가 매우 중요하다. 만약 특정 사용자의 정보를 수정할 경우, 수정이 완료되기 전까지는 과거 정보로 일관되게 표현돼야 한다. 이후 이 작업이 완료된 것이 확정된 때부터 새로운 정보로 나타나야 하는 것이 원칙이다.

데이터는 업무 목적에 맞게 사용되도록 일관되고 표준화돼야 하므로 데이터는 정형화한 형태를 띠게 된다. 이런 성격 때문에 정형화한 구조의 데이터를 관리할 수 있고 락(Lock 또는 Enqueue)과 같은 오브젝트로 트랜잭션을 보장해주는 관계형 DB가 데이터 생산에 중요한 기술로 쓰였다.

SNS나 블로그 같은 웹을 통해 개인이 생산하는 데이터는 조직 내 데이터와 달리 제약 없이 자유로운 형태를 띠고 있다. 이러한 불특정 개인이 웹을 통해 생산하는 데이터는 여기저기 분산돼 있으므로 생산보다는 수집이라는 관점에서 다루어야 한다.

나) 데이터 자동 생산 방식

사물인터넷(Internet of things, IoT) 기술이 확산되면서 데이터 생산 방식이 다양화되고 있으며, 센서·로그 데이터·SNS가 제공하는 스트리밍 데이터 등 생산되는 데이터의 저장 및 관리 기술이 점점 더 중요해지고 있다.

---

125) 데이터산업백서

최근 IoT 플랫폼은 서비스를 구성하는 데 필요한 공통 요구 기능을 포함하고 있으며, 개별 사물과 서비스에서 독립적으로 동작할 수 있다. 이 플랫폼은 서버나 클라우드 형태로 제공될 수 있으며, Pub/Sub, Topic 방식의 메시지 송수신 기능을 제공하는 IoT 어댑터 등을 제공해 디바이스에 직접 위치할 수도 있다.

IoT 플랫폼 기술은 초기에는 센서·액츄에이터(Actuator)·데이터 중심의 특징을 기반으로 수백만 개의 인터넷 기반 서비스 도메인 수준의 규모를 지원했으나, 점차 데이터·프로세스·지능 중심으로 바뀌어 수백억 개 이상의 글로벌 규모로 발전하고 있다. 이러한 IoT 플랫폼에 대한 표준은 IoT 글로벌 협의체를 바탕으로 개방형으로 운영 중이다.

다) 데이터 저장

IoT 기반의 미래형 서비스에 적합한 기술을 구현하기 위해서는 데이터를 저장하는 요건들이 필요하다. IoT 데이터 저장을 위해 고성능 대용량 데이터 처리가 가능한 오픈소스 RDBMS를 제공해야 하며, LBS(Location Based Service) 데이터 저장을 위해서는 국제표준(ISO)을 따르는 지리(위치) 정보 처리 및 관리 기능을 위한 오픈소스 GIS-DBMS를 제공해야 한다. 또한 방대한 데이터를 처리하기 위한 스트리밍 프로세스(Streaming process)와 분산 처리를 위한 오픈소스 하둡(Hadoop) 플랫폼을 제공해야 한다.

새로운 데이터 보안 위협에 대응하기 위한 국가 표준 알고리즘(ARIA-128/256)의 적용 및 엄격한 키 관리를 통한 데이터 암호화 기능과 사용자, 애플리케이션, IP 등의 조건에 따른 데이터 접근 제어/관리 기능을 제공해야 한다.

마지막으로 실시간 데이터 흐름 및 시스템 상태 모니터링을 위한 통합 관제 기술을 제공함으로써 안정적인 데이터 저장을 유도할 수 있다.

(1) 하둡(Hadoop)

하둡은 대규모 데이터를 효율적으로 처리하는 데 사용할 수 있는 오픈 소스 소프트웨어 프로젝트로 하나의 대형 컴퓨터를 사용하여 데이터를 처리 및 저장하는 대신 하둡을 사용하면 대량의 데이터를 병렬로 분석할 수 있다.

그렇다면 왜, 빅데이터 기술 중 하나로 하둡을 꼽을 수 있는 것일까?

데이터가 많아지면 그만큼 데이터를 처리할 컴퓨터의 성능 또한 증가해야 한다. 많은 양의 데이터를 이용해야하는 빅데이터는, 우리가 상상할 수 없을 만큼 고가의 슈퍼컴퓨터를 사용한다해도 언젠가는 속도의 장벽에 부딪히게 될 것이다.

하둡은 바로 이러한 문제를 해결할 수 있는 방법으로 떠오르는 것으로, '분산처리'라는 기술을 통해 많은 양의 ㄷ이터를 저장하고 처리할 수 있다. 일부에서는 슈퍼컴퓨터 보다 더욱 좋은 성능을 내기도 했다.

하둡의 또다른 장점 중 하나는 많은 양의 데이터를 처리하는것에 그치지 않고, 데이터를 분산처리하는 수를 늘리거나 줄임으로써 저렴한 비용으로 어떠한 기업이든 원하는 크기의 저장소를 구현할 수 있다는 것이다.

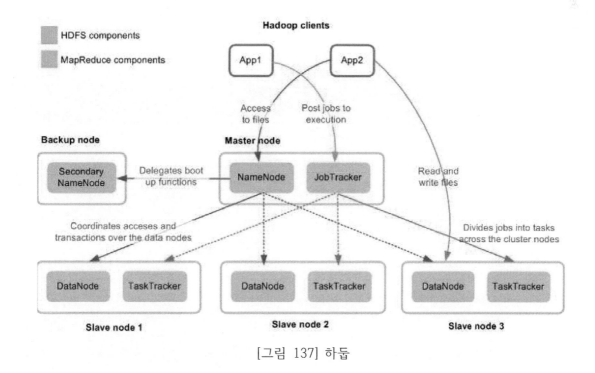

[그림 137] 하둡

하둡은 몇가지 프레임워크로 이루어져 있다. 그 중에서 가장 핵심적인 기능을 하는 맵리듀스(MapReduce)와 분산형 파일 시스템(HDFS)에 대해서 알아보도록 하자.

먼저, 맵리듀스에 대해서 살펴보도록 하자.

맵리듀스에서 '맵'은 지도가 아니라 데이터를 담아두는 구조라고 할 수 있다. 맵은 아래와 같이 키(Key)와 값(Value)를 쌍으로 가지고 있다. 이러한 구조에서는 키값을 이용하여 값을 찾는 연산들이 이뤄진다. 만약 킷값으로 Apple이 들어온다면, 출력값은 1이 될 것이고, Banana가 킷값으로 들어온다면 출력값이 2가 될 것이다.

Key	Values
Apple	1
Banana	2
Watermelon	3
Peach	4
Orange	5

[표 204] 맵의 구조

리듀스는 이러한 맵을 줄여가는 방법이라고 할 수 있다. 그 방법에는 키를 기준으로 같은 키를 가진 개수를 세거나, 같은 키를 기준으로 모든 값을 더하거나, 평균을 내는 방법들이 있다.

그렇다면 지금부터는 간단한 예를 통해 맵리듀스를 살펴보도록 하자.

맵리듀스의 예제로 가장 많이 등장하는 것은 '단어 수 세기'라고 할 수 있다. 만약에 여러 단어로 이루어진 문장에서 각각의 단어수를 세어야 한다고 생각해보자. 가장 간단한 방법은 처음부터 읽어가며 단어수를 세는 방법일 것이다. 하지만, 만약 문장의 길이가 엄청나게 길어진다면, 소요되는 시간 또한 상상할 수 없을 정도로 길어질 것이다. 이러한 상황에서 우리는 '나누어' 단어수를 세어보자는 생각을

할 수 있을 것이다. 만약, 문장을 3개로 나누어 세어본다고 생각해보자. 가장 먼저 할 일은 문장을 3개로 나눈 후 각 문장에 들어있는 단어수를 세는 것이다.

그렇다면 나누어진 문장에서 단어를 모두 센 다음에는 무엇을 해야할까? 그 다음으로 해야 할 일들은 같은 단어를 모으는 일이 될 것이다. 첫 번째 문장에서 "Apple"이라는 단어가 3번 등장하고 "Princess"라는 단어가 1번 등장했고, 두 번째 문장에서는 "Princess"가 3번, "Snow"가 2번, 세 번째 문장에서는 "Apple"이 1번, "Prince"가 1번 등장했다고 가정해보자.

1번째 문서	2번째 문서	3번째 문서
"Apple", 3	"Princess", 3	"Apple", 1
"Princess", 1	"Snow", 2	"Prince", 1

[표 205] 맵리듀스 예제

여기에서 같은 단어끼리 모아보면, ("Apple", 3)과 ("Apple", 1)을 하나로 묶을 수 있고, ("Princess", 1)과 ("Princess", 3)을 하나로, ("Snow", 2)와 ("Prince", 1)은 각각 따로 둘 수 있다.

다음으로 해야 할 일은, 하나로 묶은 단어의 개수를 더하는 것이다. 그 결과, 주어진 문장에 들어있는 단어의 수는, "Apple"이 4개, "Princess"가 4개, "Snow"가 2개, "Prince"가 1개라고 할 수 있다.

이러한 작업은 데이터가 커질수록 중요해지는데, 빅데이터에서는 이러한 처리를 맵리듀스가 돕는다. 맵리듀스는 크게 맵단계와 리듀스 단계로 나눌 수 있는데, 먼저 맵 단계에서는 흩어져 있는 데이터를 앞서 살펴본 구조로 변환하고, 리듀스 단계에서는 맵단계에서 생성된 구조의 킷값을 통해 필터링을 하거나 정렬을 수행한다.

다음으로 분산형 파일시스템을 살펴보도록 하자.

하둡의 부사장인 아룬 머시는 하둡에서는 하둡 네트워크에 연결된 어떠한 기기에도 데이터를 저장할 수 있다고 표현한다. 분산형 파일시스템은 기존의 분산처리

시스템과 여러개의 기계가 데이터를 함께 처리한다는 점에서는 같지만 MPI(Message Passing Interface)를 사용하는 기존의 분산처리시스템은 일부 기계가 고장나는 경우 시스템이 작동하지 않고 복잡하다는 문제를 해결하기 위해 분산형 파일시스템을 사용한다는 점에서 차이가 발생한다.

하둡의 분산형 파일시스템은 같은 데이터를 분산으로 처리하지만, 데이터 유실을 방지하기 위해 3개의 복사본을 나누어 저장한다. 따라서 만약 한 기계에서 고장이 발생하거나 느려져도 언제든 데이터에 빠르게 접근할 수 있다는 장점이 있다.

(2) NoSQL

NoSQL은 1998년 카를로 스트로찌(Carlo Strozzi)라는 엔지니어가 공개한 표준 SQL 인터페이스를 채용하지 않은 자신의 경량 Open Source 관계형 데이터베이스를 NoSQL이라고 명명한데서 유래했다.

이후 2009년에는 요한 오스칼손(Johan Oskarsson)이라는 엔지니어가 Open Source기반의 분산 데이터베이스 관련 행사를 준비하면서 NoSQL이라는 용어를 사용했다. NoSQL은 특정 데이터에 대해 특정 목적에 맞추어 구축되는 데이터베이스로, 다양한 데이터를 다루는 현대의 어플리케이션에 걸맞는 유연함을 제공한다. 따라서 NoSQL 데이터베이스는 개발에 용이하고, 기능성과 확장성을 널리 인정받고 있다. NoSQL은 문서, 그래프 등 다양한 데이터에 접근하고 관리하기 위해 다양한 데이터 모델을 사용한다. NoSQL은 유연성, 확장성, 고성능, 고기능성을 제공한다.

① 유연성
NoSQL 데이터베이스는 일반적으로 유연한 스키마를 제공하여 보다 빠르고 반복적인 개발을 가능하게 해준다. 이같은 유연한 데이터 모델은 NoSQL 데이터베이스를 반정형 및 비정형 데이터에 이상적으로 만들어 준다.

② 확장성
NoSQL 데이터베이스는 일반적으로 고가의 강력한 서버를 추가하는 대신 분산형 하드웨어 클러스터를 이용해 확장하도록 설계되었다. 일부 클라우드 제공자들은 완전관리형 서비스로서 이런 운영 작업을 보이지 않게 처리한다.

③ 고성능

NoSQL 데이터베이스는 특정 데이터 모델(문서, 키 값, 그래프 등) 및 액세스 패턴에 대해 최적화되어 관계형 데이터베이스를 통해 유사한 기능을 충족하려 할 때 보다 뛰어난 성능을 얻게 해준다.

④ 고기능성

NoSQL 데이터베이스는 각 데이터 모델에 맞추어 특별히 구축된 뛰어난 기능의 API와 데이터 유형을 제공한다.

NoSQL를 저장되는 데이터의 구조에 따라 나누면 다음과 같다.

① Key Value DB

Key와 Value의 쌍으로 데이터가 저장되는 가장 단순한 형태의 솔루션으로 Amazon의 Dynamo Paper에서 유래되었다. Riak, Vodemort, Tokyo 등의 제품이 많이 알려져 있다.

② Wide Columnar Store

Big Table DB라고도 하며, Google의 BigTable Paper에서 유래되었다. Key Value 에서 발전된 형태의 Column Family 데이터 모델을 사용하고 있고, HBase, Cassandra, ScyllaDB 등이 이에 해당한다.

③ Document DB

Lotus Notes에서 유래되었으며, JSON, XML과 같은 Collection 데이터 모델 구조를 채택하고 있다. MongoDB, CoughDB가 이 종류에 해당한다.

④ Graph DB

Euler & Graph Theory에서 유래한 DB로, Nodes, Relationship, Key-Value 데이터 모델을 채용하고 있다. Neo4J, OreientDB 등의 제품이 있다.

다양한 NoSQL제품들 중 현재 가장 인기있는 제품들은 MongoDB(Document), HBase(Wide Columnar Store), Cassandra(Wide Columnar Store)를 들 수 있다.

HBase는 하둡 분산 파일 시스템(HDFS)에서 동작하는 Key-Value 구조 분산 데이터 베이스로, Google의 Bigtable을 참고해서 JAVA로 개발 되었다. Cassandra는 Amazon의 Dynamo의 특징인 Hash 알고리즘을 이용한 "masterless" 아키텍처로 모든 노드가 coordinator 노드와 replica 노드가 될 수 있다. 현재 가장 인기가 많은 NoSQL인 MongoDB는 10gen(현,MongoDB inc)이 개발한 document-oriented database로 JSON의 2진 버전인 BSON을 사용하여, C++로 개발되었다.

2) 데이터 수집

가) EAI/ESB: 파일, DB, 웹 서비스에서 데이터 수집

EAI(Enterprise Application Integration)는 기업 내외부의 서로 다른 시스템을 통합하기 위해 사용하는 기법으로, 개별 애플리케이션을 에이전트를 이용해 중앙 허브와 연결하고 중앙 허브를 통해 상호 데이터를 수집한다.

기업 내외부의 데이터 수집은 시스템 통합 차원에서 중요한 의미를 지니고 있다. 즉, 엔터프라이즈 기업의 여러 시스템에 흩어져 있는 정보들은 기업 내 의사결정 시 신속하게 공유돼 합리적인 방안을 수립하는데 중요한 요소로 작용한다. EAI 기술은 이를 효율적으로 구현하기 위한 많은 노하우가 축적돼 있다.

EAI 기술은 TCP/IP 기반 소켓프로그래밍에서 출발해 다양한 인프라 및 리소스에서 데이터를 수집하는 기능, 데이터 매핑 및 변환, 콘텐츠 기반 서비스 라우팅, 무중단 서비스, 보안 등 비즈니스 파트너와의 원활한 협업 시스템을 구축하기 위해 필요한 기능을 필수적으로 제공한다.

EAI 영역에서 취급하는 리소스 형태는 데이터베이스, 파일, 애플리케이션, TCP 서비스, 웹서비스 등 그 종류가 다양하다. 인터페이스 아키텍처는 과거의 피어 투 피어(Peer to Peer) 방식을 지양하고, 허브 앤 스포크(Hub & Spoke) 방식, 버스 방식 등 구성 방안의 다양성을 제공해 고객 맞춤형 연계 시스템을 구축할 수 있는 장점이 부각되고 있다. 특히, 애플리케이션 시스템에 제공되는 에이전트는 인터페이스 데이터에 대한 수집부터 수신 시스템 내 적재까지 모든 업무를 대행함으로써 개발이 편리하고 연계 시스템 구축이 수월하다는 장점을 지니고 있다.

이처럼 EAI는 데이터웨어하우스(DW)나 전사적자원관리(ERP) 등 기업에서 운영하는 서로 다른 애플리케이션을 네트워크 프로토콜이나 DB, 운용체제(OS)에 관계 없이 비즈니스 프로세스 차원에서 통합하는 것을 말한다. 이를 통해 기업 내 상호 연관된 모든 애플리케이션을 유기적으로 연동해 필요한 정보를 중앙 집중적으로 통합관리할 수 있는 환경을 구현하는 기술이다.

ESB(Enterprise Service Bus)는 애플리케이션 서비스들을 컴포넌트화된 논리적 집합으로 묶는 핵심 미들웨어이며, 비즈니스 프로세스 환경에 맞게 설계 및 전개할 수 있는 아키텍처를 제공한다.

ESB는 기본적인 메시징, EAI, 중개(라우팅) 기술을 사용하거나 J2EE 시스템의 서비스 통합 버스와 같은 플랫폼 내의 구성요소를 사용하는 등 다양한 방법으로 구현될 수 있다. ESB는 EAI와 애플리케이션 서버 기술을 함께 조합해 구현할 수 있지만 이러한 구현 방식이 전반적인 아키텍처에 영향을 미치지 않아야 한다. ESB는 전사 컴퓨팅 인프라스트럭처에 공통으로 분산돼 있는 여러 서비스, 애플리케이션, 다양한 데이터 등을 연결하는 지능형, 분산형, 트랜잭션형, 메시징 레이어로 작용한다.

또한 지능형 전송 기능과 라우팅 기능으로 동기 및 비동기 메시징 백본을 형성해 메시지를 신뢰성 있게 전달한다. ESB는 개발자가 WSDL(Web Service Description Language) 기반 표준 인터페이스에 의해 정의한 서비스, 즉 컴포넌트화된 비즈니스 기능을 API 또는 프로토콜에 관계없이 사용 및 호출하는 것을 가능하게 한다.

WSDL은 추상화된 서비스 인터페이스 정의 부분, 재사용 가능한 프로토콜 바인딩 부분 그리고 서비스를 제공하는 종단점(endpoint)으로 나뉘어 있다. 이것은 본질적으로 확장이 가능하며 필요에 따라 다양한 프로토콜을 동일한 서비스에 연결할 수 있도록 포트 및 바인딩을 위한 확장 요소를 제공한다.

ESB는 웹서비스 관련 표준기술을 지원하는 웹서비스 어댑터를 지원해 외부 시스템의 데이터 수집 요청에 대해 표준 웹서비스 방식의 수신 기능을 제공하는 특징을 지니고 있다. 필요 시 타 기관 또는 응용시스템의 웹서비스를 호출하기 위해 위저드 기반 클라이언트 스텁(stub)을 생성하는 기능을 제공한다.

또한 오픈 API 서비스를 위한 Restful 방식의 API 서비스 처리 기능을 지원해 외부의 API 서비스 호출에 대해 표준 REST(REpresentational State Transfer) 방식의 서비스를 제공한다. 하지만 표준 REST 방식에서 제공되지 않는 인증·보안, 유량 제어 등 API 서비스를 위한 기능이 추가로 제공돼야 한다. 이처럼 ESB는 기업 및 기관의 서비스지향 분산 컴퓨팅 기술의 일종으로 기존의 분산 컴퓨팅 기술인 CORBA(Common Object Request Broker Architecture), DCOM(Distributed Component Object Model), RMI(Remote Method Invocation) 등을 기초로 한 '분산 오브젝트' 환경의 웹 서비스와의 연계를 통한 데이터 수집에서 구현이 용이하고 체계적으로 관리할 수 있다.

웹 서비스는 SOAP(Simple Object Access Protocol), WSDL(Web Service Description Language), UDDI(Universal Description, Discovery and Integration)와 같은 공개 표준을 정해 이를 근간으로 하여 상호작용이 이루어진다. 그러므로 웹 서비스를 지원하는 응용 프로그램은 상호 작동에 문제가 없고 플랫폼과 언어에 독립적이며, HTTP와 같은 웹 프로토콜을 사용하므로 방화벽과 같은 장애에도 문제가 없어 응용 프로그램에 대한 접근이 용이하다.

나) API 플랫폼

Open API(Open Application Programming Interface, 오픈 API)는 데이터 소유 주체가 웹 개발자나 사용자를 위해 정보/데이터를 정해진 방식으로 공개하는 기술을 뜻한다. HTTP 프로토콜 기반의 웹 서비스로서 제공 기술은 SOAP 기반의 웹 서비스와 REST 기반의 웹 서비스로 구분된다. 다만 개방형 기술의 보안 이슈를 해결하기 위한 인증, 보안, 접근제어, 정책관리 등의 개발 소요가 발생할 수 있으므로 도입 전 해당 기능의 필요성과 구축비용을 면밀히 검토할 필요가 있다.

최근 코로나19로 사회 전반에서 많은 변화가 일어나고 있다. 지난 3월 맥킨지는 'Next Normal'이라는 표현을 쓰며 코로나19로 사회 전반에 큰 변화가 생길 것으로 예상했다. 실제로 세계 금융권에서는 비대면 수요가 급증하고 있으며, 핀테크 기업에 대한 수요가 증가하고 있다. 국내 금융권도 오픈 API를 활용한 다양한 비대면 서비스를 선보이고 있다.

'Next Normal' 트렌드에 따라 기업 및 기관들이 플러그 앤 플레이 방식의 단순한 아키텍처 기반의 오픈 API 플랫폼을 구축해 비즈니스 민첩성 강화, 통합비용 감소, 나아가 공급기업에 대한 종속성 방지 등의 요구를 해소하고 있다.

데이터3법 중 신용정보법(신용정보의 이용 및 보호에 관한 법률) 개정안의 국회 통과(2020.1.9.)로 마이데이터 정보 제공 등 API를 통한 개방형 플랫폼 사업들이 진행되고 있으며, 관련 산업 성장에 대한 기대감이 높아지고 있다. 오픈 API는 이미 보편화되고 가속화되고 있으며, 비즈니스적·기술적으로 핵심 영역이 됐다. 이에 따라 효율적이고 안정적인 API 관리를 위한 오픈 API 플랫폼의 역할이 점점 더 중요해지고 있다.

　API 관리 플랫폼은 각 서비스의 API를 안전하게 공유하고 쉽게 사용할 수 있도록 개발자 포털을 제공하고, API 서비스들이 어떻게 사용되고 운영되는지를 분석하며, 그 외 API의 트렌드 확인 등 API에 대한 전반적인 관리 기능을 제공해야 한다.

　공공기관을 시작으로 일반기업까지 오픈 API 서비스를 늘려가고 있다. 이러한 오픈 API 수요의 결과로 API 관리 및 운영에 대한 효율성을 높이기 위해 APIM(API Management) 기술이 대두되고 있다. APIM 기술에서는 개발 생산성 향상과 기간 단축을 위해 API 게이트웨이, API 라이프사이클 관리를 위한 API 포털 등 다양한 기능이 담긴 소프트웨어를 제공하고 있다.

　API 라이프사이클 기반의 관리 기능은 API 생성, API 게시, 인증 및 보안, API 정책관리, API 검색, 서비스 개발, API 사용, 모니터링 및 분석 순으로 구성돼 있다. API 생성에서 요구되는 서비스 오케스트레이션 기능은 소단위 REST API를 조립해 단일 응답으로 처리해야 하는 API 서비스 제공에 적합하며, 백엔드 시스템의 DB, TCP 등 프로토콜로 변환이 요구되기도 한다.

　오픈 API는 데이터 공유를 위한 표준 방식으로 자리매김하고 있고 SNS나 웹 콘텐츠와 달리 정형화되고 검증된 정보를 수집할 수 있는 방법이므로 데이터 수집에서 중요한 역할을 담당한다. 오픈 API는 공공 분야에서 시작해 자산화한 데이터들을 수집해 새로운 서비스를 제공하려는 핀테크 사업자, 마이데이터 사업자 등으로 확산되고 있다. 이렇게 증가하는 오픈 API의 수요에 대응하기 위해서는 APIM 같은 API 관리 플랫폼의 역할과 비중이 갈수록 커질 것이다.

다) 크롤링

　크롤링은 API를 제공하지 않는 기존 애플리케이션과의 연결성을 해결하는 기법으로, 웹 상의 비정형 콘텐츠를 수집한다. 다시 말해 주로 웹 로봇을 이용해 조직

외부에 존재하는 소셜 네트워크 데이터 및 인터넷에 공개된 자료를 수집하는 기술이다. 이를 프로그래밍으로 자동화하기 위해 다음 세 가지 기법이 활용되고 있다.

① HTML 페이지를 가져와 HTML/CSS 등을 파싱하고, 필요한 데이터만 추출하는 기법
② 오픈 API(REST API)를 제공하는 서비스에 오픈 API를 호출해 받은 데이터 중 필요한 데이터만 추출하는 기법
③ Selenium, PhantomJS 등 브라우저를 프로그래밍으로 조작해 필요한 데이터만 추출하는 기법

이외에도 로그인이 필요한 웹페이지 크롤링 기법, XPATH를 이용한 기법 등이 있어 데이터 수집을 위해 표준화하기 전에 빈번한 커스터마이징 개발이 필요하다는 단점이 있다. 따라서 크롤링 기법을 적용하기 전에 철저한 검토가 필요하다.

라) 기타 데이터 수집 기술

① RSS Reader
웹 기반 최신 정보를 공유하기 위한 XML 기반의 콘텐츠 배급 프로토콜인 RSS 서비스를 통해 데이터를 수집하는 기술로, RSS 사이트에서 제공하는 주소를 RSS Reader에 등록하면 자동으로 데이터를 전송받아 수집하는 기술

② Log Aggregator
조직 내부에 존재하는 웹서버 로그, 웹로그, 트랜잭션 로그, 클릭 로그, 데이터베이스 로그 등 각종 로그 데이터를 수집하는 오픈소스 기술(Chukwa, Flume, Scribe 등)

③ RDB Aggregator
관계형 데이터베이스(RDBMS)에서 정형 데이터를 수집해 HDFS(하둡 분산파일시스템)나 HBase와 같은 NoSQL에 저장하는 오픈소스 기술(Sqoop, Direct, JDBC 등)

④ Streaming
인터넷에서 음성, 오디오, 비디오 데이터를 실시간으로 수집할 수 있는 기술

나. 데이터 저장 및 관리 기술

1) 클라우드 DBMS 방향성과 한계

가) DB 서버의 한계

정형 데이터를 주로 다루는 관계형 데이터베이스(RDBMS)에서 높이 평가받는 기술은 RAC(Real Application Cluster, 오라클), TAC(Tibero Active Cluster, 티베로), PureScale(IBM DB2)과 같은 DB 서버 액티브 클러스터링 기술이다. 벤더별 용어와 상세 스펙은 조금씩 다르지만, DBMS 단일 스토리지를 공유함으로써 데이터 정합성을 유지하면서, 데이터 처리(저장, 변경, 삭제, 관리)를 수행하는 DB 서버를 다중화하고 클러스터링 함으로써 확장성, 성능, 가용성을 보장하고자 하는 목적은 동일하다.

물리적 스토리지를 여러 DB 서버가 공유한 상태에서 DB 서버 노드 확장을 지속하는 것은 동일 데이터 경합 발생, 노드 간 통신부하 증가 등의 문제를 발생시켜 더 이상의 성능 향상을 보장할 수 없게 만든다. 범용 저사양 컴퓨팅 자원을 병렬화해 사용해야 하는 클라우드 환경에서는 DB 클러스터 노드 확장성 제약이 더욱 심해지므로 DB 성능과 관리 측면에서 한계가 발생하게 된다.

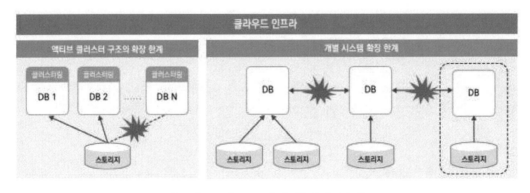

[그림 138] DB 서버 확장의 한계

MSA(Micro Service Architecture) 같은 방식으로 DB 업무를 분리해 개별 시스템간 성능을 유지하고자 해도 EAI, ETL, Link와 같은 DB 간 추가 연계 작업, 기업 내 데이터 품질, 정합성 유지 측면에서 여전히 문제가 존재한다.

나) 다양한 데이터 통합, 활용의 한계

데이터 생산 주체가 다양해지며 여러 형태의 데이터가 등장했으며, 각각의 DB가 별도 구축되고 별도 처리 기술이 적용되고 있다. 즉 RDB 정형, 반정형 파일, 비정형 콘텐츠 등 데이터 형태별로 별도의 저장 방법이 필요하고 조회, 분석을 위한 별도 기술이 사용되고 있다. 결국 데이터 통합과 활용이 어려워지고 그로 인해 업무시스템의 애플리케이션 복잡성이 증가하고 비즈니스 민첩성(Agility)이 저하되는 결과를 가져온다. 비즈니스 민첩성을 달성하기 위해 채택되는 MSA 방법도 데이터 형태별 통합 활용 문제와 다양한 데이터 간 연계 문제로 본래 달성하고자 하는 의미가 퇴색되고 있는 상황이다.

2) 클라우드 DBMS 기술의 필요 요소

가) 성능 저하 없는 스케일러블 DB

기존 클러스터 구조의 DBMS 확장 제약 문제를 해결하기 위해 데이터의 논리적 처리(Logical Processing)를 담당하는 DB서버와 물리적 처리(Physical Processing)을 담당하는 스토리지 서버를 명확히 분리하고 역할을 나눠 확장이 자유로운 구조로 바꾸는 것이 필요하다. 즉, 1티어 DB구조를 2티어 구조로 바꾸어 티어별 프로세싱 역량을 높이고 논리적, 물리적 확장성을 별개로 갖추어 기존 스토리지 서버 간 답답한 구조를 쪼개어 놓는 것이 필요하다.

클러스터 노드 확장 시 성능 저하를 가져온 락(Lock) 경합 발생과 DB 노드 간 통신 오버헤드를 없애는 기술이 가장 핵심이다. 이를 위해 데이터를 처리할 때 DB 서버 간에는 논리적 처리의 독립성이 보장돼야 하고 타 노드 의존성은 제거돼야 한다.

실질적인 데이터 처리는 스토리지 서버가 담당해야 한다. 기존에 단순 저장용도로 쓰인 스토리지가 아닌 자체 락 관리와 트랜잭션 순서 보장, 디스크 IO 등 기존 DB 서버가 담당한 데이터 처리 기능을 스토리지 레이어에서 구현해야 한다. 이러한 구조를 통해 부하 상황에 맞게 DB 서버(프론트엔드), 스토리지 서버(백엔드) 간 성능 저하 없는 자유로운 확장이 가능해진다.

나) DB 가상화를 통한 애자일 구현

비즈니스 민첩성을 달성하기 위해 업무를 잘게 나눠 서비스화해 분산시키고 애플리케이션 개발도 그에 맞는 방법론을 채택하고 있다. 그러나 DBMS 차원의 민첩성 달성을 위해선 DB 가상화 기술이 반드시 필요하다.

DB 가상화(DB Virtualization)는 물리적으로 저장되는 데이터, 테이블과 별도로 사용자나 업무 애플리케이션에서 필요로 하는 테이블을 논리적으로 집합시켜 놓은 개념이다. 기업내 데이터 무결성, 품질 보장 측면에서도 필요하고 복잡한 데이터 연계작업을 제거하는 유일한 방법이기도 하다.

DB 서버와 스토리지 서버로 분리함으로써 DB 가상화가 가능하고, 스토리지 서버에 저장된 테이블 메타정보를 이용해 DB 서버 레이어에서는 필요한 테이블만 뽑아 가상화한 데이터베이스를 구성하게 되는 것이다.

DB 가상화 기술을 이용하면 신규 업무 생성 시 빠른 DBMS 구성이 가능하고, 저장 위치에 상관없이 데이터 접근과 활용이 용이하며, 업무간 간섭 없는 유연한 데이터 관리가 가능해진다.

다) 다양한 데이터 형태의 통합

기업에서 생산되고 저장되는 다양한 형태의 데이터는 사용자나 애플리케이션 관점에서 동일한 도구를 통해 접근, 조회, 활용할 수 있도록 해야 한다.

OLTP형, OLAP형, 하둡형, 서치형 등 데이터 형태별 물리적 저장 스토리지 공간과 스토리지 프로세싱 기술은 각기 존재하고, 애플리케이션에서는 여러 종류의 데이터를 마치 동일한 DB 내에 존재하는 데이터처럼 보이게 하고 통합 처리를 가능하게 하는 하나의 강력한 인터페이스, 즉 통합 SQL 엔진 기술이 필요하다.

통합 SQL 엔진 기술은 클라우드 내 존재하는 정형, 비정형, 상용, 오픈 등 다양한 DB를 통합해준다. 또 다양한 데이터 형태를 수용할 수 있어 PaaS 기반의 애플리케이션 개발을 쉽게 하도록 해 진정한 넌프로그래밍(Non-Programming)을 앞당기고 애자일한 비즈니스를 가능하게 해준다.

라) AI 기반의 지능화 DB

클라우드 내에는 다수의 DB 인스턴스가 생성과 소멸을 반복하고 그에 따라 DB 관리 복잡성이 높아진다. 기존의 DBMS 전용 모니터링 도구나 DB 벤더에서 제공하는 툴은 자체 뷰나 로깅, 자체 리포트를 통해 현 상태를 실시간 감시하고 과거 이력과 추이를 분석하는 툴로서 역할을 하고 있다. 자동 진단과 튜닝 어드바이저 기능도 일부 제공하고 있으나 섬세하고 선제적인 관리 기능으로 사용하기엔 부족한 측면이 있다. 지능화된 DBMS 감시와 제어를 위해 다양한 성능과 운영 정보를 실시간으로 수집하고 AI 기반 학습을 통한 예측과 자동 최적화 기술이 접목돼야 한다.

DB 이외의 관련된 애플리케이션 서비스, 클라우드 인프라 관리 솔루션과의 초고속 인터페이스를 통해 데드락(Dead Lock), 악성 쿼리, 성능 저하 등 DBMS에서 발생 가능한 심각한 장애를 사전에 예측하고, 사전 방지 가이드 제공, DB 노드 직접 제어까지 가능한 수준까지 도달해야 한다.

3. 빅데이터 시장 동향

가. 세계 빅데이터 시장[126)127)]

시장조사기관인 Wikibon에 따르면 소프트웨어, 하드웨어, 서비스를 모두 포함한 세계 빅데이터 시장은 2026년에 총 922억 달러의 규모로 성장할 것으로 전망된다. 이는 2014년 기록했던 183억 달러에서 약 404% 증가한 수치이며, 2014년부터 2026년까지의 연평균 성장률은 14.4%에 달한다.

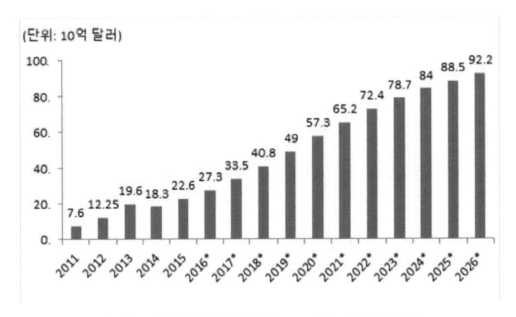

[그림 139] 빅데이터 세계시장 규모 예측 (2011~2026)

마켓앤마켓에 따르면 전 세계 빅데이터 시장은 2020년 1,388억 8,600만 달러에서 연평균 성장률 10.6%로 증가하여, 2025년에는 2,294억 2,300만 달러에 이를 것으로 전망된다.

---

126) 빅데이터 시대와 데이터 융합, 정보통신정책연구원
127) 빅데이터 시장, 글로벌 시장동향보고서, 연구개발특구진흥재단

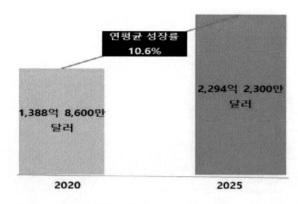

[그림 140] 글로벌 빅데이터 시장 규모 및 전망

전 세계 빅데이터 시장은 종류에 따라 서비스, 소프트웨어 시장으로 분류할 수 있다. 서비스는 2019년 988억 8,000만 달러에서 연평균 성장률 13.95%로 증가하여, 2024년에는 1,899억 7,000만 달러에 이를 것으로 전망된다. 소프트웨어는 2019년 665억 2,000만 달러에서 연평균 성장률 12.13%로 증가하여, 2024년에는 1,179억 3,000만 달러에 이를 것으로 전망된다.

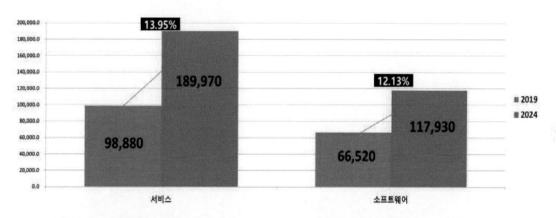

[그림 141] 글로벌 빅데이터 시장의 종류별 시장 규모 및 전망 (단위: 백만 달러)

전 세계 빅데이터 시장은 배포 방식에 따라 온프레미스(On-premise), 클라우드로 분류된다. 온프레미스(On-premise)는 2020년 588억 4,400만 달러에서 연평균 성장률 9.7%로 증가하여, 2025년에는 935억 3,100만 달러에 이를 것으로 전망된다. 클라우드는 2020년 269억 8,100만 달러에서 연평균 성장률 10.9%로 증가하여, 2025년에는 453억 4,600만 달러에 이를 것으로 전망된다.

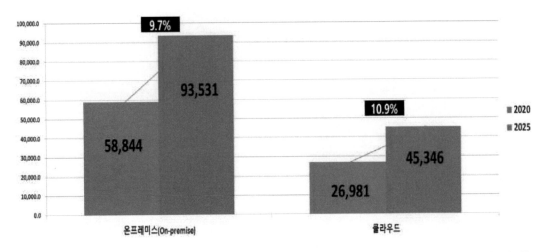

[그림 142] 글로벌 빅데이터 시장의 배포 방식별 시장 규모 및 전망 (단위: 백만 달러)

전 세계 빅데이터 시장은 조직 규모에 따라 대기업, 중소기업으로 분류할 수 있다. 대기업은 2020년 919억 7,700만 달러에서 연평균 성장률 10.4%로 증가하여, 2025년에는 1,506억 9,500만 달러에 이를 것으로 전망된다. 중소기업은 2020년 469억 900만 달러에서 연평균 성장률 10.9%로 증가하여, 2025년에는 787억 2,800만 달러에 이를 것으로 전망된다.

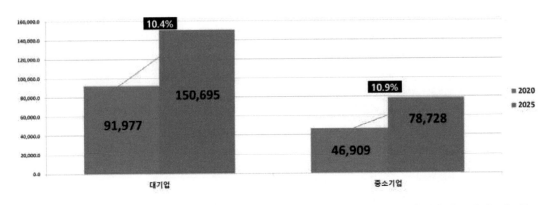

[그림 143] 글로벌 빅데이터 시장의 조직 규모별 시장 규모 및 전망 (단위: 백만 달러)

전 세계 빅데이터 시장은 비즈니스 기능에 따라 마케팅 및 영업, 재무, 경영, 인사로 분류할 수 있다. 마케팅 및 영업은 2020년 471억 9,900만 달러에서 연평균 성장률 10.5%로 증가하여, 2025년에는 776억 2,500만 달러에 이를 것으로 전망되고, 재무는 2020년 385억 6,000만 달러에서 연평균 성장률 10.9%로 증가하여, 2025년에는 646억 3,600만 달러에 이를 것으로 전망된다.

경영은 2020년 361억 9,600만 달러에서 연평균 성장률 11.6%로 증가하여, 2025년에는 626억 1,200만 달러에 이를 것으로 전망되며, 인사는 2020년 169억 3,200만 달러에서 연평균 성장률 7.7%로 증가하여, 2025년에는 245억 5,100만 달러에 이를 것으로 전망된다.

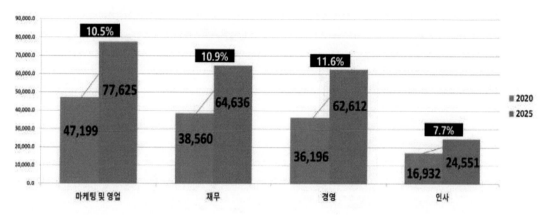

[그림 144] 글로벌 빅데이터 시장의 비즈니스 기능별 시장 규모 및 전망 (단위: 백만 달러)

전 세계 빅데이터 시장은 산업 분야에 따라 은행·금융서비스·보험(BFSI), 정부 및 방위, 헬스케어 및 생명과학, 제조, 소매 및 소비재, 미디어 및 엔터테인먼트, 통신 및 IT, 운송 및 물류, 기타로 분류할 수 있다.

은행·금융서비스·보험(BFSI)은 2020년 255억 2,000만 달러에서 연평균 성장률 6.6%로 증가하여, 2025년에는 350억 5,800만 달러에 이를 것으로 전망되고, 정부 및 방위는 2020년 149억 4,600만 달러에서 연평균 성장률 12.2%로 증가하여, 2025년에는 266억 3,200만 달러에 이를 것으로 전망된다. 헬스케어 및 생명과학은 2020년 97억 2,900만 달러에서 연평균 성장률 12.5%로 증가하여, 2025년에는 175억 2,800만 달러에 이를 것으로 전망되며, 제조는 2020년 133억 6,600만 달러에서 연평균 성장률 13.3%로 증가하여, 2025년에는 249억 900만 달러에 이를 것으로 전망된다.

소매 및 소비재는 2020년 202억 5,500만 달러에서 연평균 성장률 10.7%로 증가하여, 2025년에는 336억 9,600만 달러에 이를 것으로 전망되고, 미디어 및 엔터테인먼트는 2020년 140억 4,100만 달러에서 연평균 성장률 11.0%로 증가하여, 2025년에는 236억 1,200만 달러에 이를 것으로 전망된다. 통신 및 IT는 2020년 159억 4,000만 달러에서 연평균 성장률 9.2%로 증가하여, 2025년에는 247억

9,200만 달러에 이를 것으로 전망된다. 운송 및 물류는 2020년 113억 달러에서 연평균 성장률 11.9%로 증가하여, 2025년에는 197억 9,700만 달러에 이를 것으로 전망되고 마지막으로 기타는 2020년 137억 8,900만 달러에서 연평균 성장률 11.2%로 증가하여, 2025년에는 234억 달러에 이를 것으로 전망된다.

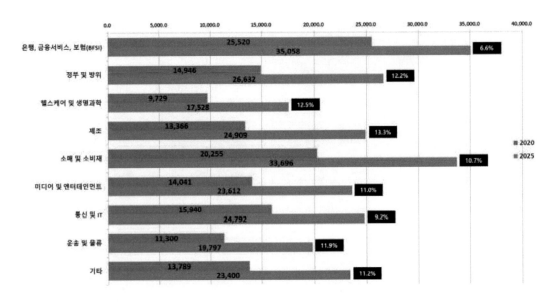

[그림 145] 글로벌 빅데이터 시장의 산업 분야별 시장 규모 및 전망 (단위: 백만 달러)

1) 지역별 시장 규모

전 세계 빅데이터 시장을 지역별로 살펴보면, 2020년을 기준으로 북아메리카 지역이 30.3%로 가장 높은 점유율을 차지했다. 북아메리카는 2020년 420억 9,100만 달러에서 연평균 성장률 9.3%로 증가하여, 2025년에는 656억 2,700만 달러에 이를 것으로 전망된다.

유럽은 2020년 366억 900만 달러에서 연평균 성장률 10.2%로 증가하여, 2025년에는 595억 4,400만 달러에 이를 것으로 전망되고, 아시아-태평양은 2020년 323억 7,300만 달러에서 연평균 성장률 11.9%로 증가하여, 2025년에는 568억 2,100만 달러에 이를 것으로 전망된다. 중동 및 아프리카 지역은 2020년 177억 3,500만 달러에서 연평균 성장률 11.4%로 증가하여, 2025년에는 304억 1,100만 달러에 이를 것으로 전망되고, 마지막으로 라틴아메리카 지역은 2020년 100억 7,800만 달러에서 연평균 성장률 11.0%로 증가하여, 2025년에는 170억 2,000만 달러에 이를 것으로 전망된다.

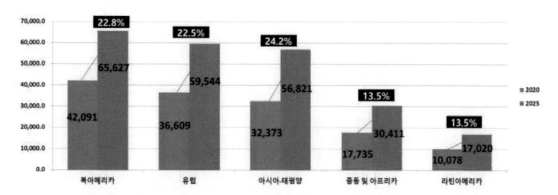

[그림 146] 글로벌 빅데이터 시장의 지역별 시장 규모 및 전망 (단위: 백만 달러)

중국 빅데이터 시장은 2016년 이후 연평균 35.7%씩 급성장하며 올해 시장 규모는 84억7천만 달러로 전망된다. 중국은 2015년부터 빅데이터 발전을 국가발전전략으로 추진해왔다. 현재 빅데이터 관리국 등 20여 개의 성급 관리 행정기관과 세제 및 투자유치 등의 혜택을 제공하는 46곳의 빅데이터 산업단지가 설립돼 있다.

상하이와 베이징 등 주요 14개 시에선 각종 분야의 데이터 판매와 구매가 가능한 데이터 거래 플랫폼을 보유 중이다. 이를 포함해 전국적으로 102개 지역급 행정 데이터 개방 플랫폼을 운영하고 있다.

빅데이터의 실제 활용 역시 급속히 확대되고 있다. 제조 기업에선 기업 클라우드화, 스마트 공장 등에 활용하며, 정부는 식품·의약품 관리 감독, 도시 치안과 범죄 수사 등에 활용한다. 128)

---

128) "중국 빅데이터 시장 급성장…2025년 전 세계 3분의 1 차지", 연합뉴스

나. 국내 빅데이터 시장[129]

한국IDC의 '국내 빅데이터·분석(BDA) 시장 전망, 2023-2027' 보고서에 따르면 국내 빅데이터 시장은 2027년까지 연평균 10.6% 성장해 3조 9771억 원에 이를 것으로 전망했다. 올 2023년은 전년비 11.1% 성장한 2조 7054억 원의 시장이 형성될 것으로 예측했다.

6일 한국IDC에 따르면, 비즈니스 경쟁력을 확보화기 위해 데이터를 비즈니스 이니셔티브에 활용하고자 하는 수요가 전산업에 걸쳐 가속화되고 있으며, 특히 차별화된 고객 경험 제공을 위해 고객 데이터의 다각도 분석 수요가 증가하며 빠른 성장세를 보이고 있다.[130]

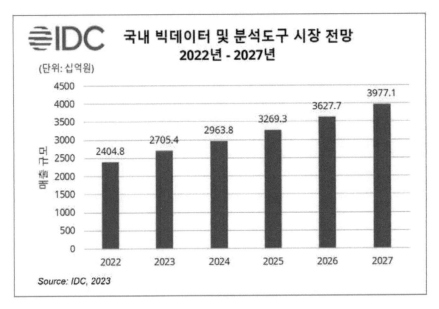

[그림 147] 국내 빅데이터·분석도구 시장전망

데이터산업의 부문별 규모를 살펴보면, 2021년 기준 데이터 판매 및 제공 서비스업 시장이 11조 3,869억 원으로 가장 높고, 다음으로 데이터 구축 및 컨설팅 서비스업이 8조 5,274억 원, 데이터 처리 및 관리 솔루션 개발·공급업이 2조 9,843억 원으로 나타났다.

---

129) 2022년 데이터산업현황조사 결과보고서, 한국데이터산업진흥원
130) "국내 빅데이터 및 분석도구 시장 전년대비 11.1% 성장" 한국IDC, 넘버스

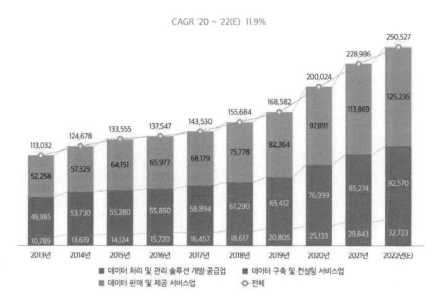

[그림 148] 2013~2022(E) 데이터산업 시장규모

데이터산업에서 각 부문별 차지하는 비중은 2010년 이후 비슷한 수준이며, 2021년 기준 데이터 판매 및 제공 서비스업 부문이 49.7%로 가장 높은 비중을 차지했다. 데이터 처리 및 관리 솔루션 개발·공급업 부문은 전체의 13.0%로 나타났다.

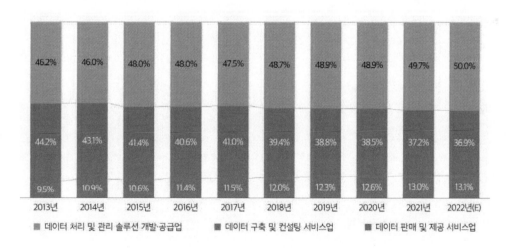

[그림 149] 2013~2022(E) 데이터산업 부문별 시장규모 비중

데이터산업 부문별 증감률을 보면, 데이터 처리 및 관리 솔루션 개발·공급업 시장이 2020년 대비 18.7%로 가장 높게 나타났고, 2020년부터 2022년 예상까지의 연평균증감률(CAGR)도 14.1%로 나타나, 전체 데이터산업 시장의 연평균 증가율 11.9%보다 높은 성장세를 보였다. 한편, 데이터 판매 및 제공 서비스업은 13.1%,

데이터 구축 및 컨설팅 서비스업은 9.6%의 성장률을 보였다.

(단위 : 억 원)

구 분	2013년	2014년	2015년	2016년	2017년	2018년	2019년	2020년	2021년	2022년 (E)	증감률 '20-'21	CAGR '20-'22 (E)
데이터 처리 및 관리 솔루션 개발·공급업	10,789	13,619	14,124	15,720	16,457	18,617	20,805	25,133	29,843	32,723	18.7%	14.1%
데이터 구축 및 컨설팅 서비스업	49,985	53,730	55,280	55,850	58,894	61,290	65,412	76,999	85,274	92,570	10.7%	9.6%
데이터 판매 및 제공 서비스업	52,258	57,329	64,151	65,977	68,179	75,778	82,364	97,891	113,869	125,235	16.3%	13.1%
전체	113,032	124,678	133,555	137,547	143,530	155,684	168,582	200,024	228,986	250,527	14.5%	11.9%

▌ 2014년 이전 통계는 통계작성승인(2016년) 이전에 도출된 시범조사 결과임
▌ 통계결과는 반올림되어 부분의 합계가 전체와 일치하지 않을 수 있음 (이하 동일)

[그림 150] 2013~2022년(E) 데이터산업 시장규모

요즘 들어 개인과 기업의 데이터 소비 방식이 변화되며 데이터 플랫폼 및 솔루션의 활용 수요가 더욱 증가하고 있는 것으로 나타났다.

특히 각종 이커머스 및 물류와 같이 고객 데이터와 접점이 핵심인 산업 외에도 공공, 제조, 엔터테인먼트, 금융과 같이 전 산업에 걸쳐 소프트웨어 및 IT 개발·구축에 대한 수요가 국내 빅데이터 및 분석도구의 지속적인 성장세를 견인할 것이라는 시각이다.

국내 빅데이터 및 분석 하드웨어 시장은 전 세계에서 발생한 하드웨어 공급 이슈 장기화와 국내 주요 클라우드 서비스 제공자(CSP)의 데이터센터 증설 연기로 2023년에는 다소 하향 조정된 시장 규모가 예상됐다. 단, 높아지는 데이터 수요에 따라 2024년부터는 기존의 성장세를 회복할 것으로 전망된다. [131]

---

131) IDC "올해 빅데이터 시장 규모 2조7000억원…2027년까지 10%씩 성장", Byline Network

1) 부문별 시장규모
가) 데이터 처리 및 관리 솔루션 개발·공급업 시장

데이터 처리 및 관리 솔루션 개발·공급업 시장규모는 2021년 2조 9,843억 원으로 2020년 대비 18.7% 성장하였으며, 2020년부터 2022년 예상 매출까지 3개년 연평균 증감률(CAGR)은 14.1%로 데이터산업 전체 성장세(11.9%)보다 높게 나타났다. 향후 데이터 처리 및 관리 솔루션 개발·공급업 시장은 지난 데이터산업의 3개년 연평균 성장률인 14.1%와 같이 지속적으로 성장한다면 2026년(P)까지 4조 원을 넘어설 것으로 전망된다.

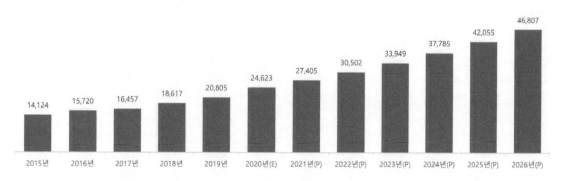

[그림 151] 데이터 처리 및 관리 솔루션 개발·공급업 시장규모 (단위 : 억 원)

2021년 기준 데이터 처리 및 관리 솔루션 개발·공급업 시장의 부문별 매출 비중을 살펴보면, 데이터베이스 관리 시스템 솔루션 시장이 36.9%를 차지하고 있으며, 다음으로 데이터 관리 솔루션(23.9%), 빅데이터 통합 플랫폼 솔루션(11.3%)이 뒤를 이었다.

[그림 152] 2021년 데이터 처리 및 관리 솔루션 개발·공급업 중분류별 시장규모 비중

구 분	2016년	2017년	2018년	2019년	2020년	2021년	2022년 (E)	증감률 '20-'21	CAGR '20-'22 (E)
데이터 수집·연계 솔루션 개발·공급업	1,345	1,393	1,622	1,871	2,122	2,499	2,715	17.8%	13.1%
데이터베이스 관리 시스템 솔루션 개발·공급업	6,148	6,121	6,775	7,510	8,979	11,021	11,787	22.7%	14.6%
데이터 분석 솔루션 개발·공급업	1,249	1,325	1,782	2,014	2,586	2,932	3,247	13.4%	12.1%
데이터 관리 솔루션 개발·공급업	5,367	4,628	4,972	5,203	6,022	7,137	7,963	18.5%	15.0%
데이터 보안 솔루션 개발·공급업		1,213	1,517	1,975	2,558	2,894	3,015	13.1%	8.6%
빅데이터 통합 플랫폼 솔루션 개발·공급업	1,611	1,776	1,949	2,231	2,866	3,359	3,995	17.2%	18.1%
전체	15,720	16,457	18,617	20,805	25,133	29,843	32,723	18.7%	14.1%

[그림 153] 데이터 처리 및 관리 솔루션 개발·공급업 중분류별 시장규모 (단위 : 억 원)

나) 데이터 구축 및 컨설팅 서비스업 시장

데이터 구축 및 컨설팅 서비스업 시장규모는 2021년 8조 5,274억 원으로 2020년 대비 10.7% 성장하였으며, 2020년부터 2022년 예상 매출까지 3개년 연평균 증감률은 9.6%로 나타났다. 향후 데이터 구축 및 컨설팅 서비스업 시장은 지난 데이터산업의 3개년 연평균 성장률인 11.3%와 같이 지속적으로 성장한다면 2026년(P)까지 14조 원을 넘어설 것으로 전망된다.

[그림 154] 데이터 구축 및 컨설팅 서비스업 시장규모 (단위 : 억 원)

데이터 구축 및 컨설팅 서비스업의 중분류별 시장규모 비중을 살펴보면 데이터 구축·가공 서비스업이 90% 이상의 비중을 차지하고 있으며, 데이터 관련 컨설팅 서비스업의 비중은 2020년 이후 5% 수준으로 나타났다.

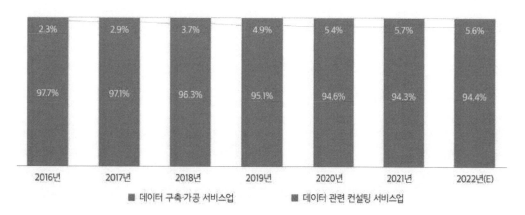

	2016년	2017년	2018년	2019년	2020년	2021년	2022년(E)
데이터 관련 컨설팅 서비스업	2.3%	2.9%	3.7%	4.9%	5.4%	5.7%	5.6%
데이터 구축·가공 서비스업	97.7%	97.1%	96.3%	95.1%	94.6%	94.3%	94.4%

■ 데이터 구축·가공 서비스업   ■ 데이터 관련 컨설팅 서비스업

[그림 155] 데이터 구축 및 컨설팅 서비스업 중분류별 시장규모 비중

2021년 기준, 데이터 구축·가공 서비스업 시장은 전년 대비 10.4%가 성장한 8조 403억 원으로 대부분을 차지하였고, 데이터 관련 컨설팅 서비스업 시장은 전년 대비 16.1%가 성장한 4,871억 원으로 나타났다.

구 분		2017년	2018년	2019년	2020년	2021년	2022년(E)	증감률 '20-'21	CAGR '20-'22 (E)
데이터 구축·가공 서비스업	제품판매	11,859	20,506	11,703	14,571	17,549	21,339	20.4%	21.0%
	용역·운영	45,348	38,487	50,519	58,234	62,855	66,027	7.9%	6.5%
	소계	57,207	58,993	62,223	72,805	80,403	87,366	10.4%	9.5%
데이터 관련 컨설팅 서비스업		1,687	2,297	3,189	4,194	4,871	5,204	16.1%	11.4%
전체		58,894	61,290	65,412	76,999	85,274	92,570	10.7%	9.6%

[그림 156] 데이터 구축 및 컨설팅 서비스업 영역별 시장규모 (단위 : 억 원)

구 분	2016년	2017년	2018년	2019년	2020년	2021년	2022년(E)	증감률 '20-'21	CAGR '20-'22 (E)
데이터 구축·가공 서비스업	54,571	57,207	58,993	62,223	72,805	80,403	87,366	10.4%	9.5%
데이터 관련 컨설팅 서비스업	1,279	1,687	2,297	3,189	4,194	4,871	5,204	16.1%	11.4%
전체	55,850	58,894	61,290	65,412	76,999	85,274	92,570	10.7%	9.6%

[그림 157] 데이터 구축 및 컨설팅 서비스업 중분류별 시장규모 (단위 : 억 원)

다) 데이터 판매 및 제공 서비스업 시장

데이터 판매 및 제공 서비스업 시장규모는 2021년 11조 3,869억 원으로 2020년 대비 16.3% 성장하였다. 데이터 판매 및 제공 서비스업의 시장규모는 2016년 이후 지속적으로 성장하고 있으며, 2020년부터 2022년 예상 매출까지 3개년 연평균 증감률(CAGR)은 13.1%로 나타났다.

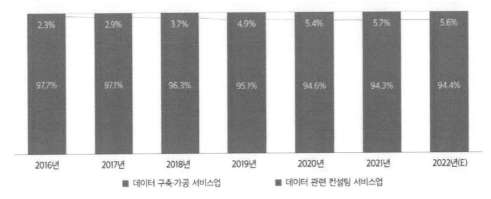

[그림 158] 데이터 판매 및 제공 서비스업 중분류별 시장규모 비중

2021년 기준, 정보제공 서비스업 시장은 전년 대비 13.6%가 성장한 9조 3,008억 원으로 데이터 판매 및 제공 서비스업의 대부분을 차지하였고, 데이터 판매·중개 서비스업은 전년 대비 29.9%가 성장한 2조 861억 원으로 나타났다.

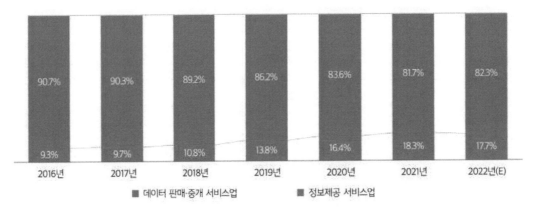

[그림 159] 데이터 판매 및 제공 서비스업 중분류별 시장규모 비중

구 분	2016년	2017년	2018년	2019년	2020년	2021년	2022년 (E)	증감률 '20-'21	CAGR '20-'22 (E)
데이터 판매·중개 서비스업	6,123	6,608	8,198	11,332	16,054	20,861	22,194	29.9%	17.6%
정보제공 서비스업	59,854	61,570	67,580	71,033	81,838	93,008	103,040	13.6%	12.2%
전체	65,977	68,179	75,778	82,364	97,891	113,869	125,235	16.3%	13.1%

[그림 160] 데이터 판매 및 제공 서비스업 중분류별 시장규모 (단위 : 억 원)

데이터 판매 및 제공 서비스업의 서비스 형태별 시장규모 비중을 살펴보면, 2021년 기준 온라인 PC 기반이 54.1%로 절반 이상을 차지하고, 다음으로 온라인 모바일(38.6%), 오프라인(7.3%)으로 나타났다. 온라인 기반 시장규모는 2015년 이후 매년 증가 추세를 보이며, 상대적으로 오프라인 기반 비중은 낮아졌다.

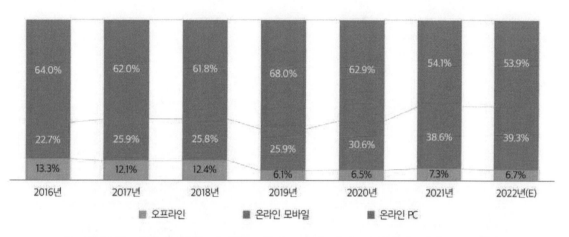

[그림 161] 데이터 판매 및 제공 서비스업의 서비스 형태별 시장규모 비중

(단위 : 억 원)

구 분			2016년	2017년	2018년	2019년	2020년	2021년	2022년 (E)	증감률 '20-'21	CAGR '20-'22 (E)
온라인	PC	규모	42,211	42,299	46,792	56,046	61,573	61,596	67,540	0.0%	4.7%
		비중	64.0%	62.0%	61.8%	68.0%	62.9%	54.1%	53.9%		
	모바일	규모	14,988	17,630	19,585	21,303	29,995	43,990	49,252	46.7%	28.1%
		비중	22.7%	25.9%	25.8%	25.9%	30.6%	38.6%	39.3%		
오프라인 (기기·장비탑재 포함)		규모	8,778	8,250	9,402	5,015	6,324	8,283	8,443	31.0%	15.5%
		비중	13.3%	12.1%	12.4%	6.1%	6.5%	7.3%	6.7%		
전체		규모	65,977	68,179	75,778	82,364	97,891	113,869	125,235	16.3%	13.1%
		비중	100.0%	100.0%	100.0%	100.0%	100.0%	100.0%	100.0%		

[그림 162] 데이터 판매 및 제공 서비스업의 서비스 형태별 시장규모

데이터 판매 및 제공 서비스업 시장의 수익기반별 시장규모 비중을 살펴보면, 2016년 이후 직접매출의 비중은 증가 추세를 보이며, 광고매출의 비중은 감소한 것으로 나타났다. 특히 정보제공 부문의 경우, 2020년 대비 직접매출의 비중이 크게 성장하고, 광고매출의 비중은 감소한 것으로 나타났다.

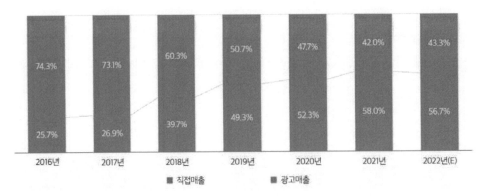

[그림 163] 데이터 판매 및 제공 서비스업 시장의 수익기반별 시장규모 비중

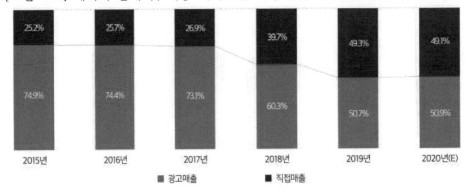

[그림 164] 데이터 판매 및 제공 서비스업 시장의 수익기반별 시장규모 비중

(단위 : 억 원)

구 분			2016년	2017년	2018년	2019년	2020년	2021년	2022년 (E)	증감률 '20-'21	CAGR '20-'22 (E)
데이터 판매·중개 서비스업	직접매출	규모	5,405	5,591	7,429	9,844	13,206	16,678	17,782	26.3%	16.0%
		비중	8.2%	8.2%	9.8%	12.0%	13.5%	14.6%	14.2%		
	광고매출	규모	718	1,018	769	1,488	2,847	4,184	4,412	46.9%	24.5%
		비중	1.1%	1.5%	1.0%	1.8%	2.9%	3.7%	3.5%		
정보제공 서비스업	직접매출	규모	11,523	12,747	22,673	30,764	38,039	49,400	53,244	29.9%	18.3%
		비중	17.5%	18.7%	29.9%	37.4%	38.9%	43.4%	42.5%		
	광고매출	규모	48,331	48,823	44,907	40,269	43,799	43,608	49,797	-0.4%	6.6%
		비중	73.3%	71.6%	59.3%	48.9%	44.7%	38.3%	39.8%		
전체		규모	65,977	68,179	75,778	82,364	97,891	113,869	125,235	16.3%	13.1%
		비중	100.0%	100.0%	100.0%	100.0%	100.0%	100.0%	100.0%		

[그림 165] 데이터 판매 및 제공 서비스업 시장의 수익기반별 시장규모(단위 : 억원)

다. 빅데이터 시장 평가[132)

공급기업은 향후 빅데이터 시장 성장전망에 대해 해외시장보다 국내시장의 성장률이 높을 것으로 예상했으며, 시간이 지날수록 지속적으로 확대될 것으로 평가했다. 국내에서는 비즈니스 경쟁력을 확보하기위해 데이터를 비즈니스 이니셔티브에 활용하고자 하는 수요가 전 산업에 걸쳐 가속화되고 있는 추세이다. 또한 중장기적인 관점에서 빅데이터 시장에 대해 긍정적인 시각을 보이는 것으로 나타났다. 특히 차별화된 고객 경험을 제공하기 위해 고객 데이터를 다각도로 분석하고 고객 경험을 강화하기 위한 수요가 지속적으로 증가함에 따라 자체 데이터 플랫폼 구축 및 관련 시스템 도입이 늘어나며 해당 시장이 예상보다 빠른 성장세를 보이고 있다. [133)

공급사를 외국계와 국내 기업으로 나누어 살펴보면, 외국계 기업은 2018년부터 2022년까지 국내시장과 해외시장 모두 15%의 동일한 시장 성장을 보일것으로 예상한 반면, 국내 기업은 해외시장 대비 국내 시장이 약 3배 정도 높게 성장할 것으로 전망해, 국내시장의 성장을 해외시장 대비 높게 평가했다.

최근 빅데이터 관련 규제들이 조금씩 완화되고 공공 데이터와 민간 데이터를 통합한 빅데이터 센터 구축 등 정부의 빅데이터 활용 개선 정책과 이에 따른 수요기업들의 빅데이터 활용 증가가 예상되기에 시장 성장을 높게 평가한 것으로 풀이된다.

반면, 해외시장은 기존 빅데이터 도입 및 활용이 국내보다 활발히 진행되었기 때문에 성장이 다소 정체된 상태를 보이기 때문에 국내시장보다 낮게 평가되었지만, AI 산업이 부상하면서 산업 연계를 위한 빅데이터의 활용 확대가 증가할 것으로 예상되기 때문에 다시 성장할 것으로 평가했다.

공급기업과 수요기업은 빅데이터에 대한 향후 유망 업종에 대해 다소 상이된 평가를 하고 있는 것으로 나타났다.

공급기업은 제조업, 금융, IT, 서비스, 물류/유통 등의 순으로 빅데이터 활용이 유망할 것으로 전망한 반면, 수요기업은 IT, 물류/유통, 금융, 의료 산업 순으로 빅데이터 유망 활용 업종을 예상했다.

---

132) 2017년 빅데이터 시장현황 조사, 인사이트플러스
133) "국내 빅데이터 및 분석도구 시장 전년대비 11.1% 성장" 한국IDC, 넘버스

공급기업은 Industry 4.0 시대 전환의 글로벌 트렌드에 대한 대응으로, 국내 제조업에서 공정 자동화 및 위험예측 등의 스마트 팩토리 구축이 증가할 것으로 기대하면서 업종 중 빅데이터 활용이 가장 유망할 것으로 평가했다. 또한, 잇따른 금융 대기업들의 빅데이터 도입에 따라 대량의 고객정보를 보유하고 있는 금융권에서의 빅데이터 활용이 확산될 것으로 기대하고 있다.

수요기업은 IT 업무에서 빅데이터에 대한 향후 수요가 가장 높을 것으로 예측하면서 빅데이터가 마케팅, 홍보 등 전사적 기업 활동의 수단이 아닌 새로운 IT 기술 수준으로 인식하고 있는 것으로 판단된다. 또한 아마존 등 글로벌 대기업이 빅데이터 분석을 통해 구매가능성이 높은 제품을 해당 지역 물류창고에 가져다 놓는 등 예측 배송 서비를 도입하고 있어 향후 물류/유통 산업에서의 활용도가 높아짐에 따라 산업 내 활용이 더욱 증가할 것으로 전망했다.

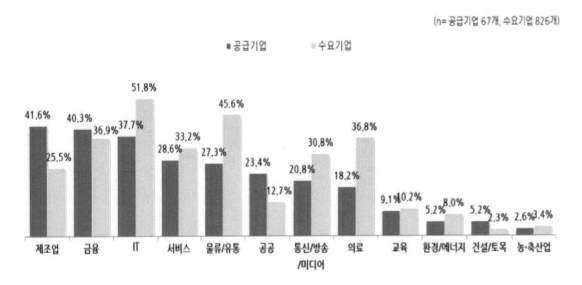

[그림 166] 향후 유망 업종 (공급기업 vs. 수요기업)

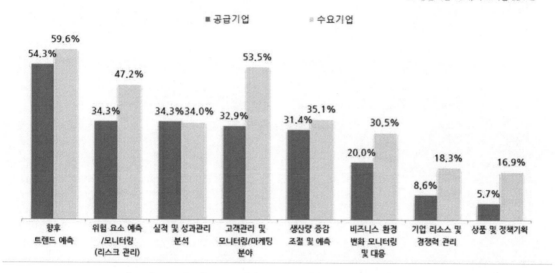

(n=공급기업 70개, 수요기업 824개)

[그림 167] 향후 유망 업무 (공급기업 vs. 수요기업)

공급기업과 수요기업은 모두 빅데이터를 활용한 다양한 업무 중에서도 향후 트렌드 예측 업무를 가장 유망한 업무 분야로 선정했다. 이는 빅데이터를 통한 트렌드 예측 분석으로 개인 맞춤형 서비스 제공, 마케팅 등의 전략 수립을 통해 소비자를 유입하여 기업의 매출 확대를 이루고자 하는 것과 이에 대한 시장 확대의 높은 기대감 때문인 것으로 보인다.

뒤를 이어 공급기업은 위험요소 예측/모니터링, 즉 리스크관리와 실적 및 성과관리 분석 분야를 유망 업무 분야로 선정했으며, 수요기업은 고객관리 및 모니터링/마케팅을 유망 업무 분야로 평가했다. 반면 기업 소스 및 경쟁력 관리나 상품 및 정책 기획 분야에서의 빅데이터 활용에 대한 기대수준은 높지 않은 것으로 나타나 빅데이터를 통한 산업 내 2차적 활용보다 트렌드/패턴 예측 등의 1차적 활용이 높은 것으로 전망된다.

이처럼 산업에서 빅데이터 기술의 활용이 증가하면서 산업별로 다양한 기대수요가 발생하고 있다. 각 산업별로 기대수요를 살펴보면 다음과 같다. 먼저, 제조산업의 경우 빅데이터를 활용한 불량발생 원인 분석 및 모니터링, 센서/기기에 축적된 정보를 통한 공정 최적화 및 생산 스케줄 수립 등 주로 제품 생산단계에서 빅데이터의 활용에 대한 기대수요가 존재하는 것으로 조사되었다. 금융 산업에서는 맞춤형 상품 추천 및 고객이탈 방지, 엿체고객 및 부도여부 예측 등 고객을 대상으로 한 마케팅 활용에 있어 빅데이터 기대 수요가 있는 것으로 나타났다. 그 외에 의료산업에서는 질병 예측 및 신약개발, 공공산업에서는 단수/단전 등의 고위험 가구 위기 예측 및 복지서비스 제공, 교통량 분석 등에 대한 기대수요가 있는 것으로 나타났다.

산업	관련 기대 수요
제조	• 로그분석을 통한 불량품 예측 및 생산량 증감 • 리스크 감소를 위한 예측/모니터링 • 센서/기기 축적정보를 통한 공정 최적화 및 생산 스케줄 수립 • 제품 서비스 관련 VOC 발생 예측을 통한 고객 불만 탐지
금융	• 데이터 기반 소비자 마케팅을 통한 맞춤형 상품 추천 및 고객이탈방지 • 연체고객 및 부도여부 예측, 신용 Risk 관리, 보험사기 예방, 대출심사 지원 • AI연계를 통한 장세 예측 및 투자 종목 추천 • 카드 부정 사용 예측
통신	• 콜센터 등 챗봇서비스의 활성화 및 빅데이터 기반 추천서비스 증대 • 가입자 이용패턴을 기반으로 사용패턴, 성향, 콘텐츠 분석을 통한 상품 추천
유통/물류	• 수출입 데이터를 통한 육로/해상/항공 화물 운송량 예측 • 철도 차량 실시간 장애감시 등 시설관리 및 사고위험요인 예측
의료	• 질병예측을 통한 의료비 절감 • 인공지능 연계를 통한 신약개발 및 시간/비용 단축 • 119 취약지역 분석 및 구급차 배치/인력장비 운영 최적화
공공	• 고위험 가구 예측, 선별을 통한 단수/단전 등 위기 예측 및 복지서비스 제공 • 교통량/교통시간 예측, 교통사고 원인 파악 및 다발생 환자 탐지 예측 • 빅데이터 분석을 통한 병역면탈 의심자 분석
기타	• 데이터 분석 기반 작물의 생상상황, 수확량 예측 및 농/수/축산물 생산소비 예측 • 산악기상 정보 패턴 분석을 통한 산불 위험 예보 • 계절상품 수요예측 • 전력/수자원/에너지 수급 예측 및 위험 조기 경보

[표 206] 산업별 주요 기대 수요

빅데이터 시장의 성장 가속화를 주도하는 세계 각 국의 정부와 기업들은 빅데이터가 향후 기업의 성패를 가늠할 새로운 경제적 가치의 원천이 될 것으로 기대하고 있다. 이는 빅데이터에서 유용한 정보를 찾아내고 잠재된 정보를 활용할 수 있는 기업들이 경쟁에서 시장을 선도할 것이라는 것을 의미한다.[134]

---

134) 한국정보화진흥원

기관명	주요내용
Economist	• 데이터는 자본이나 노동력과 거의 동등한 레벨의 경제적 투입 자본, 비즈니스의 새로운 완자재 역할 • 비즈니스 트렌드 파악, 질병 예방, 범죄 해결 등 효과
MIT sloan	• 데이터 분석을 잘 활용하는 조직일수록 차별적 경쟁력을 갖추고 높은 성과를 창출 • 조직 분석역량의 특징 제시
PwC	• 빅데이터는 이전까지는 다루지 못하고 시도하지 못했던 데이터의 활용을 가능하게 하며, 잠재적 가치와 영향력이 높음 • 빅데이터의 중요성에 대해 기업들이 주목하고 있으며, 새로운 비즈니스의 가치창출의 핵심키가 될것
Gartner	• 데이터는 21세기 원유, 데이터가 미래 경쟁 우위를 좌우 • 기업은 다가올 '데이터 경제 시대'를 이해하고 정보 고립을 경계해야 성공 가능 • 빅데이터는 향후 주목해야할 이머징 기술
Mckinsey	• 글로벌 지스니스 지형을 뒤바꿀 기술 트렌드의 3가지 핵심은 '클라우드', '빅데이터', '스마트 자산' • 빅데이터는 혁신, 경제력, 생산성의 핵심요소 • 의료, 공공행정 등 5대 분야에서 6천억불 이상 가치 창출

[표 207] 빅데이터의 경제적인 가치전망

McKinsey&Company는 빅데이터를 제대로 활용하면 공공, 제조, 소매, 의료 부문에서 1%의 생산성을 추가로 향상시킬 수 있다고 밝혔다. 각 부문별로 적게는 $1,000억에서 많게는 $7,000억 규모의 경제적 효과가 창출될 것으로 보고 있으며, 특히 생산성 향상 정도에 따라 나누어 볼 때 컴퓨터, 전자제품 및 정보통신 분야에서 빅데이터의 적용 효과가 매우 클 것으로 예상된다. 또한 EU는 연간 2500 유로 이상, 한국은 10조 7,000억 원 이상의 정부 지출을 줄일 수 있을 것이라고 전망했다. 분명한 것은 빅데이터에서 유용한 정보들을 찾아내고, 잠재된 정보를 활용할 수 있는 기업과 국가가 경쟁에서 시장을 선도할 것이며, 빅데이터를 잘 활용하기만 한다면 미래사회에서 새로운 기회와 가치를 창출 한다는 것이다. McKinsey, Economist, Gartner 등은 빅데이터를 활용한 시장 변동 예측, 신사업 발굴 등 경제적 가치창출 사례 및 효과를 제시하고 있다.

라. 빅데이터 시장 인력 현황[135]

2022년 데이터산업에 종사하고 있는 인력은 총 406,457명으로 전년 대비 3.0% 증가했으며, 이 중 데이터직무 인력은 134,310명으로 전년 대비 9.7% 증가한 것으로 나타났다. 2016년부터 2022년까지 데이터직무 인력은 연평균 10.6% 증가하였고, 데이터직무 외 인력을 포함한 전체 인력의 연평균 증감률은 5.9%로 나타났다.

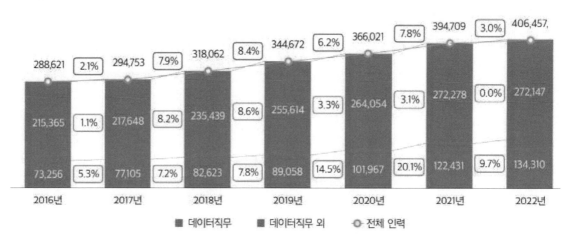

[그림 168] 2016~2022년 데이터산업 인력현황

(단위 : 명)

구 분	2016년	2017년	2018년	2019년	2020년	2021년	2022년	증감률 '21~'22	CAGR '20~'22	CAGR '16~'22
데이터직무	73,256	77,105	82,623	89,058	101,967	122,431	134,310	9.7%	14.8%	10.6%
데이터직무 외	215,365	217,648	235,439	255,614	264,054	272,278	272,147	0.0%	1.5%	4.0%
전체	288,621	294,753	318,062	344,672	366,021	394,709	406,457	3.0%	5.4%	5.9%

[그림 169] 2016~2022년 데이터산업 인력 현황

1) 데이터산업 부문별

2022년 데이터산업 부문별 데이터직무 인력은 데이터 구축 및 컨설팅 서비스업 부문이 64,248명으로 가장 많았고, 데이터 판매 및 제공 서비스업 46,517명, 데이터 처리 및 관리 솔루션 개발·공급업 23,545명 순으로 나타났다.

---

135) 2020 데이터산업 현황조사, 과학기술정보통신부

데이터산업 부문별로 증감률을 살펴보면, 데이터 처리 및 관리 솔루션 개발·공급업이 전년 대비 11.9%로 가장 높은 증가율을 보였고, 데이터 구축 및 컨설팅 서비스업은 9.4%, 데이터 판매 및 제공 서비스업은 6.4% 증가한 것으로 나타났다.

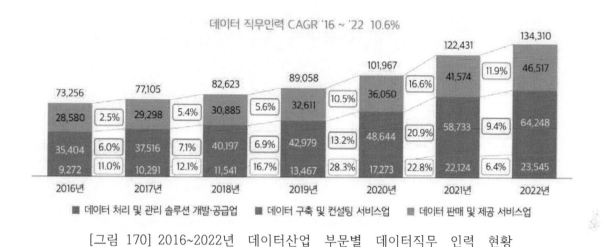

[그림 170] 2016~2022년 데이터산업 부문별 데이터직무 인력 현황

데이터산업 인력의 직무별 비중을 보면, 데이터 개발자가 33.5%(44,977명)로 가장 많은 비중을 차지하였고, 데이터 엔지니어 16.3%(21,923명), 데이터베이스관리자 14.9% (19,961명) 순으로 나타났다.

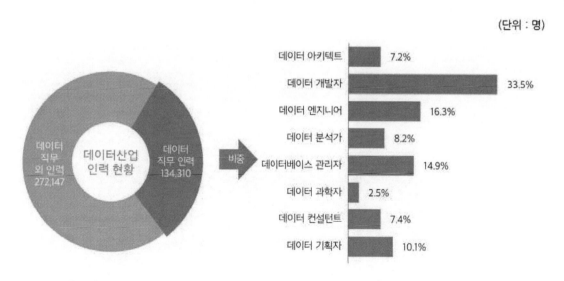

[그림 171] 2022년 데이터산업 인력 구성 및 데이터직무별 인력 비중

2) 기술등급별

기술등급별 데이터직무 인력은 전체적으로 중급인력이 54,716명(40.7%)으로 가장 많은 비중을 차지하였다. 다음으로는 고급 인력이 44,732명(33.3%), 초급 인력이 34,861명(26.0%) 조사되었다.

직무별로 보면 데이터 분석가(40.1%), 데이터 기획자(37.6%)에서 고급인력의 비중이 높고, 그 외 직무에서는 중급인력 비중이 가장 높게 나타났다. 데이터 엔지니어(28.6%)는 초급인력 비중이 상대적으로 높게 나타났다.

분야별로 데이터 처리 및 관리 솔루션 개발·공급업에서는 고급인력의 비중이 37.1%로 상대적으로 높고, 모든 분야에서 중급 인력의 비중이 가장 높게 나타났다.

3) 전 산업 인력 현황
가) 산업 부문별

데이터산업과 일반산업을 포함한 전 산업의 2022년 데이터직무 인력은 전년 대비 9.4% 증가한 197,802명으로 조사되었다. 일반산업의 데이터직무 인력은 63,492명으로 전년 대비 8.6%로 증가한 것으로 나타났다. 지난해 조사에서 나타난 2022년 필요 인력은 11,247명이었으며, 이보다 더 많은 인력이 증가한 것으로 나타났다.

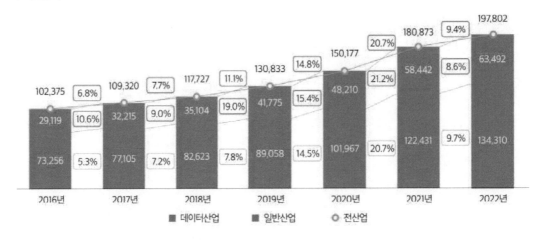

[그림 172] 2016~2022년 전 산업 데이터직무 인력 현황

(단위 : 명)

구 분		2016년	2017년	2018년	2019년	2020년	2021년	2022년	증감율 '21~'22	CAGR '16~'22
데이터산업	인력수	73,256	77,105	82,623	89,058	101,967	122,431	134,310	9.7%	10.6%
	비중	71.6%	70.5%	70.2%	68.1%	67.9%	67.7%	67.9%		
일반산업*	인력수	29,119	32,215	35,104	41,775	48,210	58,442	63,492	8.6%	13.9%
	비중	28.4%	29.5%	29.8%	31.9%	32.1%	32.3%	32.1%		
전 산업	인력수	102,375	109,320	117,727	130,833	150,177	180,873	197,802	9.4%	11.6%
	비중	100.0%	100.0%	100.0%	100.0%	100.0%	100.0%	100.0%		

■ 일반산업: 공공, 금융, 제조, 유통, 서비스, 의료, 통신 · 미디어, 물류, 교육, 유틸리티, 농축산 · 광업, 건설, 숙박 · 음
식점업 등 13개 업종을 영위하는 종사자수 100인 이상 사업체
■ 일반산업의 2021년 이전 통계는 통계작성승인(2022년) 이전에 도출된 시범조사 결과임

[그림 173] 2016~2022년 전 산업 데이터직무 인력 현황

전 산업의 데이터직무별 인력은 데이터 개발자가 28.1%로 가장 높은 비중을 차지하는 것으로 조사되었다. 다음으로 데이터베이스관리자 24.7%, 데이터엔지니어 13.3% 순이었다.

데이터산업과 일반산업의 데이터인력 직무별 비중을 살펴보면, 데이터산업은 데이터 개발자(33.5%)가 많은 반면, 일반산업은 데이터베이스관리자(45.7%)가 많은 것으로 나타났다.

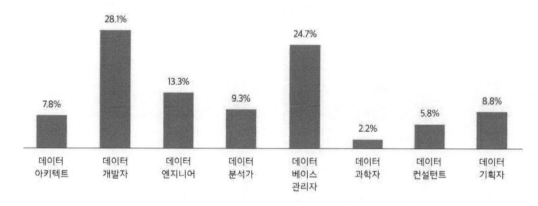

[그림 174] 2022년 전 산업의 데이터직무별 인력 비중

전산업 데이터직무별 인력의 연도별 추이를 보면, 전년 대비 가장 큰 증가율을 보인 직무는 데이터 엔지니어 14.7%, 데이터 분석가 12.3%, 데이터 컨설턴트 9.9% 등의 순으로 나타났다.

(단위 : 명)

구 분		2016년	2017년	2018년	2019년	2020년	2021년	2022년	증감률 '21~'22
데이터 아키텍트	인력수	9,267	10,071	11,354	10,360	11,545	14,530	15,515	6.8%
	비중	9.1%	9.2%	9.6%	7.9%	7.7%	8.00%	7.8%	
데이터 개발자	인력수	38,948	41,254	42,327	37,007	41,976	51,507	55,509	7.8%
	비중	38.0%	37.7%	36.0%	28.3%	28.0%	28.50%	28.1%	
데이터 엔지니어	인력수	15,670	16,634	17,529	16,165	19,791	22,869	26,223	14.7%
	비중	15.3%	15.2%	14.9%	12.4%	13.2%	12.60%	13.3%	
데이터 분석가	인력수	7,339	8,398	10,170	12,159	12,737	16,396	18,410	12.3%
	비중	7.2%	7.7%	8.6%	9.3%	8.5%	9.10%	9.3%	
데이터베이스 관리자	인력수	17,116	17,863	18,882	34,644	38,440	44,878	48,954	9.1%
	비중	16.7%	16.3%	16.0%	26.5%	25.6%	24.80%	24.7%	
데이터 과학자	인력수	1,662	1,803	1,807	1,802	3,031	3,977	4,340	9.1%
	비중	1.6%	1.6%	1.5%	1.4%	2.0%	2.20%	2.2%	
데이터 컨설턴트	인력수	4,513	5,004	6,269	5,958	8,113	10,429	11,466	9.9%
	비중	4.4%	4.6%	5.3%	4.6%	5.4%	5.80%	5.8%	
데이터 기획자	인력수	7,860	8,293	9,389	12,738	14,544	16,287	17,387	6.8%
	비중	7.7%	7.6%	8.0%	9.7%	9.7%	9.00%	8.8%	
전체		102,375	109,320	117,727	130,833	150,177	180,873	197,802	9.4%

[그림 175] 2016~2022년 전 산업 데이터직무별 인력 현황

나) 기술등급별

일반산업을 포함한 전 산업의 데이터직무 기술등급별 인력 현황은 중급 88,570 명(44.8%), 고급 60,120명(30.4%), 초급 49,112명(24.8%) 순으로 많은 것으로 나타났다.

데이터산업의 경우 중급(40.7%)과 고급(33.3%) 인력이 많은 비중을 차지하고 있는 반면, 일반산업은 중급(53.3%)인력이 절반 이상을 차지하고, 다음으로 고급(24.2%), 초급(22.4%) 순으로 나타났다.

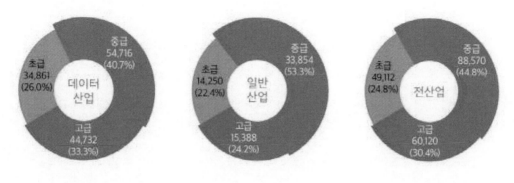

[그림 176] 2022년 전 산업의 기술등급별 데이터직무 인력 비중

마. 빅데이터 시장 인력 수요[136)]

1) 데이터산업 필요 인력 및 부족률

향후 5년 내(2027년까지) 데이터산업의 데이터직무 필요 인력은 총 17,418명으로 조사되었다. 이 중 데이터 개발자 수요가 7,772명(44.6%)으로 가장 높았고, 데이터 엔지니어 1,955명(11.2%), 데이터 분석가 1,874명(10.8%) 순으로 나타났다.

향후 5년 내(2027년) 데이터산업의 기술등급별 필요 인력 수를 살펴보면 중급 7,525명(43.2%)을 가장 필요로 하였으며, 현재 데이터직무 인력과 마찬가지로 중급 인력에 대한 수요가 높은 것으로 나타났다.

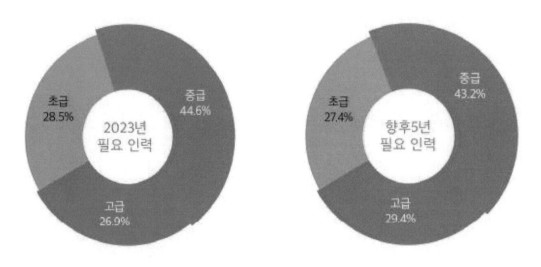

[그림 177] 향후 5년 내 데이터산업의 기술등급별 데이터직무 필요 인력 비중

데이터산업의 데이터직무 평균 부족률은 11.5%이며, 데이터 과학자의 직무 부족률이 34.5%로 가장 높게 나타났다. 이어서 데이터 개발자(14.7%), 데이터 분석가(14.6%), 데이터 컨설턴트(10.6%) 순으로 나타났다.

---

136) 2020 데이터산업 현황조사, 과학기술정보통신부

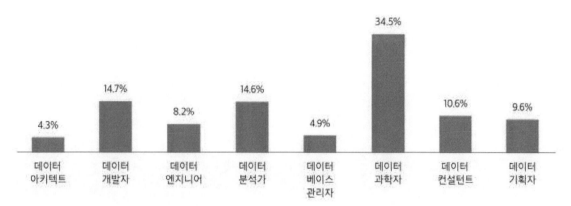

[그림 178] 향후 5년 내 데이터산업의 데이터직무 인력 부족률

구 분	데이터 처리 및 관리 솔루션 개발 · 공급업	데이터 구축 및 컨설팅 서비스업	데이터 판매 및 제공 서비스업	데이터산업 전체
데이터 아키텍트	7.3%	2.3%	8.0%	4.3%
데이터 개발자	24.2%	14.4%	8.6%	14.7%
데이터 엔지니어	21.3%	5.0%	5.8%	8.2%
데이터 분석가	20.9%	10.1%	16.4%	14.6%
데이터베이스관리자	7.9%	2.3%	6.8%	4.9%
데이터 과학자	39.3%	21.2%	46.9%	34.5%
데이터 컨설턴트	7.3%	4.2%	28.1%	10.6%
데이터 기획자	8.8%	6.9%	10.9%	9.6%
평균	18.4%	8.8%	11.3%	11.5%

[그림 179] 향후 5년 내 데이터산업의 데이터직무 인력 부족률

4. 빅데이터산업관련 추천 기업

가. 바이브컴퍼니

[그림 180] 바이브컴퍼니 로고

1) 기업 소개

바이브컴퍼니는 2000년 7월 다음커뮤니케이션에서 분사하여 수년간 연구해온 자연어처리기술(Natural Language Processing)을 기반으로 비정형 빅데이터 수집, 검색, 분석 등을 전문으로 하는 기업이다.

바이브컴퍼니는 빅데이터라는 용어조차 생소하던 2001년 빅데이터 사업을 시작, 비정형 데이터 양과 영향력이 폭발적으로 늘어날 것으로 보고 데이터 수집과 분석에 집중해왔다. 또한 전체 인력의 10%이상이 박사급 R&D(연구개발) 전문인력이다.

바이브컴퍼니는 국내 최초 빅데이터 기업이다보니 보유한 데이터 양도 방대하다. 2001년부터 수집한 데이터가 5TB(테라바이트), 분석결과량도 1PB(페타바이트)에 달한다. 1PB는 종이신문 1조장에 달한다. 국내 주요 대기업과 금융회사, 공공기관 등 다양한 고객사를 확보하고 있다. 2020년과 2022년에는 과학기술정보통신부가 주관하는 인공지능 학습용 데이터 구축 지원 사업을 성공적으로 마무리하기도 했다.[137]

최근에는 비정형 데이터뿐 아니라 정형 데이터 분석에서 성과를 내고 있다. AI를 활용해 주가 흐름을 학습하고 자동으로 주식을 거래하는 로보어드바이저를 개발해 금융위원회 인증을 받았고, SK텔레콤, BC카드와 협업해 통신, 신용카드 데이터와 교차분석을 통한 사회트렌드도 분석하고 있다. 또한, 데이터 검색 및 분석, 인사이트를 발굴하는 솔루션과 챗봇(채팅로봇)을 이용한 자연어 기반 사용자 인터페이스 솔루션을 제공하고, 방대한 소셜데이터를 수집·분석해 최신 이슈와 개별주제어 관련 정보를 제공하는 소셜메트릭스 서비스도 제공한다. 소셜데이터를 바탕으로 사회현상을 분석하고 인사이트를 포함한 리포트도 만든다.

---

137) 바이브컴퍼니, 한국형 생성 AI 언어 모델 'VAIV GeM' 공개...보안 및 환각 이슈 해결!, 인공지능신문

올해 6월에는 독보적인 자사 AI 기술력을 바탕으로 맞춤형 LLM인 바이브GeM과 차세대 뉴럴서치 엔진인 바이브 서치(VAIV Search) 등 다양한 솔루션을 공개한 바 있다. 바이브가 공개한 바이브GeM 기반의 솔루션들은 보안 문제나 할루시네이션 이슈 및 최신 데이터 부재 등 생성형 AI가 직면한 문제들을 보완한 것이 특징이다. 138)

---

138) 바이브컴퍼니, 네이버·KT와 중소·벤처기업에 초거대 AI 제공, FETV

2) 주식 정보

상장일	2020.10.28	
시가총액	847억	
시가총액순위	코스닥 922위	
외국인 지분율	1.40%	
액면가	500원	
거래량	18,605주	
최고 주가 (52주)	21,416	최저 주가 (52주)	5,750

(2023. 11. 09 기준)

[표 208] 바이브컴퍼니 증권성보

가) 분기별 Financial Summary
(1) Key Ratio (단위: 억 원, 배, %)

	2020/12	2021/12	2022/12
EPS	-263	-820	-1,889
PER	N/A	N/A	N/A
BPS	2,959	2,926	1,015
PBR	5.64	9.18	9.28
EV/EBITDA	-67.03	-38.27	-8.91

[표 209] 바이브컴퍼니 Key Ratio

(2) 재무상태 요약 (단위: 억 원)

	2020/12	2021/12	2022/12
유동자산	305	505	294
자산총계	590	998	947
유동부채	182	284	616
부채총계	260	656	819
자본금	27	28	28
자본총계	330	342	128

[표 210] 바이브컴퍼니 재무상태 요약

(3) 손익 계산서 요약 (단위: 억 원)

	2020/12	2021/12	2022/12
당기순이익	-26	-95	-229
매출액	256	446	366
영업이익	-34	-91	-182
영업이익률	-13.11	-20.50	-49.78
순이익률	-10.06	-21.29	-62.61

[표 211] 바이브컴퍼니 손익 계산서 요약

(4) 현금 흐름표 요약 (단위: 억 원)

	2020/12	2021/12	2022/12
영업활동	50	-102	-151
투자활동	-60	-415	120
재무활동	230	359	59
CAPEX	16	43	97

[표 212] 바이브컴퍼니 현금 흐름표 요약

(5) 기타지표 (단위: 억 원, %)

	2020/12	2021/12	2022/12
ROE	-	-27.58	-96.47
ROA	-	-11.96	-23.55
자본유보율	915	863	134
부채비율	78	192	640

[표 213] 바이브컴퍼니 기타지표

나. 데이터솔루션

[그림 181] 데이타솔루션 로고

1) 기업 소개

데이타솔루션은 IT솔루션·서비스 전문기업인 오픈에스앤에스와 예측분석 소프트웨어 전문기업인 데이타솔루션이 2016년 합병해 새롭게 출범한 기업으로, 합병 전 데이타솔루션은 지난 20년 간 IBM의 통계 분석 소프트웨어인 SPSS와 데이터마이닝 소프트웨어인 모델러(Modeler)를 국내에 공급해 왔고 여러 컨설팅을 진행하며 징형 데이터 기반의 예측 분석컨설팅 사업을 영위했다. 합병 전 오픈에스앤에스는 자체 개발한 검색엔진 '엑스텐(XTEN)'과 빅데이터 분석 플랫폼인 '빅스테이션(BigStation)'을 통해 행정안전부, 대법원 등 주요 공공, 금융기관의 시스템 통합사업을 수행해 왔다.

통합된 데이타솔루션은 현재 데이터, 인프라, 서비스 사업을 영위하고 있다. 데이터 부문은 예측분석 소프트웨어 및 솔루션, 예측분석 컨설팅, 빅데이터 솔루션 사업, 교육 및 출판사업 등 데이터의 컨설팅, 분석, 구축 및 운영에 이르는 데이터 솔루션 사업을 진행하고 있다.

인프라 부문은 데이터의 수집 및 저장에 필요한 스토리지, 서버 및 네트워크, 가상화 플랫폼, 클라우드 포털 솔루션을 제공하고 있다. 또 서비스 부문은 SI 서비스, SM, ICT 컨설팅과 IoT 솔루션 기반의 여러 서비스 사업을 수행한다.

데이타솔루션은 행정자치부의 '빅데이터를 활용한 과학적 행정' 구현을 위한 정부 3.0 빅데이터 분석 사업을 비롯해 공공기관과 금융기관의 다양한 빅데이터 플랫폼 구축 사업에 참여했다. 또 행정자치부의 민원24, 기상청의 기상기후 빅데이터 시스템, 대법원 종합법률정보센터 등을 구축했다.

데이타솔루션은 올해 4월 'VM웨어코리아 2023 파트너 어워드'에서 '올해의 파트너 밸류(Partner Value of the Year)' 상을 받았다. VM웨어 솔루션을 활용한 클라우드 및 VDI 포털 서비스 '쿠니(CUNi)', '스톤즈(Stones)' 솔루션과 '탄주DT 케어 팩(Tanzu Digital Transformation Care Pack)'을 개발해 고객이 클라우드 PaaS(서비스형 플랫폼) 및 MSA(MicroService Architecture) 기반 클라우드 네이티브 애플리케이션을 도입하고 운영하는 데 도움을 주는 맞춤형 서비스를 제공하였으며, 금융권 클라우드 플랫폼을 성공적으로 구축하며 많은 고객들로부터 호평을 받았다.

2) 주식 정보

상장일	2017.08.03		
시가총액	838억		
시가총액순위	코스닥 933위		
외국인 지분율	1.08%		
액면가	500원		
거래량	8,031주		
최고 주가 (52주)	10,440	최저 주가 (52주)	4,820

(2023. 11. 09 기준)

[표 214] 데이타솔루션 증권정보

가) 분기별 Financial Summary
(1) Key Ratio (단위: 억 원, 배, %)

	2020/12	2021/12	2022/12
EPS	32	74	148
PER	232.90	86.33	36.88
BPS	1,666	1,755	1,934
PBR	4.44	3.66	2.839
EV/EBITDA	30.40	21.49	11.89

[표 215] 데이타솔루션 Key Ratio

(2) 재무상태 요약 (단위: 억 원)

	2020/12	2021/12	2022/12
유동자산	592	602	547
자산총계	713	753	696
유동부채	434	446	373
부채총계	449	470	382
자본금	79	81	81
자본총계	264	283	313

[표 216] 데이타솔루션 재무상태 요약

(3) 손익 계산서 요약 (단위: 억 원)

	2020/12	2021/12	2022/12
당기순이익	5	12	24
매출액	927	1,005	991
영업이익	5	10	27
영업이익률	0.59	1.03	2.68
순이익률	0.54	1.19	2.42

[표 217] 데이타솔루션 손익 계산서 요약

(4) 현금 흐름표 요약 (단위: 억 원)

	2020/12	2021/12	2022/12
영업활동	70	111	49
투자활동	-64	-60	-40
재무활동	-60	20	-1
CAPEX	6	1	2

[표 218] 데이타솔루션 현금 흐름표 요약

(5) 기타지표 (단위: 억 원, %)

	2020/12	2021/12	2022/12
ROE	1.93	4.36	8.05
ROA	0.75	1.63	3.31
자본유보율	218	239	271
부채비율	170	166	122

[표 219] 데이타솔루션 기타지표

다. 엑셈

[그림 182] 엑셈 로고

1) 기업 소개

엑셈은 2001년 한국 오라클 출신의 튜닝 전문 컨설턴트들을 주축으로 설립한 IT 시스템 성능관리 소프트웨어 전문기업이다. 데이터베이스 모니터링, 튜닝, 웹서버 성능관리 소프트웨어, 빅데이터 플랫폼 연구 및 개발 등을 주력사업으로 하고 있으며, 제품으로는 맥스게이지와 플라밍고, 인터맥스 등이 있다. 기타사업으로는 독자 콘텐츠 공유를 위한 지식 백과사전인 엑셈 백과사전과 엑셈 아카데미 운영, 웨비나를 통해 무료로 온라인 지식 공유 서비스 운영하고 있다.

엑셈은 데이터베이스 성능 솔루션 분야에서 국내 최초로 '맥스게이지'를 개발했다. '맥스게이지'는 국내 유일한 국산 성능관리도구로서 특허와 NT, LT, IT, 장영실상, 조달청 우수제품 선정의 다양한 인증과 수상을 거머쥔 엑셈의 대표 제품이다. 2006년부터 시장 점유율 1위를 기록하고 있으며, 현재 삼성전자를 비롯하여 약 400여 곳의 고객사를 보유중이다.

2011년 6월 <오라클 성능 트러블 슈팅의 기초>를 발간했다. 2012년 9월 '2012 대한민국 IT 이노베이션 대상'에서 지식경제부장관상을 수상하고, 10월에는 GWP코리아가 주관한 '대한민국 일하기 좋은 100대 기업'에 선정되었다. 2013년 1월 미국 AT&T사에 DB성능관리 솔루션 '맥스게이지'를 공급했다. 2014년 5월 엑셈USA(현, MAXGAUGE, INC.)를 설립했다.

2015년에 (주)교보위드기업인수목적과 스펙 합병후에 코스닥시장에 주식상장이 이뤄졌으며, 같은해 7월 DB 보안업체 (주)신시웨이를 인수했다. 12월에는 빅데이터 플랫폼 회사인 (주)크라우다인을 인수하며 본격적으로 빅데이터 시장에 진출했다.

현재 자회사로 엑셈 재팬, 차이나, 미국법인인 MAXGAUGE, INC. 2015년에 인수한 신시웨이 등을 보유하고 있다.

2) 주식 정보

상장일	2015.06.26		
시가총액	1,472억		
시가총액순위	코스닥 526위		
외국인 지분율	4.10%		
액면가	100원		
거래량	204,460주		
최고 주가 (52주)	3,411	최저 주가 (52주)	1,798

(2023. 11. 10 기준)

[표 220] 엑셈 증권정보

가) 분기별 Financial Summary
(1) Key Ratio (단위: 억 원, 배, %)

	2020/12	2021/12	2022/12
EPS	122	159	121
PER	18.36	13.64	15.36
BPS	1,126	1,242	1,318
PBR	2.00	1.74	1.41
EV/EBITDA	10.06	7.35	7.59

[표 221] 엑셈 Key Ratio

(2) 재무상태 요약 (단위: 억 원)

	2020/12	2021/12	2022/12
유동자산	437	524	318
자산총계	944	1,123	1,190
유동부채	66	126	105
부채총계	138	205	176
자본금	34	35	36
자본총계	806	918	1,014

[표 222] 엑셈 재무상태 요약

(3) 손익 계산서 요약 (단위: 억 원)

	2020/12	2021/12	2022/12
당기순이익	87	113	96
매출액	392	473	551
영업이익	96	123	125
영업이익률	24.63	26.00	22.73
순이익률	22.22	23.83	17.42

[표 223] 엑셈 손익 계산서 요약

(4) 현금 흐름표 요약 (단위: 억 원)

	2020/12	2021/12	2022/12
영업활동	115	171	89
투자활동	-103	-133	-193
재무활동	-7	-12	-20
CAPEX	135	90	312

[표 224] 엑셈 현금 흐름표 요약

(5) 기타지표 (단위: 억 원, %)

	2020/12	2021/12	2022/12
ROE	11.64	13.43	9.59
ROA	9.65	10.91	8.30
자본유보율	1,910	2,281	2,572
부채비율	17	22	17

[표 225] 엑셈 기타지표

라. 소프트센

[그림 183] 소프트센 로고

1) 기업 소개

소프트센은 1988년 설립된 정보통신 솔루션 전문업체이며, 빅데이터, 클라우딩 솔루션을 제공하는 회사이다. 대표 제품으로는 소프트센에서 자체 기술로 개발한 의료정보 빅데이터·AI 솔루션 '빅센메드'가 있다. '빅센메드'는 데이터를 수집해 분석하는 의료정보 빅데이터 솔루션으로 병원 내에서 축적된 수많은 의료데이터를 토대로 유의미한 데이터를 찾아내 의료진에게 편리하게 공급하는 최첨단 빅데이터 분석 시스템으로 현재 주요 대형병원과 국·공립 병원에 공급되고 있다.

빅센메드CDW는 강남세브란스병원에서 체크업 빅데이터 분석시스템을 구축하고 있으며, 국립암센터에서는 국가암데이터센터 구축 1~2단계 사업을 진행했고, 울산대학교병원에서 임상데이터웨어하우스를 구축하였으며, 경북대학교병원에서 임상데이터분석시스템 구축 등에 도입되는 등 다양한 의료 분야에서 활약하고 있다.

소프트센은 빅데이터 솔루션, 빅데이서 서비스, IT솔루션, IT인프라 등을 주력 사업으로 진행하고 있으며, 주로 의료 분야의 빅데이터에서 강점을 보이고 있습니다.
최근에는 소프트센과 아이티센그룹이 보유하고 있는 빅데이터 및 인공지능 교육 의료사업의 해외시장 진출을 본격화하기 위해 홍콩 소재의 텐클라우드 지분 60%를 145억원에 인수하며, 중화권을 중심으로 해외사업을 확장시키고 있다.

2023년 3월, 소프트센은 CJ올리브네트웍스와 식품 검사용 엑스레이 사업 협력을 위한 업무협약을 체결했다. 소프트센은 이 협약을 통해 기존 이차전지 분야는 물론 식품 업계까지 엑스레이 검사 장비를 확대 공급하는 데 주력하며 중국, 베트남, 유럽 등으로 식품 검사용 엑스레이 검사 장비 시장을 계속 확장해 나갈 예정이다.[139]

---

139) 소프트센, CJ올리브네트웍스와 '식품 검사용 엑스레이 사업 협력' 업무협약, 비즈니스플러스

2) 주식 정보

상장일	1997.07.18		
시가총액	604억		
시가총액순위	코스닥 1157위		
외국인 지분율	21.43%		
액면가	200원		
거래량	357,442주		
최고 주가 (52주)	1,120	최저 주가 (52주)	542

(2023. 11. 10 기준)

[표 226] 소프트센 증권정보

가) 분기별 Financial Summary
(1) Key Ratio (단위: 억 원, 배, %)

	2020/12	2021/12	2022/12
EPS	-7	167	112
PER	N/A	5.85	5.55
BPS	410	609	719
PBR	1.95	1.61	0.87
EV/EBITDA	9.56	2.57	2.87

[표 227] 소프트센 Key Ratio

(2) 재무상태 요약 (단위: 억 원)

	2020/12	2021/12	2022/12
유동자산	287	235	239
자산총계	705	1,017	1,221
유동부채	154	254	215
부채총계	281	374	432
자본금	180	185	192
자본총계	424	643	789

[표 228] 소프트센 재무상태 요약

(3) 손익 계산서 요약 (단위: 억 원)

	2020/12	2021/12	2022/12
당기순이익	9	158	116
매출액	713	925	734
영업이익	44	206	163
영업이익률	6.14	22.24	22.19
순이익률	1.27	17.08	15.79

[표 229] 소프트센 손익 계산서 요약

(4) 현금 흐름표 요약 (단위: 억 원)

	2020/12	2021/12	2022/12
영업활동	-72	179	14
투자활동	-153	-228	-171
재무활동	106	160	118
CAPEX	11	71	135

[표 230] 소프트센 현금 흐름표 요약

(5) 기타지표 (단위: 억 원, %)

	2020/12	2021/12	2022/12
ROE	-	32.32	17.26
ROA	-	18.35	10.35
자본유보율	66.32	58.24	54.74
부채비율	108	194	254

[표 231] 소프트센 기타지표

마. 더존비즈온

DOUZONE

[그림 184] 더존비즈온 로고

1) 기업 소개

 기업정보화 선도기업인 더존은 2003년 설립 이래로 정보화에 필요한 각종 Solution 과 Service를 제공하는 대한민국 대표 ICT기업이다. 회계프로그램 뿐만 아니라 ERP, IFRS솔루션, 그룹웨어, 정보보호, 전자세금계산서 등 기업 정보화 소프트웨어 분야에서 시장 점유율 1위를 달성하고 있으며 2021년 1분기 기준 매출액은 758억원으로 26분기 연속 성장을 이어가고 있다. 경쟁사는 가비아로 모두 자사의 클라우드 서버를 구축하고 고객입장에서 임대료만 지불하고 활용하는 형식을 운영하고 있다.

 당사는 최근 회계부정방지 등 내부통제관리 혁신을 위한 '이상거래 탐지 서비스'를 출시했다. 해당 서비스는 인공지능을 탑재했으며 실시간으로 기업의 모든 자금거래 과정을 확인하고 이상거래를 탐지한다. 또한 사전품의서와 지출결의서 등 일상적인 증빙과 결재문서를 데이터화해서 통합적으로 관리할 수 있는 장점도 가져 해당 서비스를 통해 디지털 전환은 물론 자금관리의 편리함까지 누릴 수 있다.

2) 주식 정보

상장일	1988.10.28	
시가총액	8720억	
시가총액순위	코스피 236위	
외국인 지분율	17.20%	
액면가	5,00원	
거래량	20,322주	
최고 주가 (52주)	53,800	최저 주가 (52주) 25,200

(2023. 11. 11 기준)

[표 232] 더존비즈온 승권성보

가) 분기별 Financial Summary
(1) Key Ratio (단위: 억 원, 배, %)

	2020/12	2021/12	2022/12	2023/12(E)
EPS	1,806	1,707	757	1,052
PER	57.59	42.77	48.70	27.25
BPS	12,758	15,708	14,769	13,423
PBR	8.15	4.65	2.50	2.13
EV/EBITDA	32.21	23.40	16.94	11.44

[표 233] 더존비즈온 Key Ratio

(2) 재무상태 요약 (단위: 억 원)

	2020/12	2021/12	2022/12	2023/12(E)
유동자산	1,293	2,075	1,223	-
자산총계	8,041	9,003	8,329	8,076
유동부채	2,814	1,292	2,568	-
부채총계	4,061	3,986	3,944	4,164
자본금	157	157	157	158
자본총계	3,980	5,017	4,385	3,911

[표 234] 더존비즈온 재무상태 요약

(3) 손익 계산서 요약 (단위: 억 원)

	2020/12	2021/12	2022/12	2023/12(E)
당기순이익	579	544	231	324
매출액	3,065	3,187	3,043	3,366
영업이익	767	712	455	601
영업이익률	25.04	22.33	14.96	17.85
순이익률	18.89	17.07	7.58	9.61

[표 235] 더존비즈온 손익 계산서 요약

(4) 현금 흐름표 요약 (단위: 억 원)

	2020/12	2021/12	2022/12	2023/12(E)
영업활동	1,054	607	773	344
투자활동	-573	-1,290	304	-64
재무활동	-188	466	-950	-308
CAPEX	411	163	169	74

[표 236] 더존비즈온 현금 흐름표 요약

(5) 기타지표 (단위: 억 원, %)

	2020/12	2021/12	2022/12	2023/12(E)
ROE	15.09	12.10	5.15	8.11
ROA	7.56	6.39	2.66	3.94
자본유보율	2,608	3,044	3,140	-
부채비율	102	79	90	106

[표 237] 더존비즈온 기타지표

바. 쿠콘

[그림 185] 쿠콘 로고

1) 기업 소개

2006년에 설립된 쿠콘은 수집한 데이터를 고객사와 연결하는 핀테크 API 플랫폼이다. 쿠콘은 국내 금융, 공공, 유통 등 500여개 기관 정보를 수집한다. 국내의 전 은행·카드·증권·보험, VAN, 공공기관, 유통·물류기업, 이커머스 등이 여기에 포함된다. 이들 정보를 스마트 스크래핑 기술로 수집하고 금융기관과 실시간 연결하는 결제 네트워크를 갖췄다.

쿠콘의 핵심 강점은 국내 최다 금융기관과 실시간 전용망으로 연결돼 다양한 지급결제 서비스를 안정적으로 제공한다는 점이다. 은행 22개, 증권사 20개, 카드사 15개가 쿠콘과 전용망으로 연결돼있다. 강력한 네크워킹과 여기서 쌓은 다양한 금융데이터에 대한 경험은 쿠콘 만의 차별화 요소다. 또한 기존 금융, 공공 중심에서 빅데이터, 의료, 유통 등 데이터 API 상품을 확대하고 있다. 마이데이터 사업자 인허가도 획득해 마이데이터 상품 4종을 구성해 시장 선점을 추진하고 있다. 국내와 아시아 지역에서 거둔 성공을 기반으로 글로벌 비즈니스도 확대할 계획이다.

2) 주식 정보

상장일		2021.4.28	
시가총액		1,938억	
시가총액순위		코스닥 408위	
외국인 지분율		1.81%	
액면가		500원	
거래량		24,277주	
최고 주가 (52주)	38,900	최저 주가 (52주)	18,120

(2023. 11. 11 기준)

[표 238] 쿠콘 증권정보

가) 분기별 Financial Summary
(1) Key Ratio (단위: 억 원, 배, %)

	2020/12	2021/12	2022/12
EPS	2,274	739	361
PER	-	98.20	90.80
BPS	8,013	12,837	12,657
PBR	0.00	5.66	2.59
EV/EBITDA	-	29.74	10.47

[표 239] 쿠콘 Key Ratio

(2) 재무상태 요약 (단위: 억 원)

	2020/12	2021/12	2022/12
유동자산	691	1,163	866
자산총계	1,420	2,020	1,822
유동부채	645	651	503
부채총계	755	723	528
자본금	33	50	51
자본총계	665	1,297	1,294

[표 240] 쿠콘 재무상태 요약

(3) 손익 계산서 요약 (단위: 억 원)

	2020/12	2021/12	2022/12
당기순이익	189	72	38
매출액	514	614	645
영업이익	112	168	200
영업이익률	21.88	27.38	31.03
순이익률	36.78	11.65	5.87

[표 241] 쿠콘 손익 계산서 요약

(4) 현금 흐름표 요약 (단위: 억 원)

	2020/12	2021/12	2022/12
영업활동	188	192	102
투자활동	-4	-605	-223
재무활동	-12	538	-17
CAPEX	37	30	27

[표 242] 쿠콘 현금 흐름표 요약

(5) 기타지표 (단위: 억 원, %)

	2020/12	2021/12	2022/12
ROE	36.49	7.19	2.82
ROA	15.78	4.16	1.97
자본유보율	1,603	2,314	2,343
부채비율	113	56	41

[표 243] 쿠콘 기타지표

사. 오픈베이스

[그림 186] 오픈베이스 로고

1) 기업 소개

1992년 설립된 오픈베이스는 컴퓨터 주변기기와 통신장비 판매업 및 소프트웨어 개발 및 공급업을 중심으로 사업을 영위하고 있다. 사업부문은 크게 하이브리드-멀티 클라우드 솔루션, 네트워크 보안 솔루션, ADC및 네트워크 인프라, ITO 서비스로 나누어져 있으며 진단, 컨설팅부터 구축, 기술지원서비스 등 광범위한 서비스를 제공하고 있다. IPS/MISP 사업자, 통신사업자, Portal, IDC 등 유/무선 인터넷 기반의 기업군과 SKT, KT등 ADSL 사업자, 증권사, 은행 등 일반 기업군 그리고, 공공기관 등을 주요 목표시장으로 하고 있다.

오픈베이스는 2018년도부터 신성장동력으로 4차 산업혁명의 핵심기술이라 불리우는 클라우드 분야에 회사의 역량을 집중투자하고 본격적으로 비즈니스를 확장 전개하고 있다. 퍼블릭 클라우드 1,2위 업체인 아마존웹서비스(AWS)와 마이크로소프트(MS) Azure와 파트너쉽을 체결하였으며, 프라이빗 클라우드 선두업체인 VMware와 파트너쉽을 체결하여 퍼블릭과 프라이빗을 아우르는 하이브리드 클라우드 서비스를 제공하고 있다. 이처럼 사업영역 발굴 및 기존 비즈니스의 기반을 더욱 공고히 하고, 신규 시장 개척을 목표로 하고 있다.

2) 주식 정보

상장일	2001.01.09	
시가총액	786억	
시가총액순위	코스닥 958위	
외국인 지분율	4.9217%	
액면가	500원	
거래량	167,004주	
최고 주가 (52주)	4,315	최저 주가 (52주) 2,325

(2023. 11. 12 기준)

[표 244] 오픈베이스 증권정보

가) 분기별 Financial Summary
(1) Key Ratio (단위: 억 원, 배, %)

	2020/12	2021/12	2022/12
EPS	78	147	191
PER	41.15	26.37	14.08
BPS	2,108	2,253	2,436
PBR	1.53	1.72	1.10
EV/EBITDA	11.83	9.57	4.42

[표 245] 오픈베이스 Key Ratio

(2) 재무상태 요약 (단위: 억 원)

	2020/12	2021/12	2022/12
유동자산	332	456	364
자산총계	1,448	1,608	1,507
유동부채	262	339	225
부채총계	695	795	620
자본금	157	157	157
자본총계	753	812	887

[표 246] 오픈베이스 재무상태 요약

(3) 손익 계산서 요약 (단위: 억 원)

	2020/12	2021/12	2022/12
당기순이익	26	50	68
매출액	1,556	1,759	1,931
영업이익	37	54	80
영업이익률	2.35	3.07	4.13
순이익률	1.70	2.87	3.54

[표 247] 오픈베이스 손익 계산서 요약

(4) 현금 흐름표 요약 (단위: 억 원)

	2020/12	2021/12	2022/12
영업활동	97	247	-24
투자활동	-58	-77	-37
재무활동	-76	0	-33
CAPEX	8	4	7

[표 248] 오픈베이스 현금 흐름표 요약

(5) 기타지표 (단위: 억 원, %)

	2020/12	2021/12	2022/12
ROE	3.82	6.80	8.16
ROA	1.89	3.30	4.38
자본유보율	314	345	383
부채비율	92	98	70

[표 249] 오픈베이스 기타지표

아. 유비쿼스

[그림 187] 유비쿼스 로고

1) 기업 소개

유비쿼스는 2000년 설립 이후부터 인터넷 통신사업자, 지역 유선방송 사업자, 건설 사업자, 공공기관 및 기업고객 등 네트워크 인프라 구축을 필요로 하는 고객들에게 다양한 네트워크 솔루션을 공급하고 있는 글로벌 네트워크 전문기업이다. 2001년 L3 스위치를 최초 개발한 후 국내 통신사업자에게 공급함으로써 본격적으로 네크워크 장비 시장에 뛰어 들었다. 그 후 지속적으로 인터넷 엑세스 망에 L2/L3 스위치를 공급 확대하고, 이를 기반으로 DSL 및 FTTH 장비 시장으로 영역을 확장했다.

당사는 VDSL2 솔루션을 통하여 초고속 인터넷 통신 시대를 열었으며, FTTH 솔루션을 통하여 Giga급 서비스를 가능케 하였고 향후 10기가 서비스 시대를 준비하고 있다. 현재 LG U+, KT, SK broadband와 같은 국내기업 뿐만 아니라 미국, 유럽, 아시아등 주요 국가에 FTTH 솔루션 및 이더넷 스위치 솔루션을 공급함으로써 글로벌 기업으로 나아가고 있다.

유비쿼스는 5G 백홀과 프론트홀 네크워크 장비를 개발해 공급할 계획이다. 5G 백홀 장비(DU 집선스위치) 개발을 완료하고 통신사에 제품 공급 준비도 진행 중이다.

2) 주식 정보

상장일	2017.03.31	
시가총액	1,496억	
시가총액순위	코스닥 519위	
외국인 지분율	4.20%	
액면가	500원	
거래량	37,824주	
최고 주가 (52주)	18,500	최저 주가 (52주)	12,050

(2023. 11. 12 기준)

[표 250] 유비쿼스 증권정보

가) 분기별 Financial Summary
(1) Key Ratio (단위: 억 원, 배, %)

	2020/12	2021/12	2022/12
EPS	1,571	2,824	2,097
PER	15.78	8.06	7.01
BPS	9,965	12,449	13,948
PBR	2.49	1.83	1.05
EV/EBITDA	8.03	4.11	2.56

[표 251] 오픈베이스 Key Ratio

(2) 재무상태 요약 (단위: 억 원)

	2020/12	2021/12	2022/12
유동자산	1,196	1,425	1,524
자산총계	1,420	1,680	1,816
유동부채	341	347	325
부채총계	400	405	388
자본금	51	51	51
자본총계	1,021	1,275	1,429

[표 252] 오픈베이스 재무상태 요약

(3) 손익 계산서 요약 (단위: 억 원)

	2020/12	2021/12	2022/12
당기순이익	161	289	215
매출액	1,105	1,391	1,337
영업이익	190	319	245
영업이익률	17.16	22.90	18.35
순이익률	14.57	20.80	16.07

[표 253] 오픈베이스 손익 계산서 요약

(4) 현금 흐름표 요약 (단위: 억 원)

	2020/12	2021/12	2022/12
영업활동	196	202	19
투자활동	-136	-229	139
재무활동	-61	-47	-26
CAPEX	4	5	13

[표 254] 오픈베이스 현금 흐름표 요약

(5) 기타지표 (단위: 억 원, %)

	2020/12	2021/12	2022/12
ROE	16.92	25.20	-
ROA	11.93	18.66	-
자본유보율	1,891	2,389	2,697
부채비율	39	32	27

[표 255] 오픈베이스 기타지표

초판 1쇄 인쇄 2024년 01월 06일
초판 1쇄 발행 2024년 01월 29일

저자 비티타임즈 편집부
펴낸곳 비티타임즈
발행자번호 959406
주소 전북 전주시 서신동 780-2 3층
대표전화 063 277 3557
팩스 063 277 3558
이메일 bpj3558@naver.com
ISBN 979-11-6345-498-4(13320)

이 도서의 국립중앙도서관 출판예정도서목록(CIP)은 서지정보유통지원시스템홈페이지
(http://seoji.nl.go.kr)와국가자료공동목록시스템 (http://www.nl.go.kr/kolisnet)에
서 이용하실 수 있습니다.